信心決策法

2×2 超簡單框架，
從市場情緒中看見趨勢，
掌握選擇偏向的關鍵

The Confidence Map
Charting a Path from Chaos to Clarity

彼得・愛華特 Peter Atwater ── 著
周群英 ── 譯

給我的太太 Janet,以及我的孩子 Molly 和 Bennett。

看我無中生有,畫出一頂帽子。
——史蒂芬‧桑坦〈畫完這頂帽子〉

目錄

信心決策法
The Confidence Map

前言	6

第一部　信心是決策的關鍵　19
第 1 章	一張象限圖看出信心狀態	20
第 2 章	在企業領導中解讀信心	43
第 3 章	物極必反的信心週期	61

第二部　左下象限：壓力中心　79
第 4 章	信心低落與壓力反應	80
第 5 章	決策要素一：視野偏好	98
第 6 章	更好的危機管理	119

第三部　右上象限：舒適區　137
第 7 章	信心高漲與冒險	138
第 8 章	決策要素二：認知輕鬆	153
第 9 章	抓住競爭優勢，防止信心過高	170

第四部	**右下象限：乘客座位**	187
第 10 章	控制權掌握在別人手中	188
第 11 章	決策要素三：信心彈性	202
第 12 章	小心威權的領導者	220

第五部	**左上象限：發射台**	235
第 13 章	擁抱不確定性	236
第 14 章	決策要素四：我們說的故事	250
第 15 章	從信心中看到未來	279

結論		295
致謝		299
註釋	https://acrobat.adobe.com/id/urn:aaid:sc:ap:2ab90934-aa2e-4278-a022-9171abaac5c9	

前言

每個工作日下午股市收盤後，財經媒體記者投入工作，尋找當天的重要新聞故事，採訪專業投資人。他們的目標只有一個：寫出清晰、有說服力的故事，解釋為什麼股市會上漲、下跌或只是盤整。

大選之夜投票剛結束後，政治記者也會做一樣的事情。他們整合選民資訊、投票率和熱門議題，來解釋當晚的勝利與失敗。

當大事發生，我們都想知道原因。新聞報導以及我們分享的故事，可以幫助我們了解原因。記者把看似隨機且令人不安的事件，組織成有邏輯的時間線。他們判斷是哪些決定因素，導致了特定結果。

逆向回溯一系列行動和先前事件時，我們很容易確認哪些是決定因素。對於過去和已經發生的事情，因果之間的關係很容易梳理。

但是在思考未來時，情況就變得很有挑戰性。我們不僅難以準確預測未來，而且似乎對那些事後很容易發現的決定性因素視而不見。

然而，如果有一個框架可以幫助我們更容易預測接下來會發生的事情，而無須等待後見之明呢？如果我們可以清楚看到當前出現的決定因素，將影響我們的未來偏好、決定和行動呢？

這個框架就是本書的主題。你看，我相信的確有一個決定性因素，在支撐我們所做和將要做的重要選擇。那就是：

信心。

重新定義信心

大多數人想到信心時，真正說的其實是自尊（self-esteem），也就是我們對自己的感覺。自尊的重點是自己的內在，關於這個主題有很多心靈成長書籍，可以幫助我們更懂得欣賞自己的能力。但那不是這本書的主題。

這本書也不是要談「信心表演」（confidence theater），那只是信心的表象（appearance），卻主導了企業界甚至更廣泛的文化。講到「信心」，大眾很快就會想到「詹皇」詹姆斯（LeBron James）、伊隆・馬斯克（Elon Musk）、碧昂絲（Beyoncé）等無數名人，他們公開的言行，反映出我們的文化如何看待與信心相關的特質。我們認為，充滿信心與獲得成功的意義，就是要像他們那樣言行。

信心表演吸引了人們很多關注，但就像我們不斷在體育、政治、商業領域，或許還有在我們自己的生活經驗中看到的，信心和成功並不總是一致。有時候，自信是我們在獲得很高的成就時，不得不戴上的一張面具，但同時內心卻在和「冒牌者症候群」奮戰。也有另一些人，認為自己必須「弄假直到成真」，他們戴上信心滿懷的假面，相信總有一天它會內化成為真正的自己。諷刺的是，在無情的社群媒體，和不斷取得更大成功的壓力之間，許多渴望或已經站上巔峰的人，感覺暴露無遺又脆弱不堪。對這些人來說，「充滿信心」是他們最不可能用來形容自己的詞。

然而，這本書談的是信心本身——是真正的信心。我將要深入探討我們生活裡的一個重要面向，然而它的定義是我們常常無法用言語

來具體描述的。此外,這個議題還包括,為什麼有沒有信心,對於我們的感受、我們思考的內容和方式,以及我們的行為,如此重要。**這本書要談的,是信心在我們的決策裡扮演的角色。**

真正的信心,與高自尊和出色的成就完全不一樣,也和我們如何讓自己看起來很成功不一樣。真正的信心,是我們內在自然的晴雨表,反映了我們的感受:對於即將發生什麼事情,以及對於我們認為自己能夠多成功地處理這些事情。我們對未來的感覺,和我們對想像中未來準備度的感覺,兩者綜合起來就是信心。就像新冠疫情以及近來的地緣政治事件所示,我們可以擁有如搖滾明星般的強大自尊,但同時信心卻被動搖。

雖然我們談到信心時,使用的是現在時態,例如「我有信心」,但我們談的其實都是未來。我們是在預測某個結果,然後判斷成功實現那個結果的可能性。例如,「我現在有信心,因為我相信我明天可以加入棒球隊。」信心在本質上具有前瞻性,那是我們對自身期待的總結評估。我們可能會試著活在當下,但我們此時此刻的感受,與我們想像接下來會發生的事情大有關係。簡言之,**當我們認為自己知道即將發生什麼事情,並且已經為此做好準備時,我們會覺得有信心**──因為我們能看到成功就在眼前。

這個道理看起來似乎很簡單,而且再清楚不過,但其實有幾個重要的細微之處值得探討。

首先,信心是一種感覺。信心也許和我們的五感無關,但我們會本能地把它歸類成「感知」(perception)的一種。我們的信心水準如果發生變化,會帶來接近感官的反應:我們會在胃部感覺到它,會從喉嚨的深處嘗到它的味道。

其次,我們用來確定信心水準的評估流程,目前還不是很精準。

雖然我們可以像陪審團一樣蒐集證據，但我們也會決定哪些事實才要認真考慮，而且這些決定常常是在無意識的情況下做出的。在衡量自己的信心水準時，不會有檢察官或辯護律師，強迫我們思考正反兩方的論點。昨天練球時，我們可能每一顆球都打中了，但是如果腦海裡回想的都是上週比賽被三振的慘狀，那麼昨天打得多好還重要嗎？**我們呈現和評估事實的過程，是高度主觀和個人化的。**其他人可能會鼓勵我們保持信心，但最終只有我們自己才能決定是否要保持信心。

我們評估的過程，也有自我反映和自我強化的現象。換句話說，我們如何評估信心，很大程度上取決於自己的信心水準。**我們愈有信心，就會愈樂觀**，也愈不願意去尋找或相信相反的論點。於是，我們會把自己的觀點，局限在能夠證實自己信念的證據上。

相反，當信心不足時，我們就會想太多。我們會認為，如果一件事出錯，其他事情也可能出錯。於是，我們開始找問題，想像出一長串其他可能出錯的方式。**我們審視事情的仔細程度，和我們的信心水準成反比。**

我們的信心水準也會起起伏伏。我們沒有客觀的標準來衡量信心。當我們說自己對某件事有信心時，我們無法把這種感覺轉換成華氏度數，或用芮氏地震規模來精確測量。我們只能用個人的尺度，而且，就像股市的牛市和熊市一樣，我們看待世界的方式也不盡相同。信心是非常主觀的東西。

信心的成分：確定性和控制感

如果前面談到的這些有關信心本質的內容看起來太過抽象，沒有多少用處，那麼我接下來要講一些令人鼓舞的內容。在個人和主觀的

信心感受之下，隱含著兩個非常一致的因素，是我們可以學會辨析並實際應用在日常分析中的：確定性（certainty）和控制感（control）。

人們傾向把確定性和控制感混為一談，認為兩者必然同時出現，但這個想法並不正確。例如在搭飛機時，除非自己就是機長，否則控制權其實是在別人身上。這時候我們擁有的只有確定感，也就是假設飛機一定會安全降落。

一般來說，我們不會覺得搭飛機時沒有控制權有什麼大不了，因為我們相信機長受過嚴格訓練，相信飛機經過妥善維護，也相信航空旅程受到嚴格管控。我們有充分的證據證明搭飛機是非常安全的這個結論。但在遇到意外的亂流時，突然之間我們會覺得缺乏控制權是一件大事。

為了保有信心，我們需要確定性與控制感兩者皆備（C&C）。我們需要覺得事情可被預測，也就是對即將發生的事情有確定性；我們也需要覺得自己擁有適當的準備、技術和資源，可以成功應對這些事情，也就是有控制感。當有信心時，我們相信自己會安全且成功地抵達目標。**擁有確定性和控制感，是我們在商業、投資、政治和個人生活裡做決策的根源。**這兩個變數決定了我們的感受，進而影響我們的行為。我們愈了解它們確切的角色，就愈能夠準確地預測自己和其他人下一步很有可能會做什麼，並相應地調整我們自己的決策。無論我們要投資科技股、為服裝零售商規劃下一個廣告活動，還是負責急診室的運作，**透過了解確定性和控制感如何影響我們的所作所為，我們就可以預測趨勢、產出更好的結果、知道何時該信任或懷疑自己的本能**，總之，我們就能更好地理解這個總是讓人感到混亂的世界。

這是一本有關確定性和控制感的全方位指南，不管你天生的信心水準是高是低，這本書都很有用。而且，你即將看到，本書提供你一

張方便的地圖，無論未來發生什麼事，它都可以幫你更好地預測和釐清方向。

脆弱性是信心的反面

想到信心時，我們通常認為它有三種水準：沒有、有一些、有很多。應用到人的身上，就變成：我們沒有信心；我們信心足夠；我們信心爆表。

這個簡單的框架也許很方便，但牽涉到把決策和信心連在一起時，這個框架就不是很有用。缺乏信心似乎不太可能衍生出強大的推力，促使我們做出重大決定和行動，然而這些決定和行動，往往都是在我們生命中的低潮時刻出現的。

雖然我們通常不會用這些詞彙來思考，但信心的反義字並非缺乏信心，而是覺得脆弱。所謂的脆弱性，就是在我們覺得自己缺乏確定性和控制感時的感受，也就是當我們感受到威脅、當前方的事態似乎不明朗、當我們對某些令人不安的力量感到無力時的感受。真的缺乏信心時，我們會覺得自己極度脆弱，這種形容也更能解釋我們在這種情況下所展現的行為，其高度衝動和情緒化的本質。當意識到強烈的威脅時，我們會被迫緊急採取一些大膽的行動。

正如你即將讀到的，**脆弱的感覺會驅動我們大多數的決策**。當我們失去生活中的確定性和控制感時，我們幾乎都會想要恢復它們。[1]此外，一旦真的恢復了確定性和控制感，我們還會盡己所能地確保自己不會再次經歷脆弱。因此，即使渾然不察，但我們的選擇其實反映出，我們不懈地努力想要在生活裡獲取和維持信心。這就是為什麼信心如此重要的緣故。脆弱性在本質上驅使著我們採取行動，而且你將

前言 11

會看到,它是以一種非常可預測的方式在進行。

看到信心與決策的關聯

我以研究信心以及信心對我們的影響為業。我每天都在使用和幫助其他人使用我即將和你分享的概念和框架。這是我的第二個職涯,為了更好地了解驅動投資人做出決策的背後因素,我開始了逆向研究的工作,進而踏入這個領域。

我的第一個職涯在金融服務領域。四十年前,我是現在所謂「證券化」領域的先行者,是最早協助銀行和金融公司,把信用卡和汽車貸款綁在一起,賣給全球債券投資人的從業者之一。雖然這個流程如今已經成熟到有如例行公事,但在當年我開始做這份工作時,沒有指導手冊或先例可以參考。為了成功把事情做好,我必須堅持不懈,也必須創新。後來,我擔任一家大型地區銀行的財務主管,負責每年產生 9 億美元收入的業務線。我的職涯完全按計畫進行,起碼在表面上如此。

然後有一天,當我吹熄了 45 歲生日的蠟燭,我 8 歲的兒子向我展示了他新開發的數學技能,熱情地宣布我已經走到 90 歲的一半了。

哇塞。

90 歲的一半?

這六個字讓我停下腳步,重新思考人生的優先順序。就在那時,我認為人生該有所改變了。不久之後,我的兒子和他的姊姊會變成青少年,然後上大學。我知道我想用不同的方式度過人生的「下半場」。於是,2006 年,在不確定接下來會發生什麼事的情況下,我辭掉了工作。

所謂的「接下來」，結果是我在 2008 年金融危機期間，為一小群對沖基金和機構基金經理人提供諮詢服務。憑藉在證券化領域的專業知識，以及擔任銀行財務主管期間與監管和信評機構合作的經驗，我不僅看到了危機即將到來，也能夠預知危機可能如何發展。對我來說，房地產泡沫破裂的後果似乎非常清楚明瞭。

但我沒想到的是，這場危機讓我掉進深深的兔子洞。我親眼目睹房貸危機之前人們的集體狂熱，以及之後深陷谷底的絕望。看到信心的變化如何影響人們的決策之後，我認為我必須更了解信心如何影響投資人的選擇。因此，我開始逆向研究情緒和感受在金融市場當中扮演的角色。

這個研究帶我走到現在。

十多年後，我不僅繼續和專業投資人合作，現在還擔任《財星》五百大公司的顧問。我幫助企業領導者更了解，消費者的信心與其客戶和員工所做的選擇之間有什麼關係，讓他們能夠改善行銷、客服和自己的決策。

我還在母校威廉與瑪麗學院（William & Mary），以及德拉瓦大學（University of Delaware）榮譽學程教授信心和決策課程。在這兩堂課上，我們講的東西都遠超投資領域，還會進一步探討信心與經濟、金融、政治、社會甚至文化選擇之間的關聯。我們什麼都談，從要投資什麼，到如何投票，甚至吃什麼以及為什麼吃它——這些都取決於人們的信心水準。（就像你即將看到的，和伴侶分手後，人們會想吃班傑利〔Ben & Jerry's〕的矮胖猴子〔Chunky Monkey〕口味冰淇淋，的確其來有自。）[2] 我的課程是非傳統、跨學科的探索，探討信心如何驅動我們的行動，而且通常是即時地驅動。

例如，隨著 2016 年美國總統選舉日逼近，我的一堂課開始討論

圖 1 的兩張圖表，以及圖表中的數據對當時的總統候選人希拉蕊・柯林頓（Hillary Clinton）和唐納・川普（Donald Trump）的潛在影響。上面一張圖表來自《哈芬登郵報》（*HuffPost*），追蹤了兩位候選人在整個競選過程中各自的受歡迎程度。而下面一張圖表則追蹤了同一時期的蓋洛普（Gallup）美國經濟信心指數，這是普遍使用的消費者信心指標。[3]

撤開因果關係、相關性或巧合的問題不談，很明顯，在長達近 18 個月的競選中，希拉蕊・柯林頓受選民歡迎的程度，幾乎和選民對經濟的感覺（以蓋洛普指數衡量）同步起伏。哪個是因哪個是果並不重要，結論很明確：經濟的信心水準，和選民在選舉當天可能做出的選擇，兩者之間存在關聯。

研究過這兩張圖表後，我的學生得出的結論是，如果這種趨勢持續下去，選舉的結果將不是由政黨或政見決定，而是由選民更普遍的感受決定。這堂課上同學的看法，與選前民調及專家的意見背道而馳。但這些學生基於自己學到的知識，準確預測到，如果經濟信心在 11 月初下降（事實確實如此），唐納・川普將勝選。選民的信心才是決定性因素。

在上課和擔任顧問的日常工作中，我是經濟學家、歷史學家、心理學家、社會學家以及人類學家。我和我的研究，都不完全屬於一個特定領域。這就是我最喜歡自己工作的地方：和其他社會科學家及專家比起來，我為人們如何決策引入不同的視角。當其他研究者傾向深入研究自己的專業領域，我則廣泛應用來自不同學科的概念和我自己發展的信心框架，來更好地理解和解釋，人們為什麼會做他們所做的事，以及人們的行為如何預示未來。

因為我們的情緒超越了我們所做的一切，同時在多個領域牽動我

圖 1
上圖：川普和柯林頓的受歡迎程度；下圖：蓋洛普經濟信心指數。

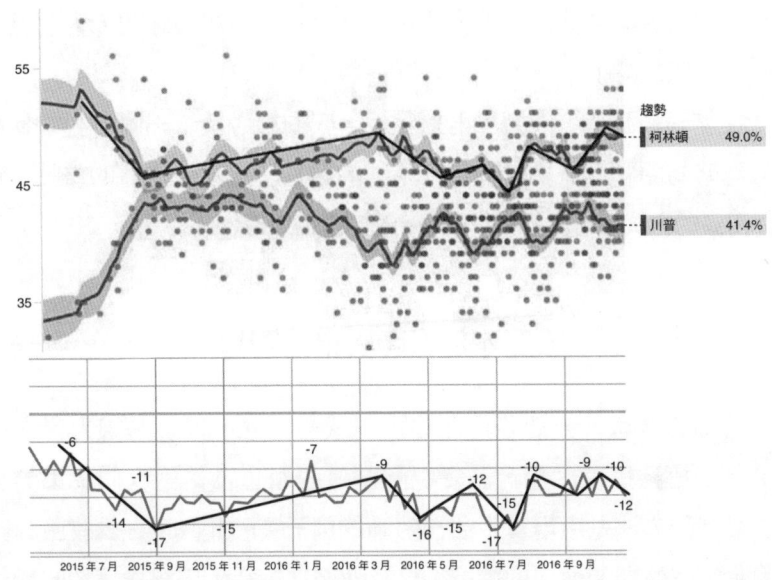

上圖：取自《哈芬登郵報》。©2016BuzzFeed。版權所有。經許可使用。
下圖：蓋洛普公司

們，它的影響也可能很深遠。因此，我經常在更廣泛的文化、政治和社會之中尋找相似的行為，例如把音樂中發生的事情，和政府、企業或市場中發生的事情進行比較。

2020 年 1 月下旬，怪奇比莉（Billie Eilish）出人意料地擊敗備受矚目的泰勒絲（Taylor Swift），橫掃格萊美獎。對我來說，這件事和義大利政策制定者在同一週決定叫停經濟生產一樣值得注意。表面上看似無關，但**兩者都是人們信心惡化的重要反映**。我們對音樂的選擇反映出我們的心情，泰勒絲和大賈斯汀（Justin Timberlake）等其他流

前言 15

行音樂排行榜的冠軍歌手一樣,他們的作品在人們信心十足時表現得最好。[4]而怪奇比莉突然風靡,就如同獨立音樂崛起一樣,也在警告我們,消費者的情緒已然悄悄惡化。甚至在疫情爆發之前,人們已經開始愈來愈焦慮了。

在整個職涯裡,人們一再對我說,我的思考與眾不同。我看到其他人忽略的關聯,並為討論帶來不同的觀點。這就是本書的重點:**幫助你用新的方式看待信心,以及信心對決策的影響**。

感受才是影響決策的關鍵

信心的概念,包括確定性和控制感的概念,很容易讓人覺得抽象。為了扭轉這種印象,我發現解釋這些概念及其對我們決策的影響,最好的方法是用現實生活裡熟悉的例子。因此我會在課堂上,探究學生在春假期間做出的選擇,以及他們在等待大學錄取通知時所做的選擇。在和商界領導者開會時,我們會討論他們進行過最好和最差的收購案時的感覺,以及他們在面臨危機時候的感受和行為。

在這本書中,我也會用大家熟悉的生活經驗來談。有些例子是歷史上的重大時刻,其他的則比較平凡。我希望這些例子中的比較,可以幫助你了解行為之間的相異和相似之處,以及不同信心水準產生的模式。儘管我可能有時候會提到一些名人,但他們並不是我真正關注的重點。我對事件裡的人不太有興趣,我更有興趣的是事件裡的人的感受,以及他們為什麼做出那樣的選擇,也就是**人們的感受如何推動歷史發展**。

就像種子需要合適的土壤才能發芽一樣,我們的想法和行動也是如此。我相信流行文化和社會運動都源自於信心。

我們常常關注重大事件及其後果，很快就忽略了事件發生之前的情況。我們把具體行動當作決定性的因素，而不是把重點放在導致人們採取這些行動的感受。這本書談的是那些更前面的時刻，即確定性和控制感的背景，也就是投資人購買遊戲驛站（GameStop）股票之前的社會情緒，或者普丁下令入侵烏克蘭之前的社會情緒。

在本書中，當我引用近期事件的例子時，我鼓勵你花一點時間，回想在當下那些時刻你有什麼感受。我相信，透過這樣做，也就是透過確定性和控制感的角度來看待我們共同的經驗，你會明白，不僅所謂「史無前例」的事件其實相當能夠預測，我們對這些事件的反應，本質上也能預測。

相對而言，我不會在書裡用雞毛蒜皮的事實和一大堆客觀數據轟炸你。我在意的是我們對事實和數據的感受，我相信感受才會影響我們的決策。換句話說，室外是華氏 65 度（攝氏 18 度）其實無關緊要，重要的是我們認為華氏 65 度是暖還是冷。是我們個人的、主觀的評估，也就是我們對自身感受的觀點，決定了我們出門前是穿 T 恤還是長袖衫。

我們通常會根據這些說法，也就是根據我們賦予事實的形容詞，來採取行動。就像我經常在金融市場上看到的，相同的客觀數據，可能因為人們有不同的感受，而產生截然不同的結果。例如，一季產生每股 2 美元的利潤，可以「超出獲利預期」並「讓分析師驚喜」；而一年之後同樣的數據，卻可能會「令人失望」、「激怒投資人」。在財報發布的前一刻大眾相信的事情，決定了他們對數據的看法，進而推動市場的反應。

我的方法可能會讓一些讀者覺得不太舒服，尤其是在討論重大的商業、政治和社會決策時。有些人可能希望我在某些問題上選邊站。

我自己不會去爭論選擇是好是壞、是對是錯、是理性還是非理性，或者如何改善決策過程的本身。我的目標是，一開始就重新理解我們做出選擇的方式和原因，作為更深入理解我們決策的一種手段，而不是為了評估決策的適切性或正確性。

最後，我希望你能將這個我稱為「由信心驅動的決策」（confidence-driven decision-making）的概念和框架，應用到你自己的生活和工作之中。我希望這本書能夠幫助你面對生活中感到不確定和無力感的時刻，不管是在個人生活或是工作上；並能成為一種工具，讓你更好地理解和預測自己和他人所採取的決定和行動。

是的，我不知道會不會再出現一次全球疫情，或是房市泡沫，或者未來可能會發生的任何事。但我確實知道，無論發生什麼事，我們的決定，都是由我們感受到的確定性和控制力所主導。

準備啟程吧

本書分成五個部分。第一部詳細探討信心，並檢視確定感和控制感的變化，如何改變我們更廣泛的感受。透過這部分的說明，你會更了解信心如何，以及為什麼成為我們決策的決定性因素。剩下的四個部分，則會深入探討我們常常經歷的四種不同的信心狀態。在這個過程中，我將介紹一些工具和實務做法，我希望它們不僅能提升你的決策能力，還能提升你的韌性，以及你駕馭不確定性和無力感的能力。

接下來，讓我們打開信心地圖吧。

第一部

信心是決策的關鍵

第 1 章

一張象限圖看出信心狀態

在我成長的過程中，我家有一本超大的《國家地理》地圖集，那是一本藍色的精裝書，大概有門口迎賓墊那麼大，它是一個藏有全世界詳盡地圖的寶庫。我父親常常出差，每次出差回來，他就會從廚房桌子旁邊的架上拿出地圖集，打開之後地圖幾乎蓋滿整張桌子。他會翻閱地圖集，找到他剛剛去過城市的那張地圖。父親一邊用食指點出地圖上的不同位置，一邊暢談自己的見聞，這時地圖幫助我想像他去過的地方，以及他走了多遠才抵達那個地方。

每一次父親去過新的地方，都讓我們仔細看過的地圖數量不斷增加。我也因此更了解周遭的世界：每個城市和國家並不是孤立的，而是融入更廣大的地理格局之中。例如，父親經常飛往杜拜或沙烏地阿拉伯，我不僅知道他在地圖集裡的確切位置，也知道他正位在中東這個更大的地理範圍之中。於是，特定的城市和國家開始結合在一起。

長大之後，地圖集對我來說不再只是一系列的地圖，我可以用它來評估相對距離，了解更大的世界地理結構。父親分享了不同的旅行

經歷，於是這本地圖集就彷彿一本豐富的旅行指南，裡面充滿有趣的故事，詳細描繪出不同地方的事物和人們的行為方式。我知道在第 194 頁，人們吃壽司、喝清酒；在第 179 頁，人們穿著穆斯林長袍；在第 174 頁，人們說俄語，使用西里爾字母。[1] 文化規範讓紙面上的地理區域變得更加深刻。在我往後的人生中，每當獨自旅行，我都會想起這些東西。抵達倫敦或東京時，我對於即將面對的環境有大致的了解。我覺得胸有成竹。童年和父親一起在地圖集上的旅行，幫我形成了一條理解的線，貫穿到成年後在真實世界的國外旅行。

我自己當爸爸後，第一批購買的東西就是地圖集，還有一個地球儀。我和父親一樣，希望孩子們看到，地圖上的點不只是位置，它們代表擁有各種故事與不同文化的人，代表那些發生獨特事情的地方。

我當時並不知道，這種觀點對我的第二職涯會有多麼大的幫助。

認識信心象限

在教授信心和決策的課程幾年後，我意識到學生們正在苦苦掙扎。我想要分享的概念對他們來說太抽象了，他們很難「看見」自己的行為（以及他人的行為）和信心之間的關係。我嘗試把信心分成兩種不同的感覺：確定感和控制感，但這收效甚微，只是徒增一團讓人更加混亂的文字雲而已。我不僅需要方法來說明是特定的感受驅動了行為，還需要說明這種情況是如何發生的以及為什麼會發生。我需要把文字雲變成一個簡單、易用的框架，清楚說明我們對確定感和控制感的不同組合，會讓我們的偏好、決策和行動產生不同的結果。此外，這個框架還要承認並考慮到這樣一個事實，即我們的感受會經常變化，從而改變我們的行為方式。

我意識到,就像我父親的那本地圖集一樣,我也需要一張地圖,讓學生能夠看到特定感受的位置如何與他人相關,然後我就可以在地圖上添加故事,顯示每個位置特有的規範和行為。有了這張地圖,學生就能更好地理解,為什麼我們的確定感和控制感如此重要,以及當我們從地圖上的一個位置移動到另一個位置時,這些感受會發生什麼變化。

有了這個想法後,我開發了一個叫做「信心象限圖」(Confidence Quadrant)的工具(圖1.1)。第一次察看這張圖時,請忽略所有標示,只需把它看成由四個不同的州組成的地圖即可,就像美國西南部四角落(Four Corners)地區的地圖一樣。

四角落是猶他州、科羅拉多州、新墨西哥州和亞利桑那州,四個州的邊界交會在一起的地方,就好像圖1.1的中心點一樣。如果你去過四角落,你會發現,在那裡看不出州和州之間的差異。如果沒有那座花崗岩紀念碑,以及中心點的那個青銅小圓盤,標示一個州和另一個州的界線,你永遠也不會知道哪裡是這個州的結束、哪裡又是另一個州的開始。[2] 但是,隨著你離中心點的地標愈來愈遠,各個州的文化、規範和地形也變得鮮明起來。

信心象限不是像四角落那樣,將物理區域細分為四個獨特的狀態,而是將我們的信心感劃分成四個獨特的環境,這四個環境反映出我們在生活中體驗到確定感和控制感的不同組合。**象限的橫軸衡量我們的確定性有多強,也就是我們對未來的感覺有多麼確定;縱軸衡量我們的控制感有多強,也就是我們覺得自己能影響結果到什麼程度。**

就像在四角落一樣,無論我們處於四個環境中的哪一個,我們在象限圖中心的確定感和控制感是不容易區分的。但當我們遠離中心點,四個象限的信心環境也隨之變得愈來愈有差異。我們在每一個象

圖 1.1
信心象限圖

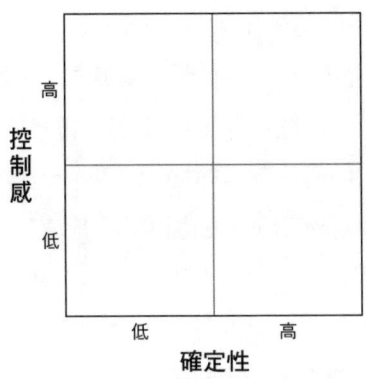

限裡都有一致的行為模式,也可以說是文化規範。確定性和控制感的不同組合,會改變我們的感受,進而改變我們的行為。我們在象限圖上的位置與我們的行為之間,存在明確的關係。

在我深入探討這些關聯之前,我認為我們首先需要快速瀏覽一下每個象限的信心環境。

右上象限是我們的**「舒適區」**(Comfort Zone),我們在這裡感受到高度的確定性和控制感。置身在這個象限裡讓我們**充滿信心,對未來感到輕鬆和樂觀**。這裡的一切對我們來說都很熟悉。我們相信無論做什麼都能成功。

處在右上象限的運動員,會描述自己「處在巔峰狀態」,他們覺得時間過得很快,行動毫不費力。同樣,企業領導者也往往會把自己最大的成功對應到舒適區,也就是**出現正面的成果**,例如產品上市優於預期、職涯升遷、股票選擇權獲利。舒適區是領導者覺得自己備受重視、最受欣賞且回報最多的地方。這也是我們樂在其中的地方。在

我引導學生時，他們總是把春假和舞會等經歷畫在舒適區的位置，除非他們的約會很糟。

那些失敗的經驗，通常會出現在左下象限，這裡是「**壓力中心**」（Stress Center）。在這個象限裡，我們**感到無力，不僅缺乏控制感，對未來也很不確定**。我們在這裡會感受到脆弱，會焦慮、悲觀、懷疑自己的處事能力。在壓力中心，就算是簡單的事情也會變得困難。

幾年前，有一名學生遲到了，她衝進我的教室，不停地道歉：「教授，我非常非常抱歉遲到了，我在左下象限裡！我昨天晚上和室友吵架，今天早上又睡過頭了。最重要的是，今天下午我有一場有機化學考試，而我卻沒有時間讀書！」惱怒的她，完美詮釋了人在壓力中心時的感受：一切似乎都在同一個時間出問題了，而我們卻無能為力。

企業界的領導者通常把壓力中心，描述為他們最努力卻最無法得到肯定（和回報）的地方。這裡也是他們經歷最大失敗的地方。**降職、解雇以及決策錯誤**的後果，都集中在這一區。羞恥和尷尬的感覺也都出現在這裡。

右上象限和左下象限，分別代表我們人生的巔峰和低谷，是我們在自己的競技世界中，勝利時狂喜與失敗時煎熬的時刻。就好像有一條線性的信心光譜，從象限圖的右上角延伸到左下角，**愈是進入這兩個象限，我們的感受就變得愈極端**。我們思考自己是否有信心時，首先想到的就是舒適區和壓力中心。

四象限中的另外兩個象限，在我們的腦海裡則有點模糊，而且更難捕捉。我們在這兩個環境裡的感受很複雜：不是僅有確定感，就是僅有控制感。就算我們承認這兩種狀態確實存在，也常常忽略它們。我們通常會把確定感和控制感混為一談，認為兩者必然同時出現，我們不可能僅有其中一種感覺而沒有另一種。

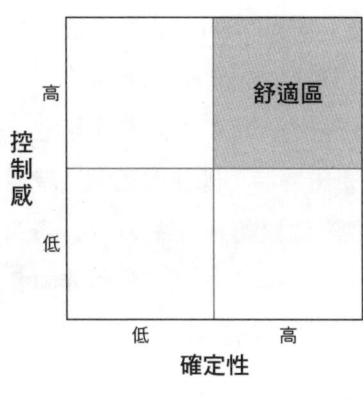

圖 1.2
舒適區

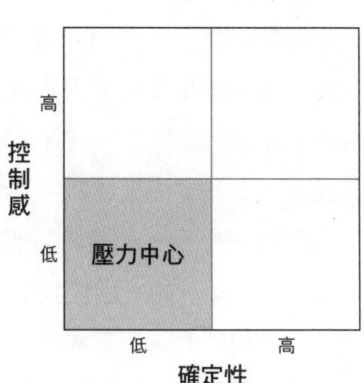

圖 1.3
壓力中心

　　然而，我們可以僅有其中一種感覺，我們也確實這樣做了，而且發生的頻率比我們意識到的高得多。

　　右下象限是「**乘客座位**」（Passenger Seat），我們在這裡有確定感，但控制感較低。在這種環境裡，我們感覺是**別人或其他東西在控制方向盤，但環境卻又可以預測而且穩定**。搭電梯是一種常見的乘客座位體驗，剪頭髮或換機油也是。乘客座位這種環境和喪失能動性（loss of agency）的議題有關，在這種情況下，控制權被接管或讓渡給其他人或其他事物。

　　在職場，乘客座位往往包含那些**員工被告知該做什麼的環境**。這裡到處都是任務、訓練和專案，指示員工要遵守其他人給的明確方向。這就是右下象限有趣的地方：有確定性但沒有控制感的體驗，可以讓人覺得愉悅，也能讓人覺得像在坐牢。

　　如果乘客座位的體驗是自願的，也就是我們自己選擇放棄控制權，我們會喜歡這種環境。不過這樣可能還不夠。**為了要在乘客座位**

上覺得自在，我們通常也需要對自己想要的結果，有非常高的確定感。**我們必須感覺自己位於右下象限的最右邊。如果只有 50％的機會能夠安全抵達目的地，我們就不會登上飛機；就算有 90％的機率安全抵達，大多數人還是不會登上飛機——我們需要 99.99999％的確定性。當我們坐在乘客座位上，只有緊靠象限最右邊，我們才會覺得自在。

因此，尤其當後果會對我們產生嚴重影響時，即使可預測性或穩定性只下降一點點，也會把我們從乘客座位快速拖入壓力中心的深處。處在右下象限時，由於我們只擁有信心的其中一個成分而非兩者兼具，所以我們的感受原本就很脆弱。如果你曾經試過教孩子開車，你就會親身體驗到人坐在乘客座位時的脆弱感。

最後一個象限是和乘客座位相反的環境。在左上象限，我們的控制感很高，但確定感很低。這裡是**「發射台」**（Launch Pad）。在這裡，我們**可以控制決策或行動，但選擇的結果仍然未知**。拉動吃角子老虎機上的拉桿，嘗試攀岩並開始沿著懸崖邊緣攀登，或者更新完履歷表、點擊「送出」按鈕把履歷表寄給潛在的新雇主，這些情況都是身處發射台的環境。當專家談論「在不確定性中做決策」時，他們說的幾乎都是發射台上的抉擇。在這些時刻，我們有控制感，也就是有能動性，但對結果依舊不確定。我們不知道自己能否中大獎，能否攻頂，或能否獲得面試邀約。我們不知道自己最後是會成功，還是會黯然舔舐失敗的傷口。

有人認為，左上象限很像一段英雄旅程的開始。這是薩利機長（"Sully" Sullenberger）重新掌控飛機，決定將全美航空 1594 號班機降落在哈德遜河上的時刻；也是湯姆・漢克斯（Tom Hanks）在電影《浩劫重生》（Cast Away）裡坐上獨木筏的那一刻。有人建議我直接把左上象限稱為「懸而未決」（TBD）。

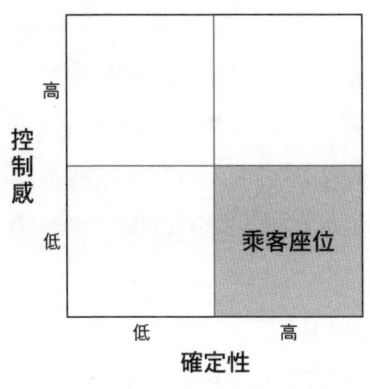

圖 1.4
乘客座位

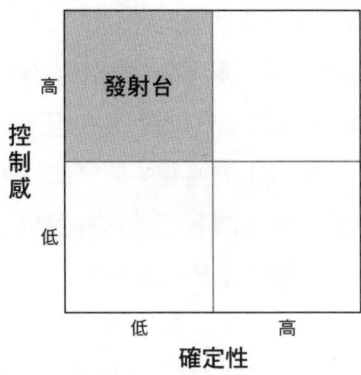

圖 1.5
發射台

不管怎麼稱呼，置身這個環境的我們，都會試圖做些讓自己感覺手握方向盤的事情，來補償感受到的不確定。我們想要待在象限的最上方。我們的控制感愈強，自我感覺就愈好。就像我們需要擁有近乎百分之百的確定感，才能安坐在讓人無能為力的乘客座位中一樣，**我們也需要擁有幾乎完全的控制感，才能在置身發射台的不確定感之中，仍然感到安全。**

平心而論，有些人喜歡待在這個象限，尤其是那些尋求刺激的人和創業家。但對大多數人來說，發射台是他們達到目的的必經之路，是為了抵達或回到舒適區而必須忍受的過渡環境。

不出意外，企業領導者傾向把他們在發射台上的經驗，描述成**刻意去冒險並取得成功**的經歷。他們經常畫一條從舒適區到發射台、再從發射台回到舒適區的環形路徑，在視覺上形成一個勝利的迴圈，慶祝自己成功冒險的結果。很少有領導者主動去談，他們心甘情願離開舒適區前往發射台、遭遇失敗、最後陷入壓力中心深處的經驗。

發射台和乘客座位雖然是彼此相反的環境，但兩者經常帶來相似的焦慮感。兩者都有冒險的因素，因為置身在這兩個象限裡，不是缺乏確定性，就是缺乏控制感。在發射台上的我們，徒步爬上一條陡峭蜿蜒的小徑，獨自抵達山頂；在乘客座位上的我們，則是搭著纜車，纜車由一條細細的繩索吊在頭頂上方。兩者都可以帶我們到達山頂，但是在象限上的路徑不同。此外，在這兩種情況下，我們都期待著這段經歷結束，讓我們成功地回到舒適區，在那裡，我們會再次對生活同時擁有確定感和控制感。

綜合上述，完整的信心四象限就如圖 1.6 所示。

根據我們在各個象限裡擁有確定性和控制感的不同組合，我們的感受和行為也會有所不同。

稍早我說過，我們的選擇分為兩大類：**我們的行動不是為了在獲得信心後保持信心，就是為了在失去信心後恢復信心。** 如圖 1.6 所示，只要我們處在舒適區之外，我們就會感到脆弱。在這些環境裡有一些未知和脆弱的東西，所以為了感覺放鬆和安全，我們必須回到舒適區。一旦回到安全地帶，我們也會盡一切努力，保護我們在那裡感受到的確定性和控制力。

繪製信心體驗圖

雖然許多心靈專家善意地提出建立信心的建議，但其實**信心並不是一種穩定的狀態。擁有信心時，我們未必能永遠保有它。**雖然我們可能不希望如此，尤其是當我們處在舒適區、感到很放鬆時，但現實生活卻讓我們在信心的四個象限裡移動。為了說明這個想法，我想請你和我一起搭乘飛機。

圖 1.6
信心象限的四種環境

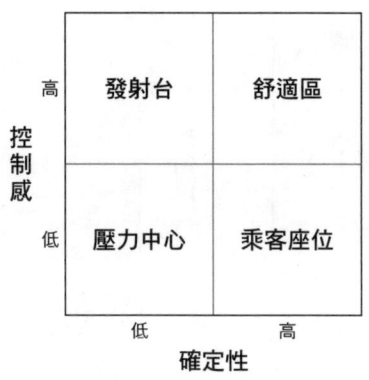

在職涯早期，我經常搭飛機出差。橫越美國，從紐約飛到洛杉磯，是我經常飛的行程。因此，在預訂機票，以及之後抵達甘迺迪機場的登機門時，我自然覺得信心滿滿。登上飛機時，我擁有的確定感和控制感讓我置身右上象限（圖 1.7）。

然而當飛機起飛時，我的感覺就不一樣了。我在地面時擁有的控制感消失了。我無法控制飛機，是機長在控制飛機。不管是實際或是比喻，我現在都坐在乘客座位上。我擁有的只有確定感（圖 1.8）。

有天晚上，當我們降落在洛杉磯國際機場時，四周有大霧。在最後一刻，機長意識到飛機沒有正確對準跑道，於是馬上放棄降落，加大油門讓飛機朝天空直飛上去。飛機上升時，機身劇烈搖晃，我突然感受到一股強烈的不確定感和無力感。我的內心充滿恐慌。那一刻，我絕對處在左下象限，也就是壓力中心（圖 1.9）。

感覺過了好久，飛機終於平穩下來，機長透過廣播向我們保證一切正常。不到 20 分鐘後，我們就安全降落了。

圖 1.7
飛行旅程體驗圖：登機階段

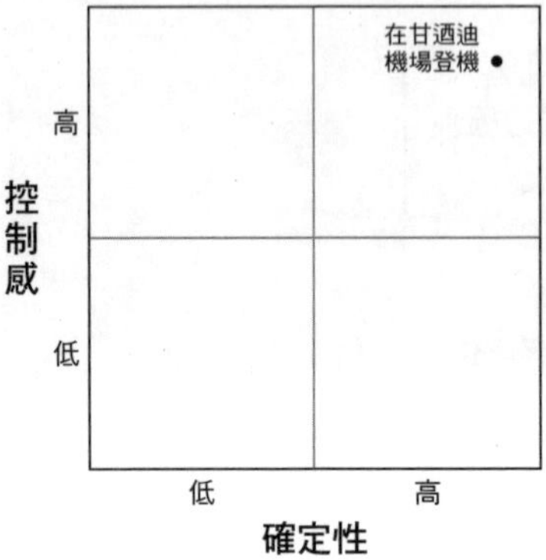

圖 1.8
飛行旅程體驗圖：空中飛行階段

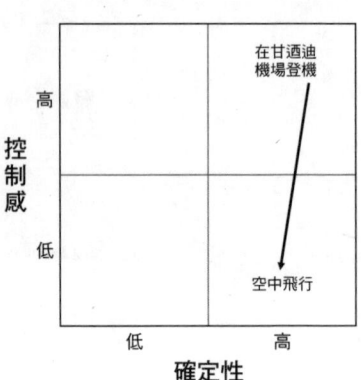

　　當飛機終於停在登機門，這趟飛往洛杉磯的五小時旅程，不僅帶我橫跨了整個美國，也讓我在信心象限圖上進行了一次令人激動的旅程（圖 1.10）。

　　想像一下，在同一班飛機上，有一名非常緊張的乘客，對於這次飛行，他可能會有怎樣的體驗。圖 1.11 繪出了他的體驗地圖。

　　你會發現他的地圖多了一步。這名緊張的乘客在買機票時，就處在發射台的位置：他可以控制自己的行為，卻強烈感覺到將要展開的這趟旅行，是一場不確定的冒險。而且，他很可能一到機場，就已經出現焦慮感了，甚至在登機之前，他的控制感一直在下降。一旦飛機升空，這名緊張的乘客可能不會像我一樣覺得篤定，因此在確定性和控制感這兩個信心面向，他的感覺都很低。當飛機放棄降落時，他可能掉入壓力中心的最深處。最後下飛機時，他的恐懼感也許依然非常強烈，以至於他決定取消回程航班，開車回紐約。總而言之，儘管我們搭乘同一航班，但這名緊張的乘客會畫出與我完全不同的體驗。

圖 1.9
飛行旅程體驗圖：放棄降落階段

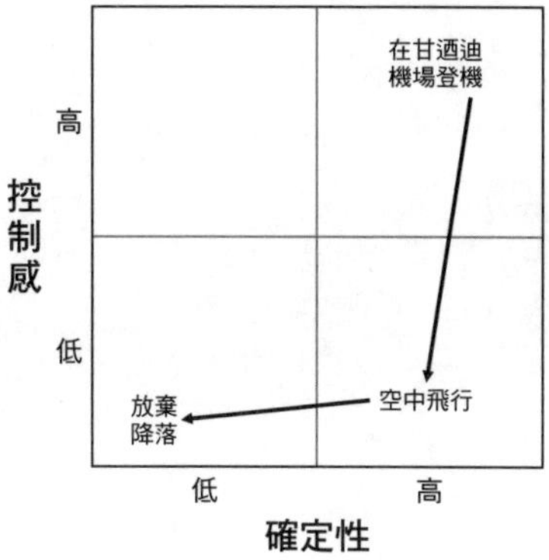

圖 1.10
飛行旅程體驗圖：安全降落階段

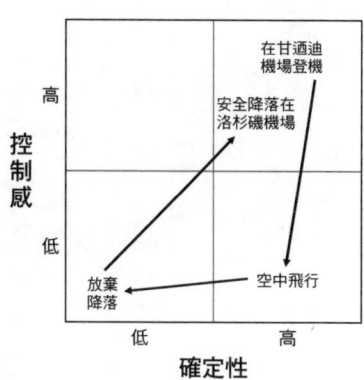

當大家一起用四個象限練習畫圖時，我不斷看到的是人類體驗的多元性。從搭飛機和坐雲霄飛車，到參加雞尾酒會和開學第一天，當我們用一個人感受到的確定性和控制力來衡量這些事件時，沒有任何人的旅程是完全相同的。

畫地圖還點出了其他有趣的事情。

我們剛剛看過我的地圖，以及與我搭同一班飛機的緊張乘客的地圖。圖 1.12 則想像了一名信心很強的乘客，可能會為同一班飛機畫的地圖。

這名非常有信心的乘客，可能壓根沒想到從飛機起飛之時，她就已經不再握有控制權。此外，放棄降落可能對她也沒什麼影響。也許她太常飛行，因此把這類事情看得再平常不過。就算她真的進入壓力中心，可能也只是短暫的一瞬間。又或許，當坐在她旁邊的女乘客驚恐地抓住椅子扶手，這名信心滿滿的乘客只是忍住不打哈欠而已。

根據乘客感受到的確定性和控制力來衡量，這次飛行出現了三種

第1章　一張象限圖看出信心狀態　31

圖 1.11
飛行旅程體驗圖：緊張旅客的體驗

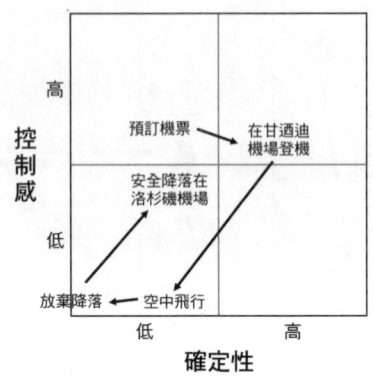

截然不同的旅程。這就是為什麼有一點很關鍵：在這種特殊情況下，信心滿滿的乘客，**對這趟飛行的感受實際上是錯的**。當飛機起飛時，她其實完全沒有控制力。如果要反映真實的狀況，那麼她的「空中飛行」，應該放在右下象限內的某個位置。除了機長，飛機上的每個人實際上都坐在乘客座位。無論我們個人的感覺是好或壞，航空旅行都是一個高度確定又不受控制的環境。

為了公平對待航空公司和飛機製造商，我還是應該指出，那名緊張乘客畫的地圖，實際上也並不正確。搭飛機旅行實際上很安全。從統計數據來看，搭飛機的確定性，比那名緊張乘客以為的高很多。

最後，我還應該補充一點：當機長放棄降落並加大油門時，他的確定感比飛機上任何人所想的都高很多。這種經驗叫做「重飛」（go-around），是飛行員定期訓練的內容。此外，商用航空的機師也都會為這種狀況做好積極的準備。機師在每次起飛和降落前，都會仔細檢查清單，其中詳細列出了需要重飛時應該採取的程序。雖然我們這些

圖 1.12
飛行旅程體驗圖：常搭飛機旅客的體驗

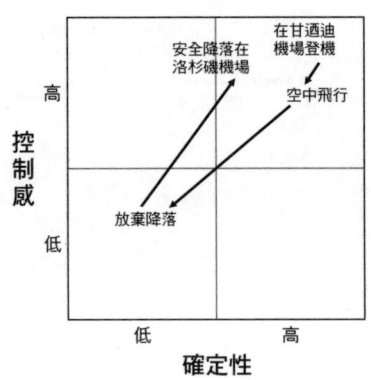

坐在飛機後面的人沒有做好重飛的準備，但駕駛艙裡的人其實早就已經準備好了。

我請一位在商用航空擔任機師的朋友，畫出他認為我們航班的機長會如何描述這段經歷。他分享了圖 1.13 的地圖。

雖然放棄降落並不常見，但也不是什麼緊急狀況。我們那次是在大霧裡降落，後來又重飛。機長充分了解和演練過的流程和程序，取代了平常例行的降落過程和程序。在我描述這段經歷時，我那位當機師的朋友說，就飛行過程中的確定感和控制感來說，他沒有發現任何需要擔心的事情。

剛剛分享的這種畫圖練習，告訴我兩個重要的課題：第一，我們並非都以相同的方式看待相同的經驗；第二，我們往往看不清經驗的真實面貌。**我們的信心水準可能會扭曲我們對世界的看法。信心十足時，我們可能會認為自己能夠控制其實沒在控制、或無法控制的事情，並且可能感受到根本不存在的確定感。**而信心低落時，我們則會經驗到

圖 1.13
飛行旅程體驗圖：機長的體驗

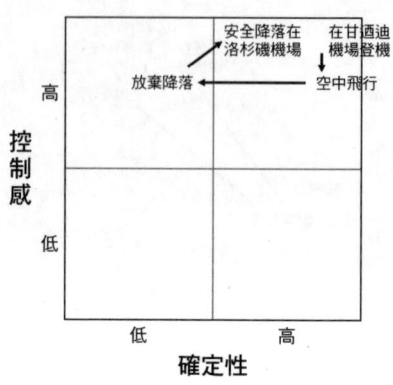

相反的狀況。

用信心象限畫圖時，普通的經驗可以有千變種萬化。

用信心象限預測經濟

第一次將信心象限圖應用於實務時，有三件事讓我覺得很驚訝。

首先，我發現，經過簡短說明（就像我剛才做的一樣）後，使用者畫出自己的體驗幾乎沒有什麼困難。人們很快就能夠把事件發生的當下，與自己感受到的確定性和控制力聯繫起來。

第二，我發現使用者在看到自己畫出的經驗後，都表示這些圖可以幫助他們解釋自己感受到的情緒，以及所做出的選擇。抽象的感受以看似合乎邏輯的方式，在象限圖上組織起來。此外，當人們更仔細地觀察特定象限裡聚集的點時，很快就能理解為什麼看似無關的事情——比方說在工作中獲得升遷，以及在馬拉松比賽中跑出新的個人

最佳成績——會帶來如此相似的感受和行為。

最後,我發現使用者很樂意和別人討論他們的經驗,並分享自己的象限圖,即便這樣做等於是在承認自己的弱點。人們也許不願意公開討論自己缺乏信心的狀況,但他們往往願意坦率地表達自己的確定感或控制感程度,就算在這些感受的水準比較低的時候也是如此。在象限圖上畫出特定的經歷,變成了一種事實性的、近乎是非題的判斷,例如「在等待癌症診斷報告時,我當然身處壓力中心!」雖然這些判斷非常主觀,但我們在象限圖上畫出來的點,感覺起來像是客觀的數據點。圖上沒有附加任何判斷,沒有所謂「正確」或「錯誤」的答案。

透過畫圖練習,我不僅知道了生活總是讓我們在各個象限之間遊走,還了解到我們所有人對周遭世界的看法有多麼不同。

我還了解到,滿意度調查和「一般消費者」數據,經常忽略或掩蓋重要的行為模式,而在象限裡畫圖時,這些行為模式卻顯而易見。透過繪製地圖,我可以準確地看出個人和群體在特定時刻對自身的看法,並快速指出使用者的確定感和控制感,或者他們欠缺確定感和控制感背後的原因。

例如,當 2020 年 3 月中旬新冠肺炎第一次在美國爆發時,我邀請各種各樣的人在信心象限圖上畫出他們的感受。無論我問誰,不管是醫生、學生、家長或企業主,受訪者都把自己的位置畫在象限的最左下角,也就是壓力中心的深處(圖 1.14)。我將所有受訪者的反應,畫成一張彙整的象限圖,圖上緊密聚集的點,清楚顯示疫情已然顛覆了美國人的確定感和控制感。每個人都深陷焦慮。

然而幾週過後,當我再度訪問這些人時,我注意到一些重要的事情:這些點已經開始分散了。有一部分點開始向右上象限移動,其他

的點則仍停留在左下方壓力中心的深處。和那些繼續在醫院、超市和其他受保護較少地方工作的人相比,那些能夠在家工作、在網路上訂購貨品,並自我隔離以形成嚴密防疫泡泡的人,開始在生活中感受到更高的確定性和控制力。幾天前,大家還對疫情有著一致共享的經驗,現在卻已經戲劇化地一分為二(圖 1.15)。

當時,許多經濟學家和權威專家預測,經濟將從新冠疫情的衰退中,呈現 V 型或類似耐吉(Nike)商標的勾型復甦。[3] 由於聯邦政府採取了非常積極的財政和貨幣政策,他們預計即將出現讓所有人都受惠的反彈。

但我卻在象限圖上看到不同的故事。我在彙整圖上看到聚集的點形成不同的兩團,顯示人們的信心水準有明顯差異,我於是預測會出現我所謂的「K 型」經濟復甦:那些位居經濟地位頂端的人可以在家工作,也更容易把自己與疫情隔離開來,他們從疫情裡復甦的速度,將會遠比低收入者和「必要工作者」*快得多。[4] 地圖上精確定位的點提醒我,如果疫情持續下去,經濟可能會發生什麼事。

象限圖上明確顯示的信心分歧,也提醒我注意其他隱憂。除非底層民眾的信心得到改善(而且要很快得到改善),否則收入和財富不平等,可能成為更大的社會問題。而且,如果分歧進一步擴大,聚集在壓力中心的人感受到的恐懼和沮喪,將會轉變成憤怒和怨恨。對雇主來說,這種巨大的信心分歧顯示,他們應該預料到將會出現員工壓力上升、辭職潮、罷工、號召組織工會,以及低薪工人要求提高工資

---

* 編註:當疫情癱瘓部分社會與經濟活動時,仍有一些人員必須在高風險的工作環境中堅守崗位,提供人們關鍵的服務,包括醫護人員、公車司機、物流業者、公務人員、清潔隊員等,這些人員稱為「必要工作者」(essential workers)。

圖 1.14
新冠疫情體驗圖：大眾的即時反應

圖 1.15
新冠疫情體驗圖：K 型復甦

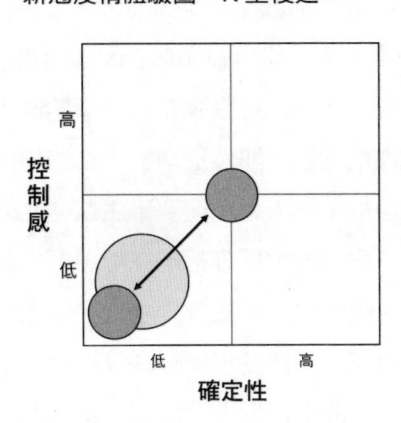

的情況。政策制定者也會受到指責。分歧愈大，要求消除分歧的政治壓力也愈大。

老實說，當我的 K 型復甦概念出現在 2020 年一場美國總統辯論中時，我並沒有很驚訝。這個詞能夠引起人們的共鳴，因為它輕易捕捉到並反映出人們的感受。畫圖的工作，不僅讓我能夠清楚看出哪些地方存在共同的無力感和不確定感，也幫助我預測如果這些感覺沒有改變，受影響的人可能會有什麼反應。

用信心象限分析問題

雖然我經常使用信心象限圖來深入了解感受如何驅動消費者的經濟行為，但我也會在各種非經濟領域使用信心象限。例如，幾年前我請一群表現優異的大學新生，畫出他們高中最後一年的地圖。根據他們各自的地圖，我畫出如圖 1.16 所示的彙整圖。

雖然父母往往將高中最後一年和高度的信心聯繫在一起，但從學生畫的地圖來看並非如此。對這些學生來說，他們高三的大部分時間，幾乎都是在象限圖的左半部分度過。他們感受到強烈的不確定感。當我把這張彙整圖分享給高中生的家長和高中輔導老師，許多人都很吃驚。雖然這兩群人都知道申請大學的過程會帶來很大的壓力，但很少有人真正理解學生感受到的確定性和控制力有多低。學生的高三生活，大部分都是在舒適區之外度過的，他們的大部分經驗都集中在壓力中心。我曾分享一名學生在象限圖上的描述，她將等大學錄取通知時的感受，與腳踝骨折後的感受並排放在相同的位置，當時我看到一群家長覺得很汗顏。這兩種感覺竟然完全可以相提並論，這個想法對家長來說既新鮮又令人沮喪。

雖然一開始這些內容讓人不太舒服，但我的地圖讓人們可以開始更誠實地溝通和改變。學生則發現，他們不是唯一一個在申請大學的過程中覺得無力和不確定的人，因此更願意與同齡人和家人談論這些感受了。換句話說，置身左下象限不再是軟弱的表現，而是許多人共有的經驗。此外，有了這份地圖，即將升大學的高年級學生和他們的父母，在進入大學的招生過程時，也會更知道接下來會發生什麼事。地圖為未來一年提供了一份實用指南，遠遠超出僅有申請時間表和入學考試日期的規畫。教師和升學輔導老師也是如此，地圖讓他們重新思考，如何為學生一年裡最緊張的時刻做好準備。

在我的課堂上，隨著期中期末考逼近，我經常提醒學生，這些時刻總是會讓他們進入壓力中心。我鼓勵他們善待自己、善待彼此，並記住一旦考試結束，他們就會重新獲得對生活的確定感和控制感。

我最喜歡的一類信心象限圖，是在單一框架裡描述生動故事的地圖。請看圖1.17，這是我請一位急診部醫師畫的地圖，描繪了他典型

圖 1.16
高中最後一年的彙整圖

圖 1.17
急診部醫師的地圖

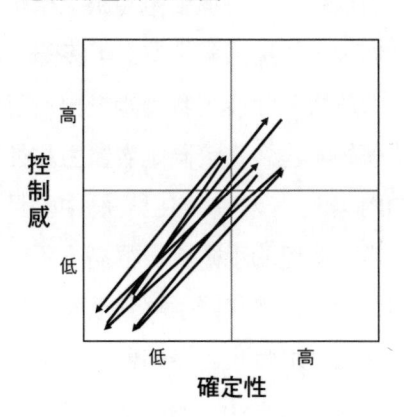

的一天。

和大多數急救人員畫的地圖一樣，急診部醫師的地圖顯示，他們典型的一天，會在右上象限和左下象限之間快速地來回移動。每當他們穩住一名病人的病情，開始產生確定感和控制感時，另一輛救護車或救護直升機就會到來，把他們送回左下方壓力中心。於是，他們又回去工作了。

急診團隊的核心任務，是恢復確定性和控制感。如果你看到許多緊急醫療專業人員，一天中有多少時間不在右上象限、並且努力想要回到這個象限裡面，你就不難理解，過勞是他們的常見問題。同時，像圖 1.17 這樣的圖像，有助於解釋為什麼廣泛採用的急診流程至關重要。如果你確定自己每天會多次進入壓力中心，那麼你就必須清楚地知道該如何離開那裡。

有時候，信心象限地圖非常個人化。

我女兒讀大學四年級的那個秋天，因為不明原因的胃腸道問題住

院兩週。那年冬天和隔年春天,她常常都得開車去見醫療專家,接受診斷檢驗,同時還要努力跟上學業。畢業之前,醫療團隊終於找出她的病因,並提出解決方案:接受一台會改變人生的大手術。

　　危機解除後,我請她畫出自己的就診經驗。由於我和太太一直陪伴著她,也多次陪同她看醫生和住院,所以我認為自己對於她要分享的內容,以及她將自己經歷中的具體事件放在哪一個象限,應該瞭如指掌。女兒的手術風險很高,所以我原本以為她會把整張圖最左下角的位置,留給我們了解到治療具體細節的那次看診;或是手術的前一天晚上,那時我們得知會有一位不熟悉的外科醫師必須參與手術。對我來說,這些事件應該是她整個就醫經驗中的最低潮。但結果並不是。她把最左下角的位置留給了術後體驗。當時醫生幫她插入一根鼻胃管,那是一根帶有吸力的橡膠管,為了減輕她胃部可能意外出現的壓力。

　　女兒對我說,持續的腹痛讓她的日子過得很痛苦,所以即使開刀很不好過,她還是樂觀地相信手術會緩解她的疼痛。但是,她完全沒有想到要插管,所以她在這部分體驗到的痛苦多於解脫。插上鼻胃管之後,她一直覺得好像快要窒息,吞嚥、呼吸和說話都變得困難。她因強烈的無力感而陷入異常痛苦的情緒,醫生不得不幫她注射鎮定劑,以防止她拔掉管子。

　　當我把她的感受分享給醫療團隊,有幾位醫護人員說,他們真希望當時能知道她有多麼無助,因為他們原本可以在手術前採取一些措施來減輕她的壓力。聽他們這樣說之後,這次覺得汗顏的人是我。他們怎麼會不知道鼻胃管會讓病人覺得很無助,尤其是對有消化問題的病人來說,這種治療方式十分常見。我很驚訝他們沒有主動去解決病人潛在的焦慮。

圖 1.18
我女兒的就醫體驗圖

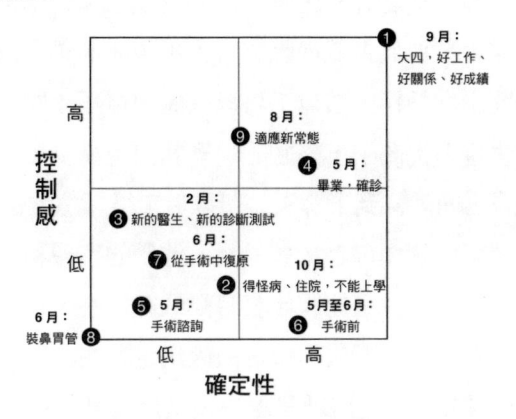

```
高
                                    ❶ 9月：
                                      大四、好工作、
                                      好關係、好成績
控
制          8月：
感        ❾ 適應新常態
                          5月：
                        ❹ 畢業、確診
         2月：
       ❸ 新的醫生、新的診斷測試
         6月：
       ❼ 從手術中復原
                         10月：
                       ❷ 得怪病、住院、不能上學
低
         5月：            5月至6月：
       ❺ 手術諮詢        ❻ 手術前
  6月：
❽ 裝鼻胃管
          低                  高
              確定性
```

我將女兒的故事用在和醫療工作者以及商業領袖的溝通中，來挑戰他們對病人或客戶體驗以及病人或客戶滿意度的思考。**如果企業不知道客戶會在哪裡感受到最大的不確定性和無能為力，他們幾乎不可能得到客戶的信任。這一點對員工也適用。**很少有員工滿意度調查，會請員工提出能夠提升職場確定感和控制感的建議。值得注意的是，通常只要採取一些簡單的步驟，就可以解決組織最大的壓力來源。在我女兒的故事中，她和她的醫療團隊現在知道，噴一些讓喉嚨麻痺的噴霧劑，或是在插鼻胃管之前15分鐘服用抗焦慮藥，插管的感受就會好很多。

一位肉品加工廠的值班經理聽過我講述女兒的經驗之後，明白哪怕一個很小的決定，也可以改善人們的確定感和控制感。她決定借鑑我的方法。她請員工分享他們工作中最大的壓力來源，將問題聚焦在他們工作時覺得最不確定和最無力的地方──這是公司以前從來沒討論過的話題。員工的回答讓她驚訝。她發現，員工說的許多職場挑

戰，都和工作以外的小問題有關。這些問題讓員工覺得無力。當員工需要花時間處理意料之外的困難，例如更換壞掉的車尾燈，或帶生病的孩子去看醫生，他們會覺得困窘，也不敢開口尋求幫助。所以，當她為工作時間增加彈性，讓員工可以去處理這類小問題之後，不僅員工的士氣和生產力提高了，整體的缺勤狀況也減少了。因為小問題在演變成大問題之前就得到了解決，所以員工得以遠離壓力中心。

畫地圖還可以讓領導者清楚看到，他們的客戶和員工何時處於情緒光譜的另一端，也就是他們什麼時候最有信心。企業可以仔細觀察受訪者在右上象限寫下哪些經驗，由此確定哪些員工值得獎勵、哪些流程應該擴大採用——這些就是讓事情進展順利、值得複製推廣的實例。小小的行動可以大幅提升顧客和員工的信心，從而給士氣和業績帶來顯著影響。

無論用來描述單一時刻或長期體驗，信心象限都是一個很容易使用的工具，可以快速揭示群體和個人的感受，並確認改善的機會。

●

雖然信心、確定感和控制感聽起來很抽象，但信心象限提供了一個框架來組織這些概念，讓我們能夠理解為什麼看似無關的經歷（例如飛機放棄降落和腳踝骨折），可以帶來如此相似的情緒和行為。在下一章，我將探討如何在工作中應用信心象限。你將看到，各種商業行為，都可以在信心象限圖裡得到解釋。

第 2 章

在企業領導中解讀信心

上一章介紹了信心象限,我們將在整本書中使用這個工具,來將信心視覺化。透過一些作為案例的地圖,你已經看到了,我們的確定感和控制感不僅能夠發生變化,而且事實上它們一直都在不斷變化。現實生活持續讓我們在四個信心象限之間移動。這一刻,足球場上制勝的一記進球,可以讓我們走出壓力中心,進入舒適區;而就在下一刻,因勝利起舞卻導致腳踝骨折,也會讓我們迅速回到壓力中心。

同樣的原則也適用於企業。無論領導者是否意識到,他們的組織都在象限之間不斷地移動。每一天,他們的員工、客戶、股東、監管機構和董事會成員,都在從一個象限移動到另一個象限,很少能有所有人同時處於同一個位置的時刻。

在這個觀念之下,高效的企業領導者,不僅必須知道其他人在象限上的確切位置和原因,還必須知道接下來要讓他們往哪裡移動,以及如何移動。當產品出現重大缺陷,導致客戶陷入壓力中心,企業領導者必須像急診部醫師一樣反應,迅速組建一支團隊,致力於恢復客

戶的信心。不久之後,當高績效的業務團隊贏得新的大客戶時,同一位領導者又必須像專業的籃球教練一樣,一面慶祝進入舒適區的成功,同時努力防止團隊信心過度。領導者必須很敏捷,能夠根據情況扮演不同的角色,並做到隨機應變。**領導者的成功,以及整個團隊的成功,取決於快速解讀環境的信心水準並據此做出反應的能力。**

評估他人的信心

一開始和企業主管合作,請他們嘗試用信心象限來提高領導效率時,他們很快想到的例子,都是「由事件造成的」,例如產品發布失敗,或是贏得重要的新客戶。領導者常常認為,如果他們知道剛剛發生了什麼事情,以及受影響的人可能對此有什麼感受,他們就能很快在象限圖上找到適當的位置,說明受影響的人的確定感和控制感。

我同意以這種方法作為練習的起點,尤其是在極端事件發生之時。危機事件會讓所有人都置身壓力中心,而重大成功則把我們都推向上方的舒適區。重大事件發生後,畫出客戶和員工在象限圖上可能的位置並不難。

但如果要等到極端事件發生才檢視信心水準,可不是有領導力的作為。領導者應該對危機防患未然,並敦促他人走向成功。此外,這種被動的方法忽略了一個事實:**極端事件本身往往就在反映他人的情緒**。之所以出現能把所有人都推進壓力中心的危機,往往是因為有一些人已經在壓力中心裡面了。以阿拉伯之春為例,雖然許多人認為,是 2011 年初的社會動盪導致整個北非的信心下降,但由於食品高通膨和日益嚴重的糧食危機,那裡的消費者信心其實早就在急遽下降。參與抗議浪潮的人,就是那些已經身陷左下象限的人。[1]

最後，我們在事件發生後的感受，通常會反映出在此之前的感受。以被三振出局為例，在本賽季中第一次被三振，和只剩最後一次擊球機會時被三振，我們的反應不會一樣。

因此，即時了解關鍵利益團體在象限上的位置很重要。他們出現在你的店面、辦公室和會議室之前的心情，不僅會嚴重影響他們的行為，還會影響他們對接下來要發生事情的反應。

在畫圖時，我通常會從三個層面評估一個群體的確定感和控制感：社會層面、環境層面，以及情境層面。這看起來好像很麻煩，但實際上並非如此。我接下來會向你介紹，影響人們做決定的，不止是一個壓力源的存在，而是生活裡壓力源的累積。

1. 社會層面：一般消費者情緒

我發現，在宏觀層面上評估社會情緒最簡單的方法，是察看消費者情緒這個廣泛的指標。像蓋洛普、世界大型企業聯合會（Conference Board）和晨間諮詢公司（Morning Consult）這樣的民調機構，每天都會詢問成千美國消費者對經濟和生活的看法。雖然這些調查提出的問題略有不同、名稱也不太一樣，但它們的結果卻合理地趨於一致，清晰描繪出人們的集體情緒。

很多企業每年花費數百萬美元獲取有關情緒的調查數據，希望蒐集到客戶感受的寶貴見解。他們在這個月得知消費者非常擔心通貨膨脹，而到了下個月，又得知消費者知道汽油價格下跌後精神為之一振。企業相信，藉由更了解消費者的感受，以及這些感受背後的驅動力，他們能夠更好地預測客戶的行為。

觀察廣泛的消費者情緒數據時，我更關心的是人們的感受是什麼樣的，而不是人們為什麼會有這樣的感受。透過關注這些每月調查結

果反映的具體信心水準，我可以感受到市場的相對信心，它就是對美國人當天早上醒來時感受的一種評估。

由於幾個主要的消費者情緒調查都涵蓋很長的時間範圍，因此類似圖 2.1 這種來自蓋洛普的調查，可以讓我把當前的情緒數據融入更廣的脈絡之中。[2] 消費者是否像 2000 年初網路泡沫高峰時那樣信心滿滿？或是像 2009 年末跌落金融危機谷底時一樣絕望？

這個問題的答案能夠很快告訴我，要在象限圖的哪個位置畫出消費者的情緒：是在舒適區，還是在壓力中心。

在多年的研究中我開始了解，廣泛的消費者情緒調查，可以衡量出人們的「預先位置」（pre-positioning），也就是在我們做任何事或任何事發生在我們身上之前，我們對確定感和控制感的心理狀態，以及由此而來，我們在象限圖中的位置。那是**在我們的生活場景中，作為背景的情緒**。例如，從整個社會的層面來看，我們會不會集體聽不見鬧鐘響而睡過頭、忘記車鑰匙放在哪裡、在上班的路上不斷遇到紅燈？還是，我們每個人都興奮地跳下床，迫不及待地迎接新的一天，還有充裕的時間在上班路上買個甜甜圈？

將人們在宏觀層面上位在象限圖中的位置視覺化，讓我能夠更好地預測，一般情況下人們可能採取什麼樣的行動。如果人們處在壓力中心，就像在 2008 年到 2009 年房市崩潰期間那樣，我就知道，人們採取的行動，很可能會著重在儘快消除脆弱性，盡一切努力恢復失去的確定感和（或）控制感。而當人們處在上方舒適區，譬如在 2000 年網路泡沫巔峰時期，我就知道他們會盡一切努力繼續待在那裡。

為了幫你直觀地了解其中的運作方式，讓我們畫出 2020 年前幾個月的象限圖。

2020 年 1 月，也就是新冠疫情在美國爆發前的兩個月，大多數美

圖 2.1
消費者對經濟的信心，1992 年至 2020 年

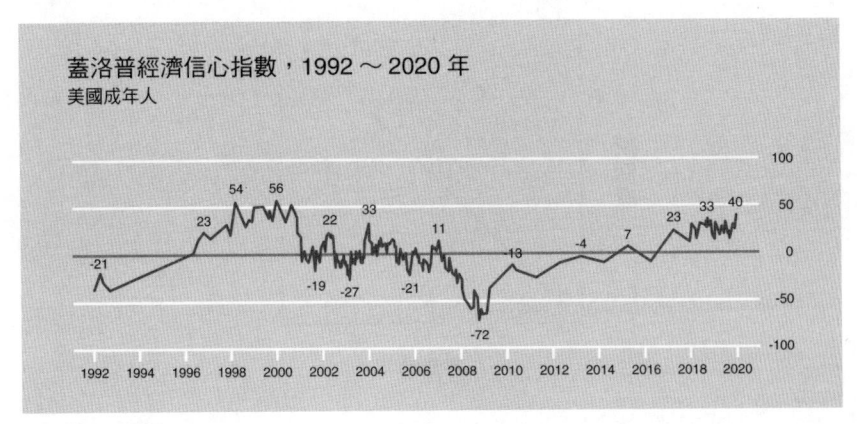

蓋洛普經濟信心指數，1992～2020 年
美國成年人

資料來源：蓋洛普

國人在生活中感受到高度的確定性和控制感。當時的失業率接近歷史低點，食品和能源通膨較低，股市和房價接近歷史高點。如圖 2.1 所示，當時美國人對經濟的信心，比過去二十年來的任何時候都要高。[3] 2020 年開始的時候，美國人處於舒適區，也就是右上象限。

雖然新冠肺炎疫情在中國和歐洲相繼蔓延的消息，讓美國人的信心在 3 月初有所下降，但當時的情緒調查顯示，人們對自己的生活仍有高度的確定感和控制感。[4] 我們知道疫情正在蔓延，但並不覺得困擾。我們認為新冠肺炎這種病毒只對別的地方的人有影響，它的威脅對我們來說並不真實。我們雖然不像 1 月時那麼有信心，但仍然處在舒適區。

但到了 3 月中旬，尤其是 3 月 9 號這一週，新冠疫情成了可怕的現實。我們的確定感和控制感消失了。我們高度的信心水準，在短短 72 個小時內就被顛覆了。結果，我們集體從舒適區的某個位置，進入

圖 2.2
新冠疫情體驗圖：恐慌

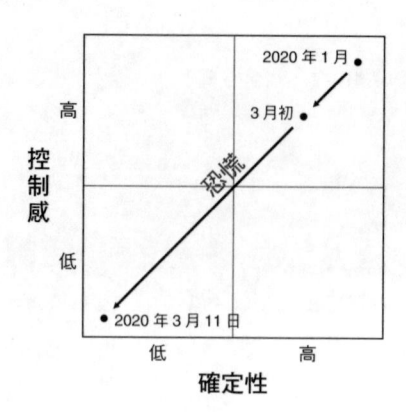

```
         高 │         2020年1月
              │      3月初 ●
控制感       │    恐
              │    慌
         低 │
              │● 2020年3月11日
              └──────────────
                 低       高
                   確定性
```

了壓力中心的深處，即左下象限。當時我畫出了圖 2.2，顯示我們情緒的轉移。[5]

2020 年 4 月初的蓋洛普調查結果，指出（按照他們的衡量標準）美國人的信心經歷了自 1992 年以來最大的單月跌幅（圖 2.3）。[6]

就在兩個月前，還有超過 60％的美國人認為狀況正在好轉。然而到了 4 月，調查報告就顯示，74％受訪的美國人認為情況正在變糟。

看看象限圖顯示出新冠疫情帶來的直接影響。很明顯，美國人當時的感受，和我那次飛往洛杉磯的航班上機長執行重飛時，許多乘客產生的感受一樣。這兩種經驗都引起人們強烈的不確定感和無力感。2020 年春天的調查數據告訴我，由於當時人們的情緒如此低落、深受震撼的感覺如此普遍，我們對疫情爆發的反應幾乎可以肯定會非常極端。處在壓力中心深處各行各業的美國人，將盡其所能地努力恢復信心。共同的恐慌情緒背景，決定了我們做出一致的反應。

圖 2.3
新冠疫情對經濟信心的影響

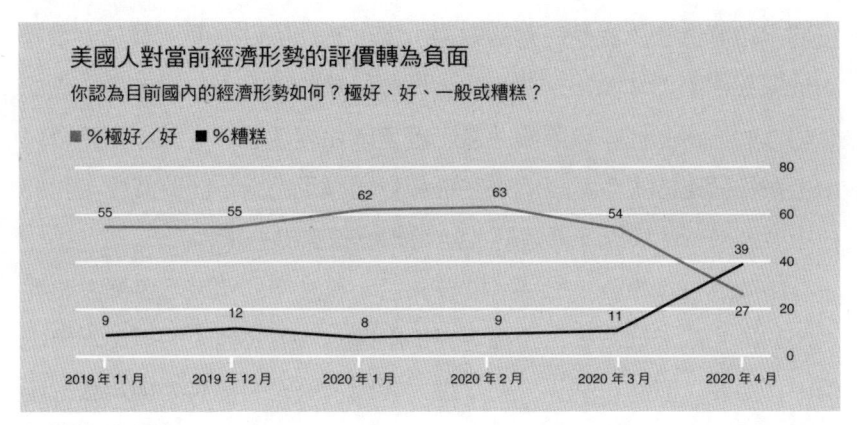

美國人對當前經濟形勢的評價轉為負面
你認為目前國內的經濟形勢如何？極好、好、一般或糟糕？

■ %極好／好　■ %糟糕

	2019年11月	2019年12月	2020年1月	2020年2月	2020年3月	2020年4月
%極好/好	55	55	62	63	54	39
%糟糕	9	12	8	9	11	27

資料來源：蓋洛普

2. 環境層面：不同群體與時間的情緒

　　圖 2.2 中疫情早期的心理歷程，是由消費者情緒數據和蓋洛普等民意調查顯示的，「我們大家」的共同體驗。我畫的圖針對的是「一般美國人」，但是，每個人對於疫情的感受當然都不一樣。有些人，例如失業者，可能在 2020 年初就已經處於左下象限的壓力中心。慢性疾病患者或是正在經歷離婚之苦的人，遭遇的情況可能也是如此。對他們來說，這場疫情只是在堆積如山的壓力之上又加了一根稻草。

　　另一方面，那些身居經濟頂端的人，或認為疫情根本不足為懼的人，可能完全不受周遭驚慌失措的人影響。就算他們有過不確定感或無力感，很可能也只是暫時的。他們大多數時候都在舒適區的範圍之內，享有安全和保障。

　　如果認為這兩類人對疫情有著相似的記憶，那就大錯特錯了。從

脆弱性來看，他們之間沒有共同的經驗。

雖然大眾情緒的綜合指數和平均值，可以告訴我們一些事情，但它們永遠無法告訴我們完整的故事，尤其是在信心方面。畢竟，我畫的地圖和你畫的地圖不一樣，也和你鄰居畫的地圖不一樣。就像先前介紹過的，當我們在象限圖上畫出確定感和控制感時，飛往洛杉磯途中坐在我旁邊的那名緊張的乘客，和我經歷了完全不同的旅程，我們在出發、飛行途中以及降落時，所處的位置都不一樣。

由於這種種原因，領導者需要知道，有許多其他因素會嚴重影響人們的確定感和控制感。領導者在象限圖上繪製其他人的信心水準之前，可能要考慮利害關係人的年齡、性別、收入、種族、相對教育程度、就業情況，甚至是他們之前的經歷。同一種創新科技，可能在年輕員工中引起熱烈迴響，卻也可能給資深員工帶來恐懼，被他們視為職涯的威脅。

還有一些更微妙的環境因素，例如一天當中的不同時間。如圖 2.4 所示的 Google 搜尋趨勢圖，「焦慮」等詞彙的搜尋量在每天凌晨 2 點到 3 點之間達到高峰，這代表**人們的信心到了深夜會自然下降**。

如果我是夜班急救人員，或是醫院急診室的工作人員，我要謹記這種壓力升高的情況，也就是人們的確定感和控制感會自然降低的情況，會影響我需要處理的個案的行為，也會影響我自己的行為。

分析環境層面的情緒，迫使我們更仔細地思考，那些最有可能與我們互動的人的預先位置，無論他們是客戶、員工或任何其他重要的利益團體。

3. 情境層面：事件當下的情緒

在本章一開始，我討論了「由事件導致」的情緒，以及從各種經

圖 2.4
「焦慮」一詞的一週 Google 搜尋趨勢圖

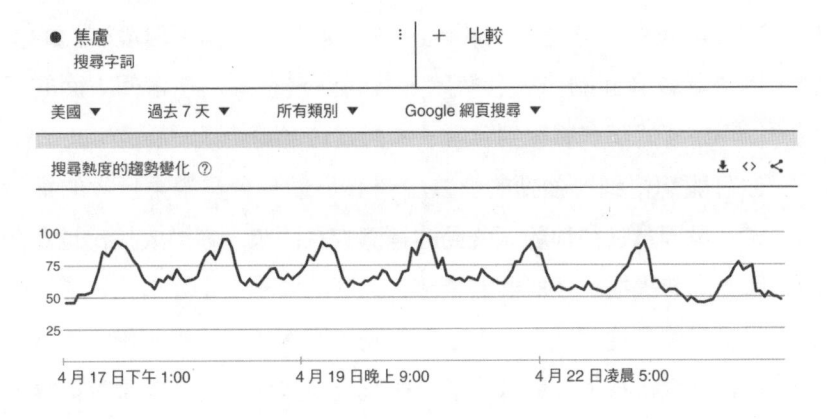

● 焦慮			⋮	＋ 比較
搜尋字詞				

| 美國 ▼ | 過去 7 天 ▼ | 所有類別 ▼ | Google 網頁搜尋 ▼ |

搜尋熱度的趨勢變化 ⑦

```
100
 75
 50
 25
    4月17日下午1:00      4月19日晚上9:00      4月22日凌晨5:00
```

來源：Google

驗中產生而來的感受，往往會自然地反映在象限圖上。你可以看到，不需多少力氣，我們就可以合理地估算出各種事情在象限圖上的位置，從急診室就診到大型促銷活動。人們的共同經驗，是由這些經驗產生的共同確定感和控制感所界定的。

　　如果企業是在情緒真空的環境下營運，那麼這些位置，也就是情境層面人們的感受，就足以預測集體信心。但正如前兩節介紹的，更廣泛的消費者情緒和環境層面的情緒也會產生影響。無論是否意識到，當我們走進雜貨店或參加客戶會議時，這兩個層面的感受都會跟著我們。預先位置對於我們的偏好、決策和行動，起著關鍵作用。

　　在研究中，我開始將預先位置視為一個「感受放大器」。**事件發生之前我們在象限上的位置，會強化或弱化我們的確定感和控制感，進而影響我們的行動和反應。**當一名顧客心情愉快地開車進入得來速，她的狀態正處於上方舒適區，因此她可能不會介意較長的候餐時間，

第 2 章　在企業領導中解讀信心　　51

以及袋子裡的雞柳條沾醬弄錯了。但反過來,同樣的一名顧客如果已經處在壓力中心,而且情緒不佳,她可能會在排隊時不耐煩地按喇叭,在發現包裝疏忽時斥責經理。情境層面的情緒、環境層面的情緒,以及社會層面的消費者情緒,共同決定了人們在各個方面的行為,從得來速的購買體驗到買房子,再到和老闆談話,都是如此。

你可能想得到,強勁的消費者信心可以為企業帶來巨大的推動力,尤其是因為它往往隨著強勁的經濟成長而來,經濟成長總是會在環境層面同時提振許多群體的情緒。共同的強烈、正面情緒,會推動我們的確定感和控制感向右上象限移動,原本可能覺得不錯的事情,現在讓我們覺得很棒。就像我搭的航班上那些信心滿滿的乘客一樣,置身這個象限的我們,可能會忽略那些遭遇亂流的時刻。

當然,反之亦然:強烈的負面情緒連結,促使我們的情緒向左下象限移動。原本不舒服的事情,現在感覺更糟糕了。最輕微的顛簸都會讓我們的情緒急遽惡化。

商界領袖經常忽略情緒連結具有放大和抑制的影響。當銷售成長意外超過預期時,他們似乎覺得很驚訝;昨天看起來還很高興的低階員工,今天突然建立起工會時,他們似乎覺得很困惑。領導者樂於把前者歸功於自己,也會輕易地把後者歸咎於「超出自己控制的因素」。他們(及其董事會)不僅沒有意識到客戶和員工情緒的力量,也沒有意識到把情緒納入業務決策之中的必要。

特定的放大效果會影響個人的行為,不過當人們廣泛共享某種強烈的感受,它帶來的影響會最大。這些感受是流行文化背後看不見的力量,例如一群人擁抱一種新趨勢,將它推向狂熱。放大效應彼此連結時,還會發展成強大的社會運動。

在情緒到達高峰的時刻,你可以看到放大效應在股市中發揮作

用,例如投資人瘋狂投機。對於參與其中的人來說,他們體驗到的情緒就像是確定感和控制感彼此累積。高漲的消費者信心,加上飆升的財富效應,以及似乎只漲不跌的市場,自然會讓投資人愈來愈深入右上方的舒適區。這是投資人在網路泡沫和房地產榮景達到頂峰時的感受和經驗。

而在情緒光譜的另一端,不確定感和無力感累積起來的感受,往往會釀成頭條新聞。以「黑人的命也是命」(Black Lives Matter)、「阿拉伯之春」和茶黨運動(Tea Party movement)為例,這三起事件都是在消費者信心處在極低水準之時,發生在那些環境情緒本來就很低的族群之中。因此,一旦情境情緒低落,好比一點星星之火,就能點燃劇烈、全面、自發的反應。參與者在壓力中心的預先位置,強烈地放大了隨後席捲全社會的行為。

這些都是極端的例子,但這個概念也適用於日常中比較小規模的商業活動。當服務出現問題時,客服人員和客戶的預先位置,也會影響他們的耐性。預先位置也會影響消費者接受新產品、新技術和新流程的意願。情緒是如此強大的助力或阻力,因此企業需要將其納入策略規畫之中。

在信心象限上畫出你的生意

到目前為止,我們已經看到不斷變化的情緒背景,如何影響關鍵利益團體的行為,以及他們在象限圖上的位置。不過,在繼續往下談之前,我們要先停下來認清一件事:並非所有業務,其天然的情緒環境都一樣。信心象限圖中沒有一個所謂的「業務」象限。在談到顧客的控制感和確定感時,醫院急診室和五星級餐廳之間大不相同。

當我請成功的大企業領導者在象限圖上畫出公司目前的位置，他們大多數人都把自己的公司畫在舒適區。我請他們解釋為什麼這樣畫，他們給出的理由，通常都是基於對自己身為領導者角色的感受。隨著銷售額和利潤成長，他們對未來的事業前景充滿信心。

舒適區也許能夠精準反映出這些企業領導者本人的信心，以及一些公司員工的信心，但客戶通常不會把公司的業務畫在舒適區。實際上，大多數的商業活動都不是發生在這個位置。**企業的核心業務在於解決問題：解決客戶感受到自己缺乏確定感和（或）控制感的那些問題。**在客戶心滿意足並恢復信心之前，企業可能在象限上的任何位置，就是不在舒適區。

從客戶的角度，以及他們的確定感和控制感來看，**大多數服務型企業都處在右下方的乘客座位**。客戶通常會請企業協助解決他們本身不具備專業知識或工具來解決的問題。在打電話給水電工、衝向急診室、甚至在 Uber 預約叫車時，我們通常都是處在壓力中心，或已經離壓力中心很近了，我們急著想要解決這個讓自己沒有確定感或控制感的狀況。

自知無法靠自己的力量來消除這種脆弱感，所以我們刻意地進入一種關係，把控制權交給別人，希望能藉此重獲信心：水管可以正常運作、受傷的手指能被好好固定，或是會安全抵達目的地。如前所述，乘客座位是一個能動性掌握在他人手中的環境。在這種情境下，我們花錢雇別人來為我們做事。歸根究柢，我們希望不管對方怎麼做，都是為了讓我們最終能夠回到舒適區，而採取的臨時措施（圖 2.5）。

成功的企業領導者常常忽略，客戶的地圖和他們自己的地圖有哪些不同，尤其當他們在舒適區的感受與客戶在壓力中心的感受，兩者之間

圖 2.5
水管爆裂的體驗圖：雇用水電工

圖 2.6
水管爆裂的體驗圖：自己動手修理

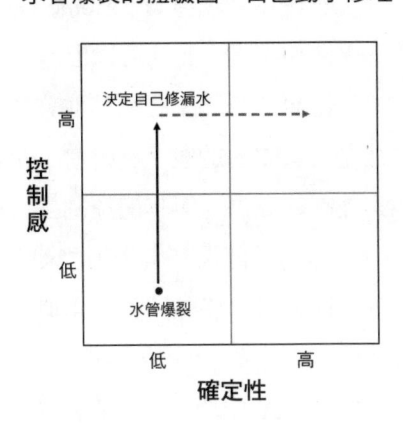

的差距愈來愈大的時候。當一些領導者晉升至高層，他們會忘記，自己在實木裝潢的高階主管辦公室與豪華會議室裡感受到的高度控制感，往往與客戶的感受不一樣。

客戶也一樣，深陷危機重重的壓力中心時，我們往往會忘記，不管乘客座位看起來多麼安穩，它仍然是一個幾乎沒有控制力的環境。在右下象限，我們是雇用其他人來為自己做事。

如果我們沒有得到想要的確定感，例如水管漏水沒有修好、X光機故障、Uber司機沒有如約前來，這時候我們會發現，自己並非成功地從壓力中心穿過乘客座位回到舒適區，而是從壓力中心移動到乘客座位，然後又回到壓力中心。這種返回顯然常常讓我們覺得憤怒和沮喪，因為我們付出的信任被破壞了。

大多數情況下，回到壓力中心的我們，會採取新的行動。我們會換掉原本的水電工，找到新的服務商，希望他這次能夠成功帶我們回到舒適區。不過，在某些情況下，我們可能會採取完全不同的方法來

恢復信心。面對水管漏水的問題，我們可能會轉去觀看 YouTube 教學影片，然後跑到家得寶（Home Depot）或勞氏家居（Lowe's）尋找需要的零件和工具，認為可以自己修好漏水。

家得寶、勞氏家居和其他許多「DIY 修繕」商店，他們的業務都位在左上象限。這些「發射台」企業經營的業務，是幫我們開啟自己能夠控制的計畫。與其把控制權交給別人，以水平移動的方式離開壓力中心，我們會說：「我自己來吧。」在 DIY 模式下，我們從壓力中心垂直往發射台移動，體驗類似攀岩者「不是勝利之狂喜，就是失敗之煎熬」的感受（圖 2.6）。

如果 DIY 成功了，我們會為裝好新的浴室蓮蓬頭而慶祝，好像完成了了不起的大事。但如果失敗了，我們會再次感受到自責、羞恥和尷尬，因為我們又回到壓力中心了。我們得承認失敗，打電話給新的水電工，原本我們一開始就應該打給他。

也許你已經感覺到了，**在發射台營運的企業，和在乘客座位營運的企業，兩者提供的感受完全不同**（圖 2.7）。從根本上講，它們的目標是為了滿足不同的客戶需求。作為一家位於發射台的企業，勞氏家居致力於滿足客戶想要擁有控制感的需求。它的目標是賦予人們自己動手的能力。它努力為客戶提供完成任務所需的所有工具和零件，並有條理地展示這些產品，讓客戶能夠快速取得。它無法保證客戶最後能夠成功，只是提供給客戶自己動手實現目標的手段。

而另一方面，作為乘客座位業務的提供者，水電工致力於為客戶帶來確定感。水電工的目標是服務他人。你期待他在處理你的問題時，態度積極、技術精湛而且經驗豐富。他要負責在雜亂的貨車裡輕鬆找到合適的零件，而不是你要負責去找。

疫情剛開始時，看到餐廳老闆嘗試把他們原本在乘客座位上運作

圖 2.7
不同業務類型的體驗圖

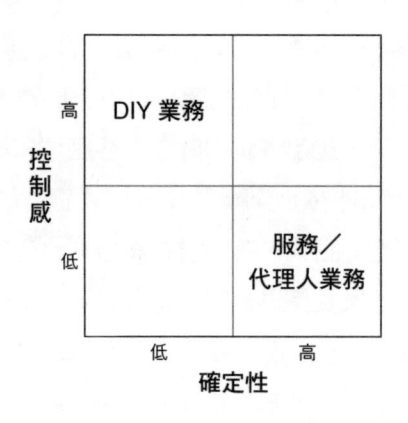

```
        控         │ DIY 業務  │
        制    高   │           │
        感         │           │
              ─────┼───────────┤
                   │           │ 服務╱
              低   │           │ 代理人業務
                   │           │
                    低        高
                      確定性
```

良好的內用商業模式，轉向發射台的外帶商業模式，是一件很有趣的事。很少人意識到，就客戶的確定感和控制感而言，這兩種模式完全不一樣。許多人經歷了慘痛的教訓才意識到，**客戶對這兩種環境的期望截然不同**。他們沒有意識到，對於買了就走的客戶來說，速度和選擇的可靠性至關重要，遠超過周到的服務和完美的體驗。為那些想要控制感的人提供確定感，與代替那些想要確定感的人掌控全局，是不一樣的事情。（圖 2.7）。

因此，當公司在完全不一樣的象限推出新業務，卻還在試圖利用原本象限的成功經驗時，他們往往會陷入困境，也就不足為奇了。提供服務和提供產品不一樣。賣車時要想讓客戶覺得滿意，和修車時讓客戶滿意，兩者所需的流程並不相同。

大多數企業發現，只專注處理乘客座位或發射台其中一個象限上的客戶，他們會取得最大的成功。這就是為什麼像百思買（Best Buy）這樣的公司能夠引人矚目。百思買成功地在發射台和乘客座位這兩個

象限同時經營大規模業務，分別是它核心的電子產品零售業務，以及子公司極客小隊（Geek Squad）。但這是一個例外，大多數企業很難做到這一點。就像線上房地產公司 Zillow 親身經歷的那樣，為買家提供房地產市場資訊和購買房產來當房東，是不一樣的事。

然而，更糟糕的是，比起嘗試同時在乘客座位和發射台上服務客戶，有些企業連自己一開始在哪個環境經營都搞不清楚。為了贏得客戶，提供乘客座位服務的企業，有時候會試著迎合想要在發射台 DIY 的客戶，而同意提供複雜且昂貴的客製化服務。但這種服務很容易失敗。他們把控制權讓給客戶，認為隨著客戶愈來愈滿意，他們就可以重新拿回控制權。但是對於控制欲很高的客戶來說，這種情況很少發生。結果出現的是駕訓班教練車的體驗，那種感覺就像有兩個煞車、兩個油門踏板，但只有一個方向盤，雙方都想掌控。換句話說，控制權的劃分不夠明確。大規模客製化對客戶來說聽起來很棒，但就像捷威（Gateway）、戴爾（Dell）和其他早期電腦公司經歷過的慘痛教訓一樣，它的複雜性和成本很快就會超過帶來的收益。

企業專注在一個象限之所以比較容易成功，還有另一個原因：**兩個象限的風險和監管環境顯著不同**。由於政策制定者想要限制消費者在無法自行控制的體驗裡面臨的風險，因此位於乘客座位的企業通常要接受更嚴格的政府監管。

如果失敗會帶來嚴重的後果，政府對於許可和合規的要求可能會非常嚴格。我們很難靠自己的力量知道飛機引擎是否損壞，或是食物是否受到污染。由於私部門本質上以追求利潤為目標，所以身為消費者的我們無法完全放心地認為，企業永遠都會為我們的最大利益著想。因此，美國聯邦航空管理局（Federal Aviation Administration, FAA）和食品藥物管理局（Food and Drug Administration, FDA）等聯

邦機構之所以存在，是為了確保航空旅行和食品安全的高度確定性。

911 恐怖攻擊事件發生後，我們看到像航空旅行這種在乘客座位上進行的高風險活動，一旦失敗會發生什麼事。武裝劫持飛機的事件發生後，美國政府成立了運輸服務管理局（Transportation Services Administration, TSA），以監督乘客安全檢查和其他運輸安全流程，想要迅速恢復人們對美國航空運輸系統的信心。

通常我們仰賴政府專家，提供自己無法做到的監督和控制。搭電梯時，看到牆上貼紙用粗體字寫著「已檢查」，並附有最新日期，我們會覺得欣慰，因為我們知道專業的工程師剛剛完成他們的工作。（因此，顯而易見，監管機構的工作不只要負起檢查的責任，還要充分展示出已經順利完成檢查的標誌。）

就像 911 事件這類經驗所示，發生在乘客座位象限上的失敗，不僅對客戶很危險，對企業來說也很危險。由於客戶潛在的無力感，以及對超高確定性的要求，就算確定性只是微幅下降，也可能讓消費者的信心崩潰。除非一家公司能夠迅速恢復客戶和監管機構要求的極高確定性，否則它可能很快就會倒閉。如果你經營的企業需要極高的確定性才能生存，也就是必須緊貼在乘客座位象限的最右側，你就必須設計並遵循流程和程序來完成這一任務，並將其傳達給客戶和關鍵利害關係人知道。

●

大多數企業在思考信心時，往往會用不夠精確的尺度衡量。它們會把重點放在消費者信心，以及一些常見、廣泛的信心衡量標準。但是，這些標準往往無法充分對應客戶和客戶體驗，而且還會分散企

業對當前業務的注意力。在壓力中心提供服務的公司，與提供乘客座位和發射台服務的公司，彼此有很大差異。（在房子發生火災或水災後提供援助的 Servpro 公司，以及油井消防公司 Boots & Coots，都屬於經營壓力中心業務的公司。它們和其他危機管理公司一樣，假定客戶來電時已深陷壓力中心。）**一家公司開門營業時，需要知道自己的生意位於象限圖的哪一個位置。**

在下一章，我將探討領導力、員工和客戶信心經常發生衝突的地方：恐慌。你將看到，沒有什麼能像危機那樣，把我們從右上方的舒適區，粗暴地推進壓力中心。

第 3 章

物極必反的信心週期

在介紹過信心象限圖,並分享企業領導者如何用畫圖來提高公司營運成效的初步想法後,我想再分享一些現實生活經驗的案例會很有幫助。讓我們來看看新冠疫情爆發時的情況。

雖然從表面上來看,每一次危機的狀況都不太一樣,但當我們把這些危機畫在象限圖上之後,這些實際經驗的類型以及它們引發的恐慌,都出現了相似的軌跡。此外,當我們去看那些成功應對極度脆弱性環境的人所採用的方法,我們不僅可以理解這些方法為什麼有效,還可以了解其他人能夠如何應用這些方法,來更有效地管理危機。

情緒週期

經濟學家和執行長通常會用經濟週期的起伏,來評估企業的獲利能力與消費者支出的變化。輕鬆和繁榮的時代過後,通常會出現充滿挑戰和艱困的時期。然而,如圖 3.1 所示,這些績效週期其實反映在

人們情緒的上升和下降。**經濟活動是個人、企業和政策制定者情緒的自然結果。**

我們可以很簡單地把信心週期畫在象限圖上。然而，我們的感受並非如波浪一樣沿著正弦曲線上下起伏，而是會沿著我所說的「信心光譜」（Confidence Spectrum）移動，這個光譜從象限圖的左下角延伸到右上角。隨著信心增強，我們會向上和向右移動。而到達右上角時，信心會反轉，向下和向左移動，直到到達對角的位置。然後，我們會再次迴轉，開始新的信心上升週期（圖 3.1）。

雖然我們通常不會用這些術語來思考問題，但**我們的信心範圍是有限的**。當我們覺得自己擁有完全的控制感和確定性，也就是覺得自己無往不勝時，我們已經在不知不覺中**抵達光譜的一端**。當情緒達到頂點，我們再也無法感受到更多。同樣，當我們感到徹底的無力和不確定，也就是覺得一敗塗地時，我們就到達了信心光譜的另一端，這時所有的確定性和控制感都消失了。

經濟和商業週期之所以會出現，是因為我們做出的選擇由來回往復的行為所致，我們的行為就像通勤電車一樣，在信心光譜的兩端之間一次次地往返。雖然我們很少能即時意識到這一點，但「無往不勝」就是我們失敗的前一刻，而「一敗塗地」則是我們必然會奮起之前的餘燼。**當我們站在光譜的兩端，我們總是認為當前的趨勢不可能結束，但那正是它開始邁向結束的時刻。**諷刺的是，我們在極端情況下感受到的無止境，其實已經在警告我們這個光譜真正的極限所在，並且，突如其來的逆轉也即將到來。

信心與脆弱是一枚硬幣的兩面

我在前言中提到，脆弱性是信心的反面。就像電燈上的「亮」、

圖 3.1
信心光譜

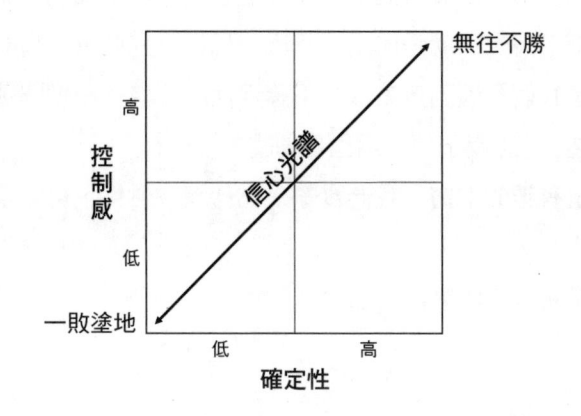

無往不勝

控制感 高／低

信心光譜

一敗塗地

低　高
確定性

「暗」開關一樣，信心和脆弱也是同一光譜上的兩個極端：當一個上升，另一個就會下降。圖 3.1 的「信心光譜」可以輕易改成「脆弱光譜」，其中一端是「刀槍不入」，另一端是「脆弱至極」。

用這種「杯子是半空」的悲觀觀點看事情，也許不那麼必要，但當我們嘗試畫出個人和群體在特定時間裡位於信心光譜的哪一個位置時，這種觀點其實非常有用。例如，與其說無所畏懼的感覺是因為信心感極強，不如說是因為脆弱感極低。無所畏懼時，我們會覺得沒有任何東西傷得了我們。相反，當信心下降，我們的脆弱感就會變強，我們也因此變得更謹慎。害怕的時候，我們自然會減少冒險。

我們的信心感和脆弱性可能是一枚硬幣的兩面，但它們的重量並不一樣。**脆弱的感覺比較重，信心的感覺比較輕。**

為了讓你體會這種現象，我想回顧一下新冠疫情爆發初期的體驗，如圖 2.2 所示（見頁 48）。雖然我沒有用「無往不勝」或「一敗塗地」這類術語來形容，但當時美國人從象限圖的右上角移動到左下

角,其實是經歷了一場在信心光譜上急速下墜的瘋狂旅程。

當我們從信心爆棚瞬間變成極度脆弱,也就是我們的確定性和控制感急遽下滑時,那就是所謂的恐慌。恐慌是我們感受到的極度焦慮情緒,也是我們經驗到無力感和不確定性劇烈增強和脆弱感飆升時會出現的行為。「恐慌」是名詞也是動詞。

這就是有趣的地方。我們實際上為什麼會恐慌,可能讓你大感詫異。

讓我拿新冠疫情來當例子吧。

情緒不變

2020年3月11日星期三晚上。就在《蒙面歌手》(The Masked Singer)節目中,化名為「熊」(Bear)的歌手拿下她的粉紅色頭套、揭面為美國前副總統候選人莎拉・裴琳(Sarah Palin)之後沒多久,福斯電視(Fox)插播了一則白宮演說,時任美國總統川普宣布緊急命令:禁止所有從歐洲進入美國的旅行。當天,世界衛生組織剛剛宣布新冠疫情病毒全球大流行。而在川普結束講話時,社群媒體爆出美國最受歡迎的好萊塢演員湯姆・漢克斯和他的妻子、同為演員的麗塔・威爾遜(Rita Wilson)雙雙染疫的消息。[1]

大約在同一時間,奧克拉荷馬雷霆隊(Thunder)和猶他爵士隊(Utah Jazz)在契薩皮克能源球場(Chesapeake Energy Arena)舉行的NBA賽事開打前,雷霆隊隊醫唐尼・斯綽克(Donnie Strack)衝進球場,和比賽官員進行協商。焦慮的片刻過後,兩隊突然被帶回各自的更衣室。比賽意外地取消了。瞬間,社群媒體再次騷動,這次是因為有報導稱,爵士隊中鋒魯迪・戈貝爾(Rudy Gobert)也感染了病毒。[2]

在接下來的24小時裡,NBA暫停整個賽季,迪士尼樂園宣布關

閉，美國大學和學院紛紛讓學生回家過完剩下的春季學期。[3] 湯姆‧漢克斯和戈貝爾染疫的新聞曝光後，隔天道瓊工業平均指數下跌2352點，跌幅近10%，創下1987年以來最大單日跌幅。一些專家甚至呼籲完全關閉金融市場，以阻止拋售。[4] 對疫情爆發及其潛在後果的恐懼在民眾中間瀰漫。到了那個週末，美國大多數學校和從事非必要業務的企業，決定無限期關閉；而「社交距離」這個詞，也開始出現在我們的日常用語之中。

有一些我訪談過的人，形容在3月11日晚上，他們感覺像是被疫情爆發「洗劫」了，彷彿被一股從陰影裡冒出來的力量突如其來地擊倒。這個描述非常貼切。如果從確定性和控制感崩塌的角度來界定，這兩種經驗都給人一種劇烈的突然感，讓人覺得生活出乎意料地被顛覆。兩種經驗都是一個人被從舒適區右上角推入壓力中心左下角的感受。

《每日野獸》（*Daily Beast*）資深娛樂記者凱文‧法倫（Kevin Fallon）這樣總結3月11日那天的狀況：「對許多美國人來說，那是噩夢成真的時刻。我這麼說是因為，如果你在推特上搜尋『噩夢竟然成真』（shit just got real）和『湯姆‧漢克斯』，很多人確實就是這樣說的。」[5]

《奧克拉荷馬報》體育專欄作者珍妮‧卡爾森（Jenni Carlson）對這一時刻的特殊性和突然性，也有類似的看法：「週三爵士隊對雷霆隊的NBA賽場上所發生的事，改變了美國人對新冠病毒的看法。在此之前，一般人似乎不那麼擔心疫情。但是現在，我們看到危險離我們有多近、傳播速度有多快。」[6]

似乎在一夜之間，原本緩慢演變的危機，變成了全民恐慌。

心理距離比物理距離更重要

我剛剛談的,是 2020 年 3 月 11 日發生的幾件事,如何共同形成了新冠疫情爆發的情緒轉捩點。但這種描述沒有回答幾個重要的問題,例如一個擁有超過 3.3 億人口的國家,怎麼可能前一刻還信心滿滿,下一刻就陷入大規模恐慌?

湯姆・漢克斯只是一個人,而且是個名人,他的生活從所有客觀標準來看,都與普通美國人的生活截然不同。而且,他當時人根本不在美國。他在半個地球之外,正在澳洲拍片。僅就客觀證據來看,湯姆・漢克斯對普通美國人日常福祉的影響,只能說是微不足道。那麼,我們該如何解釋隨之而來的恐慌呢?

為了充分理解我們是如何走到「湯姆・漢克斯時刻」的,讓我們先倒帶一下。

2019 年底媒體首次報導新冠疫情時,據說疫情「已被控制」在中國境內。[7]「已被控制」這幾個簡單的字,暗示病毒能夠並且正在以某種方式被遏制。也就是說,有一股強大的制衡力量,將病毒控制在離美國人很遠的地方,防止它潛在傳播。

由於國家領導人、政策制定者和其他專家,都說疫情「已被控制」在對大多數美國人來說很遙遠的地方,所以我們認為自己無須擔心。月暈效應(halo effect)是一種認知偏見,指的是我們傾向高估生活中有影響力的人的觀點,而當時這種偏見正在發揮作用。我們與疫情之間不僅存在物理上的距離,而且還有很大的心理距離。從各個方面來看,不管是地理上、關係上、甚至是時間上,疫情感覺都是非常非常遙遠的事。我們認為,疫情傳播到美國是一件可能性「微乎其微」的事。

接著，有新聞報導疫情已經蔓延到義大利、英國和歐洲其他地區。現在，美國人和疫情之間的物理距離開始縮小。但更重要的是心理距離，疫情的感覺更近了。雖然病毒仍在數千英里之遙，但它已經出現在我們似乎更熟悉的地區。

就像《紐約時報》商業記者馬特・菲利普斯（Matt Phillips）在一次訪問中所說：「大家都知道病毒在中國傳播，並把病毒劃分在那個地區。但當病毒傳播到義大利，人們的心理出現了轉變。很多華爾街人士都去過義大利。病毒原來不像人們想像的那麼『外國』。」[8]

隨著知名的跨國企業，包括星巴克、蘋果，都開始披露其海外業務受到影響，美國人和病毒的心理距離進一步縮小。[9]現在，是**我們美國人**要開始受到影響了。而且，我們相信疫情會沿著一條明確的路徑出現，川普政府就正在透過實施旅行禁令，來為此做提前準備。

湯姆・漢克斯和戈貝爾染疫的新聞所發揮的作用，就是把疫情和美國人之間僅剩的心理距離都抹殺殆盡。湯姆・漢克斯本人實際上在澳洲，但就我們的心態來說，這並不重要。**他在哪裡不重要，重要的是他是誰。**他是一個備受信賴的、標誌性的美國象徵。戈貝爾也是。從心理上來說，他是我們美國人的一分子。多年來，我們一直熱切歡迎湯姆・漢克斯和戈貝爾進入我們的家庭和生活，我們關注他們的職業生涯、他們的成功與失敗。我們欽佩和尊敬他們。他們就像我們的家人一樣。所以如果他們會感染新冠病毒，那我們也可能會。

脆弱至極

那天晚上上床睡覺時，美國人感受到了威脅。未來似乎變得不可預知。

就像我之前討論過的，對未來有確定性，或起碼想像得到未來會

發生什麼事,是信心的基礎。我所說的「未來」包括時間上、地理上和關係上的意涵。我們需要覺得自己知道未來會發生什麼事,無論那是明天、不久的將來,還是我們吃晚餐的當下。當我們說未來是未知的時候,我們說的不是未來的時間本身,而是在表達一種警覺,警覺到未來可能充滿令人不安的事情,也就是那些對我們來說可能不熟悉的人、事件和經驗。**熟悉度、習慣和慣例都能培養信心,因為我們覺得自己可以將這些熟悉的事物投射到未來。**

新冠疫情則顛覆了這個想法。疫情在我們的過去、現在和未來之間,造成了不連續的感覺,我們過去的經驗似乎都與之不相關,因而我們無從推斷。新冠病毒對於流行病學來說也是一道謎題,專家對病毒本身、其傳播方式、傳染性或致命程度所知甚少。我們不知道誰感染了這種病毒,也不知道誰最有可能感染這種病毒。病毒就像一把電鑽,摧毀了我們日常決策的堅實基礎。

不過,新出現的不確定性,只是故事的一半。疫情還帶給我們第二種感覺:無力感。我們失去了控制。世界不僅變得不確定,而且對於如何能最好地自我防護,當時幾乎沒有共識。我們感覺好像置身彈珠台,而疫情在控制打彈珠的板子。在這場混亂中,無論其社經地位如何,每個人都衝動地對當天的新聞做出了反應。我們沒有時間深思熟慮好好計劃。就算有,又會有什麼不一樣呢?我們的未來寫在沙子上,目力所及,皆有潮水迅速逼近,把海灘上的字抹得不留痕跡。

我們從高度信心跌到脆弱至極,因此陷入恐慌。

恐慌模式

人們也許喜歡用「史無前例」這樣的詞,來描述新冠疫情這類事

件,但從信心的角度來看,這類事件其實符合常見的模式。事實上,發生在 2020 年初的這件事,和其他重大危機的狀況完全一致:**我們都是毫無準備地突然在信心光譜上下墜,被推進壓力中心深處。**

因此,我們應該停下來,研究一下這種「恐慌模式」。這種模式一再出現在我們生活的各個層面,包括社會、商業以及日常生活經驗當中。

社會層面的恐慌

歷史學家描寫恐慌時,關注的往往是社會恐慌,是流行病、金融崩潰或戰爭等特殊時刻,例如珍珠港事件、1929 年股市崩盤、911 事件等。這些事件的規模大、衝突激烈、充滿意外,給人不連續的感覺。我們會有一個清楚的「在此之前」與「在此之後」的分界:就在這個當下,我們感覺生活被顛覆。社會恐慌是一種共同的創傷事件,許多人的確定性和控制感在同一時刻被顛覆。

今天,我們經歷社會恐慌的方式與過去不同。2008 年銀行業危機期間,我花了很多時間研究之前的金融危機,尋找人類行為上的相似之處,認為可能派得上用場。在研究中,我偶然看到 1857 年的經濟恐慌,這是美國內戰前的一次金融危機,緊隨在美國經濟大繁榮(包括 1848 年加州淘金熱)之後發生。

歷史學家寫到 1857 年的恐慌時,通常會先提到一件事:雖然那不是美國歷史上第一次發生金融危機,卻是恐慌第一次在全美迅速蔓延。在 1837 年的恐慌,也就是再早 20 年前發生的金融危機中,訊息傳播的速度頂多和郵政服務一樣快。當時,新聞需要數週甚至是數月,才能傳播開來。到了 1857 年,也就是電報發明十四年之後,新聞傳播的速度大大加快,短短幾天,就造成整個美國和歐洲投資人的

信心危機。[10]

從那時起，隨著通訊技術的發展——從電報到電話，從廣播到電視，再到網路、手機、社群媒體，以及 24 小時播出的新聞——新聞傳播的速度和觸及人數，呈現爆炸性成長。就像材料製造、電腦模擬和建模能力的改變，讓遊樂園的雲霄飛車比以往更陡、更快一樣，通訊技術的進步也在加速和擴大社會信心崩潰方面，產生了類似的影響。

由於這種恐慌模式能夠對信心帶來更廣的影響，因此值得注意的是，自千禧年以來，美國已經經歷了三次重大的社會恐慌：2001 年 9 月 11 日的恐怖攻擊、2008 年的銀行業危機，以及 2020 年開始的新冠疫情。911 恐攻事件引發極其嚴重的信心崩潰，在社會各階層引起共鳴。銀行業危機的發展速度則比較慢，但當政策制定者最初聲稱「可控」的次級房貸損失，蔓延到愈來愈高品質的貸款和借款人時，恐慌迅速蔓延到整個金融系統。[11] 隨著股市暴跌、法拍屋激增，無力感和不確定性快速擴散到全美各地。

如果說我們現在已經為社會恐慌「做好了準備」可能有點誇張，但恐慌重複出現的模式確實很重要。我們不會再把大規模危機看成例外，或遙不可及的歷史。雖然社會恐慌仍然是抽象的，但今天恐慌造成的威脅與我們之間的心理距離，比以前小很多。此外，任何經歷過恐慌症發作的人都知道，害怕恐慌再次發生的心理可能會自我強化。我們需要認識到，由於當今科技工具十分發達，加之社會高度連結，如果發生社會恐慌，信心崩潰的速度可能會非常快。

商業層面的恐慌

新冠疫情、2008 年金融危機，以及 911 恐怖攻擊事件，都是由信心突然崩潰而引起的大規模社會恐慌。這三起事件都帶給人們直接而

集體的生存恐懼。不過，小規模的恐慌也在商業世界中有規律地發生，而且由於社群媒體的影響，速度往往同樣驚人。

2010 年 4 月，鑽油平台深水地平線（Deepwater Horizon）發生爆炸；2018 年秋天和 2019 年春天，接連發生波音 737 MAX 噴射機墜毀事件；以及 2021 年 5 月，殖民管道公司（Colonial Pipeline）遭勒索軟體攻擊，導致美國東岸部分地區汽油供應中斷。這只不過是我們很容易想到的三個例子。在所有類似的案例裡，管理階層、員工、客戶和股東的信心，都在同一時間受到顛覆。留給領導者做出反應的時間只有短暫的片刻，之後危機就會成為全球新聞頭條，數百萬人都會要求他們回答一個問題：「怎麼會發生這種事？！」

商業恐慌不一定都會演變成災難和聳動的頭條新聞。**還有一種常被忽視的恐慌，發生在企業併購之後、在基層員工之間。**當公司團結一致，向股東承諾大幅削減成本，基層員工的士氣往往因此崩潰。在無助地等待自身命運的消息時，員工的脆弱程度會大幅飆升。

導入新技術，可能也會產生類似的脆弱感，尤其是對資深員工來說。1990 年代，電腦輔助設計和繪圖（CADD）系統的興起，對長任期的繪圖員來說就好比一場生存威脅，因為工程師接手了繪圖員和設計師的角色。

雖然商業危機的規模遠比社會恐慌小很多，但這類危機會給相關人員帶來類似的感受。而且，我後面就會具體說明，這些人員也會產生和社會恐慌類似的反應。

個人層面的恐慌

最後，還有一種我們在生活中都經歷過的恐慌。例如當重要專案的期限逼近，或者我們在等待重要的醫療檢測結果，或者意外遭受重

大傷害，我們的脆弱感會突然增加。無論發生原因如何，這些時刻都顯示出，恐慌就是當強烈的無力感和不確定性突然來襲，我們所體驗到的感受。

有效管理恐慌

有鑑於我們經歷恐慌的頻率如此之高，你可能會認為我們很擅長管理恐慌。但實際上並非如此。

管理恐慌之所以難度很高，是因為我們相信可以從一開始就避免恐慌。我們認為，如果謹慎行事，就能避免自己突然跌進壓力中心。

我們不把危機看成生活中發生的常態事件，發現它們具備一致的行為和情緒特徵，而是把這些危機事件看成討人厭的一次性經驗，認為它們是可怕的例外。因此，我們把精力放在預防危機發生，而不是準備和訓練自己因應危機。誰又能因此責怪我們呢？畢竟，恐慌在本質上讓人不舒服，而且並不常發生（我們希望如此）。

此外，我們也把恐慌和失敗連在一起。為恐慌做計畫和訓練似乎等於承認失敗，就好像我們是在刻意為自己錯誤的決策後果做準備。這種想法不僅讓我們不願意為恐慌做好準備，而且當危機真的發生，我們會在那一刻充滿罪惡、羞恥和自責的感覺，因為我們認為危機之所以會發生，就是由於某人或某事搞砸了。

坦白說，危機發生時，我們會四處尋找明確的因果關係，想歸咎於某人或某事。我們急著找到導致危機發生的決定性因素。然而我們忽略的是，**我們之所以想要究責，是因為需要確定性**。人們厭惡隨機性，而明確的因果關係（究責）可以消除隨機性。隨機性的意思是指，事物在本質上就是不確定的，這種情況讓我們永遠處於脆弱的處

境。(想像一下,如果股市下跌一整天之後,市場專家說他們不知道為什麼股市下挫,還有多少人願意投資股市呢?)因此,當不好的事情發生,除非找到能夠清楚歸咎責任的對象或直接的因果關係,否則我們不會罷休。這個過程帶給我們的感受可能非常強烈,導致我們不是專注於處理手邊的問題,而是沉迷於誰該為問題出現負起責任。

怪別人已經夠糟糕了,但我們也很常責怪自己,這也是不正確的做法。我們痛斥自己,認為被搶劫或是在冰上滑倒,都是自己的錯。我們在腦海裡反覆回味本可以或本應該採取的不同做法,而不是欣然接受事情本質上的隨機性,以及自己暫時的不走運,然後繼續向前,處理蔓延開來的極度脆弱感。

大多數企業的行事方式和個人大致相同,只是它們通常不會把責任歸咎在自己身上,而是會盡量減少自己的責任。危機發生時,執行長通常會找來一大批律師和公關專家,他們唯一的目標就是轉移和(或)減輕公司的責任。這樣做不僅會把注意力從解決當下的脆弱性上分散開來,還會讓問題變得更加複雜:員工和客戶已經覺得很無助了,然後又覺得自己不被重視,因為他們擔憂的事情被認為並不合理、過於極端,甚或完全錯誤。如今,企業領導者被訓練要保持冷靜、言行高度照本宣科,而不是對受到影響的人表達同情,因為他們擔心如果不這樣做,只會增加危機的成本,讓自己面臨風險。

為寫這本書而做研究的過程中,我震驚於針對出色恐慌管理的企業個案研究如此之少。在這樣的案例中,領導者因為立即採取行動解決問題而受到嘉許。近期最知名的一個案例發生在 40 年前,危機管理專家至今還交口稱頌。當時芝加哥地區有七人因服用泰諾(Tylenol)膠囊導致氰化物中毒而亡。嬌生公司執行長詹姆斯・伯克(James Burke)沒有試圖卸責,而是把產品從所有貨架撤下。伯克採

取了快速而果斷的行動，來消除客戶的脆弱性。[12]

有趣的是，班·史利尼（Ben Sliney）在擔任聯邦航空管理局全國營運經理的第一天，也採取了相同的做法。2001年9月11日，史利尼要求立即停飛所有飛機，這一史無前例的舉動，後來被911事件調查委員會認為是當天一系列事件裡決定性的一刻。[13]

兩人的危機管理能力都備受讚賞，值得我們探討他們的做法為何如此有效。我認為，這和他們「脆弱性優先」（Vulnerability-First）的心態有很大關係：當我們發現自己深陷左下角的壓力中心時，都應該採取這種心態。

脆弱性優先的心態

雖然未知讓大多數人覺得不舒服，但我們的社會中有一些團體和組織，會針對恐慌加以訓練，也能很好地因應恐慌。對消防員、警察和其他急救人員來說，恐慌是日常生活中常見的一部分，他們每天都在壓力中心的左下角工作。對於這些危機工作者來說，他們受訓練的目標，是阻止人們的情緒在信心光譜上下降，穩定人們的情緒，並以最快的速度扭轉下降的趨勢。他們有一套一貫的流程和方法來培養確定性和控制感，這些流程和方法都經過定期、通常是密集的演練。就像飛行員有一貫且經過充分演練的「重飛」程序一樣，急救人員也力求將可預期的經驗常規化，否則就會導致高壓和可能出現的恐慌。

新冠疫情爆發時，我訪談了一群急診部醫師，直觀地了解到一貫採取的流程和程序，對他們來說有多重要。事實上，許多人強調，在疫情初期，他們最大的壓力來源不是病毒，而是日常流程被中斷和不斷修改的狀況，尤其是在個人防護裝備（PPE）方面。

我還了解到，「脆弱性優先」的心態是急診室團隊作業成功的關

鍵所在。最高效的團隊不只修復骨折，他們努力做的是儘快恢復病患在生活中失去的確定性和控制感。有趣的是，這些醫生對於應該如何妥善處理危機的看法，與大多數企業危機管理專家的建議完全不同。

如你所料，急診室團隊的第一步著重在**有效的優先順序**，也就是快速辨認出病患最大的潛在危險是什麼。這個步驟的關鍵在於**精確的診斷**，即嘗試確定脆弱性的真正來源，並且首要的是排除最具威脅的病症。這個過程的重點在於，就算不是熱切擁抱現實，起碼也要開放地接受眼前的一切，因為在危急的情況下，沒有時間去一廂情願、否認或指責。團隊的全部注意力都集中在當下，以及如果不採取行動可能會發生什麼事。結果是，傳達給整個團隊的初步評估，通常坦率而直接。團隊不會粉飾太平，而是迅速展開工作，以了解挑戰的全貌。

急診室團隊也非常謹慎，避免把明顯的症狀誤認為疾病的根源。他們把所有資訊都看作重要線索，鼓勵與其他團隊成員一起測試和對話。他們認為，**合作並公開交換所有資訊**至關重要。

迫切性也很重要。急診室團隊會快速採取行動，以解決最重要的問題。此外，他們也會持續**重新評估**狀況，以確保病患的病情穩定或正在改善。他們認同這種「動態調整」的方式。當情況變化、病情惡化時，醫生不會害怕**改變自己的行動方針**。

最後，有效的急診室團隊會對弱勢患者與彼此，表現出**同理心和尊重**，他們了解信任是治療過程和病患康復的基礎。團隊也知道，信任的關鍵之一是**清晰的溝通**，溝通的訊息要實際、真實、簡單，且富有同情心。

雖然詹姆斯・伯克不是受過訓練的醫生，但他對泰諾投毒危機的反應顯示，他像一名醫生一樣思考。他迅速診斷狀況，了解到公司面臨的問題不僅是幾瓶泰諾膠囊被污染，而是客戶感受到更全面的脆弱

感：消費者不知道他們還能不能相信泰諾的安全性。伯克要求其他人接受這個現實：公司不能粉飾太平，為了取得成效，嬌生公司必須消除脆弱性；如果繼續讓泰諾在貨架上販售，只會帶給客戶更進一步、甚至更大的無力感和不確定性。明白這一點後，伯克帶領嬌生公司立即採取行動，下架所有產品，同時清晰、誠實地傳達公司採取這個行動背後的理由。他果斷地阻止了人們的信心在光譜上下滑，消除了消費者情緒出現進一步下跌的任何可能性。

嬌生的股價在幾天內就恢復上漲，伯克後來也被《財星》雜誌評選為有史以來最偉大的十位執行長之一，前總統比爾‧柯林頓甚至授予他總統自由勳章。[14] 嬌生公司不但沒有被這起事件傷害，反而因其處理方式而受到讚許。就像病人被告知他們擔心的癌症已經消失一樣，顧客在知道泰諾再次變得安全之後，也都鬆了一口氣。因此，人們對嬌生公司的信任度驟升。

911事件也是一樣，美國人知道所有飛機都停飛，就不會再出現更多恐怖攻擊的風險，因此也鬆了一口氣。又一次，**決策來源於關注更廣泛的脆弱性問題，而不止是著眼眼前特定的問題。**

企業領導者常常藉由淡化壞消息來處理危機，這麼做是把危機定義得太過狹隘。他們在意的是墜毀的飛機、卡住的汽車油門，或是燃燒的石油鑽井平台。他們只關心發生了什麼事情，卻忽略了人們因事情而引發的感受。他們也欠缺溝通，隱瞞不討喜的資訊，希望事件能逐漸平息。政策制定者也會這樣做，希望盡量減少任內發生的壞事，他們也只關心正在燃燒或毀損的東西。

雖然這些都很重要，但只關心這些並不夠。領導者必須不僅同時解決問題引起的脆弱性，以及受事件影響的人們所感受到的不確定性和無力感，還必須以此作為領導的方向。**這些感受才是恐慌發生的真**

正原因，除非我們處理好這些感受，否則信心無法也不會恢復。

2020 年 3 月 11 日，在我們上床睡覺時，無論是否準備好，商界領袖和政策制定者都面臨巨大的挑戰。就像之前的詹姆斯・伯克和班・史利尼一樣，領導者必須迅速解決恐慌，以免恐慌進一步助長信心崩潰的自我強化與惡性循環。要想讓決策有效，企業和政策制定者不僅要應對病毒，還必須面對我們因此產生的強烈脆弱感。

定義恐慌和危機的不是失敗、被破壞或被摧毀的東西本身，而是我們對事件產生的信心反應，也就是我們突然產生的、強烈的不確定性和無力感。如果希望成為卓有成效的危機管理者，領導者就需要更好地理解，強烈的脆弱性如何推動我們的偏好、決策與行動。

簡而言之，**有效的危機管理，就是要消除脆弱性。**

恐慌是信心自然轉折的標誌

恐慌發生時，我們常常覺得自己搭乘的情緒列車，正在信心光譜上失速下行，甚至會出軌跌落到壓力中心的範圍以外。不祥的預感如此強烈。接近象限圖左下角時，我們覺得事情只會變得更糟。

在這些時刻我們會忘記，**重要的信心轉捩點往往跟隨恐慌而出現**。我們被恐慌經驗所震撼，忽略了一個事實：此刻感受到的極端不確定性和無力感告訴我們，我們正在迅速接近信心光譜的下限。例如，2008 年房地產危機期間，雷曼兄弟（Lehman Brothers）的倒閉標誌著消費者的信心跌到最低水準。**雷曼兄弟破產並沒有引起投資人恐慌，而是投資人恐慌的結果。**破產就是用商界語言描述一間公司處於一敗塗地的狀態，此時公司本身及其債權人、客戶、股東和董事會，都已經跌進左下角的象限。不管是對銀行本身還是就信心光譜來說，此時都已經是終點了。

第 3 章　物極必反的信心週期　　77

人在危機和恐慌中，通常很難抱持希望。突然失去確定性和控制感，會帶來巨大的壓力。但我們一直誤解這些感受。我們沒有意識到，我們之所以會有強烈的情緒，是因為某些事情已經發生了；相反，我們誤認為這些強烈的情緒是在警告我們壞事即將發生。我們等於在為已經發生的事情做準備。我們無法體認到自己在信心光譜上的位置，其實正在迅速接近終點，或已經處在終點。

在信心光譜的另一端，我們的反應也非常類似。我將在後面的章節中討論舒適區，介紹我們在那裡感受到所謂「無往不勝」的感覺，以及由此而來的狂熱情緒。無往不勝的感覺，也預示著一個自然（雖然非常違反直覺）的轉捩點已經浮現。

但現在，我希望你記住，我們的信心範圍是有限的，因此如果我們能夠客觀看待恐慌、無力感和極端的不確定性，我們就可以避免陷入隨之而來的極端情緒。與其擔心接下來會發生什麼，不如為很可能即將到來的美好時期做好準備。此外，如果能夠秉持「脆弱性優先」的心態，我們就可以更有效地帶領他人，度過這些充滿挑戰的時期。

我們已經深入過壓力中心，討論了恐慌並介紹了信心光譜，現在是該更詳細地探索信心象限的四種環境了。在這個過程中，我將介紹更多的概念和工具，幫助你更順利地綜覽情緒背景，預測未來會發生的事情。

由於我們已經身處象限圖的左下角了，那麼就讓我們從壓力中心開始。

第二部

左下象限：壓力中心

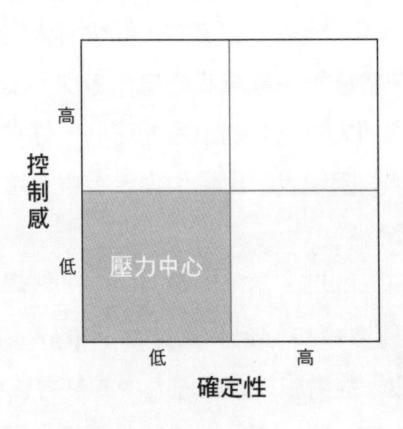

第 4 章

信心低落與壓力反應

和許多企業領導者談到脆弱，你幾乎只會看到他們翻白眼。這個詞讓人聯想到順從與軟弱的形象。他們往往認為，出色的企業和偉大的領導者，是以犧牲脆弱為代價才取得成功。脆弱表示你放鬆警戒、令人失望、落後、失敗、面臨危險。你不再是掠食者，而是獵物。

有這種想法的人不僅限於商界領導者，鮮少有人喜歡低確定性和低控制感帶來的不適。這種不適感讓我們覺得赤裸、暴露無遺。而誰能為此苛責我們呢？當別人看到我們眼裡的脆弱，經常會問我們的問題是「哪裡出錯了嗎？」困境表示出錯，表示有東西壞掉了，必須加以修復。

所有這些特徵都可以解釋，為什麼壓力中心，這個我們感覺最脆弱的地方，充滿了各種情緒和行動。置身左下象限，我們感受到威脅，知道自己必須採取一些措施，來處理心中的無力感和不確定感。

壓力中心的最好定義，是我們為了消除脆弱性，可能做出的決策和可能採取的行動的本質。**壓力中心是充滿衝動和情緒的地方：我們在

信心光譜上下降得愈遠、愈接近象限圖的最左下角，我們採取行動的需求就愈迫切和愈強烈。左下象限是「快速而激烈」(fast and furious)的地方。

為了感受我們在壓力中心的行為有多急迫和強烈，我想回到前一章提到的新冠疫情恐慌，回顧在那段時間裡政策制定者、商業領導者和個人做出的成千上萬個決策，其中的一小部分。這些決策是絕佳的例子，顯示我們置身壓力中心時自然出現的，快速而激烈的反應。

疫情爆發後快速而激烈的反應

當時，通用汽車執行長瑪麗‧芭拉（Mary Barra），當機立斷命令公司因應迅速蔓延的疫情。2020 年 3 月 13 日星期五，湯姆‧漢克斯和戈貝爾確診的消息傳出後不到 48 小時，她就發出一條緊急訊息：「只要工作性質許可，我們要求所有通用汽車員工及約聘人員，都在遠端工作。」[1] 作為美國最大的汽車製造商負責人，她的做法並非孤例。全美各地的商界領導者紛紛指示員工盡可能待在家裡。

麥當勞的管理階層決定將櫃檯販售，變為「非接觸式得來速和外送」。[2] 幾十年來建立的高度完善的流程和程序，在一夕之間被打破和放棄，取而代之的是匆忙上陣的全新商業模式。

美國航空公司取消了航班計畫。國內客運量減少 20%，國際客運量則減少 75%。飛往亞洲的航班幾乎全部取消。[3]

美國商界領導者採取重大行動，在疾風暴雨般深夜召開的 Zoom 視訊會議和電話會議中，為最壞的情況做足準備。截至 3 月底，通用汽車宣布全面暫停在美國的汽車生產，轉而協助供應急需的呼吸器和口罩。同時，通用撤回了當年的盈利指引，並從循環信貸額度提取

160 億美元。[4]

正如瑪麗·芭拉在一則新聞稿中所說:「我們正在積極採取緊縮措施以保留現金,並在這個不斷變化和不確定的環境裡採取必要措施來維持流動資金,確保我們的業務能夠持續營運,並保護我們的客戶和利害關係人。」[5]

一夜之間,企業進入生存模式。面對嚴重的不確定性,美國和世界各地的商界領導者再次拿出自己應對危機的慣用策略。他們削減開支、加速銷售、拋售庫存,並盡可能籌措現金。他們的目標很簡單:重新獲得控制權,儘快將公司從壓力中心深處轉移到發射台,以便最終能快速回到舒適區。

更普遍來看,投資人也進入生存模式,迫切需要確定性和控制感。由於股票和固定收益市場充斥大量賣單,資產管理公司和經紀公司得努力滿足客戶不斷飆升的現金需求。

同時,政策制定者也對這場危機做出反應。由於不確定疫情對健康的潛在影響,各城市和各州都關閉了酒吧、餐廳和學校。美國疾病控制與預防中心(Centers for Disease Control and Prevention, CDC)建議在未來兩個月內禁止舉辦 50 人及以上的聚會,這是聯邦政府為減緩新冠肺炎疫情傳播,所採取最徹底的措施之一。[6] 在首都華盛頓特區,國會議員和聯準會官員紛紛發出絕望的求助。銀行家和商界領導者懼怕金融市場上的拋售和經濟劇烈停滯,會影響自己組織的生存。政策制定者必須採取行動,要「不惜一切代價」,而且要迅速,以免事態變得更糟。

他們也的確採取了行動。就像歷史學家早已載明的那樣,美國因應疫情的財政和貨幣舉措史無前例。[7] 這些行動的規模和範圍都很大,旨在保護消費者和企業免受疫情爆發及其後續經濟損害的影響。全球

大多數其他政策制定者所做的努力，也同樣引人矚目。由於當今金融市場和供應鏈高度相連，一個地方的決策帶來的影響，很快就會傳播到全球其他地區，形成一連串的政策制定和企業行動。

新冠疫情是 21 世紀的一場危機，其規模之大、範圍之廣、成本之高，幾乎無人能夠倖免。

本能的 5F 反應模式

從表面上看，由疫情爆發引發的集體性、高度衝動和高度情緒化的反應，似乎是獨一無二的。無論你怎麼看，人們的行動似乎都很極端：通用汽車關閉了所有在美國的業務；麥當勞在所有地點以非接觸式服務的方式，處理所有客戶的所有訂單；美國航空和其他航空公司，幾乎停飛了所有國際航班。領導者用盡可能粗的畫筆作畫，想要一筆就塗滿整張大畫布。

然而，這些反應的本質，其實都可以預見。處於象限圖左下角的我們驚慌失措，因此做了一直在做的事情：我們盡一切所能，希望能夠恢復確定性和控制感，如此快速而激烈。

如果退後一步來看，你會發現我們對於疫情的反應，與我們在壓力中心時會有的「正常」行為完全一致。這些反應符合人類的五種本能反應。你可能了解前兩種反應：戰鬥（fight）和逃跑（flight），那是我們面對任何感到壓力或恐懼的事件時，本能出現的生理反應。[8]不過，置身壓力中心的人，還會有其他三種行為：追隨（follow）、僵住（freeze）以及──請原諒我講髒話──管它去死（fuck it）。我稱這五種反應為「5F 反應」。

在「**戰鬥**」方面，我們看到政府和企業都採取「奪回控制權以對

抗疫情」的應對措施。就像水管爆裂時我們會衝向家得寶一樣，疫情爆發後領導者馬上開始解決最緊迫的挑戰。醫院訂購了大量個人防護裝備來保護工作人員，汽車經銷商則迅速出售庫存以保護利潤。一夜之間，領導者必須同時面對疾病本身，以及疾病帶來最直接、最迫切的影響。

個人也是如此。看完 YouTube 和 TikTok 影片後，大家紛紛用頭巾和 T 恤製作臨時口罩。我們也嚴格限制自己要去的地方和互動的對象。我們會好好安排去商店的行程，通常會在一個我們認為人潮最少的特定時段，瘋狂地衝去快速採購。如果我們還敢面對面社交，那也會形成明確的「社交泡泡」，將人際互動限制在謹慎挑選的幾個最信任的人身上。

當我們處在壓力中心時，戰鬥反應代表努力的嘗試，**我們想要移動到發射台，重新獲得控制權，希望也能藉此重獲確定性。**

「逃跑」反應也是如此，只不過我們不是靠對抗來重獲控制，而是走向另一個極端，不惜一切代價避免對抗。我們選擇逃走，想要盡可能與迫在眉睫的威脅保持距離。我們在心理上築起一條護城河。逃跑是我們**透過在自己和威脅之間建立障礙物（在時間和物理距離兩個層面上），來尋求控制感**的一種方法。

面對疫情時的逃跑反應最常見於個人層面。早在各城市和各州實施封鎖之前，許多人就已經在家中自我隔離。企業和學校也出現逃跑反應，員工和學生紛紛從辦公大樓和大學校園裡撤出。家中餐桌取代了隔間裡的辦公桌；小一學生透過筆記型電腦和平板電腦開啟校園生活，走入 Zoom 視訊會議課堂，老師還得想辦法吸引他們的注意力。

有了如今的通訊技術、居家辦公的實現，以及亞馬遜（Amazon）和 Instacart 等快遞服務，大規模的「逃跑」不僅成為可能，甚至迅速

成為一大部分勞動力的常態。對於在像漢普頓（The Hamptons）[*]這種地區擁有第二間房子的人來說，自我隔離從來沒有像現在這麼舒服過。值得注意的是，位居經濟金字塔頂端的人，生活很快就恢復了正常。在現代科技的協助下，擁有食物、住所和一系列已經到位的支援服務後，這些菁英安心地過著與世隔絕的生活。因此，那些經濟能力最好的人，幾乎都從壓力中心直接逃回了舒適區。[2]

第三種反應是「**追隨**」。水管爆裂時，我們會迅速打電話給水電工，急切地把控制權交給我們認為更有能力處理自己壓力根源的人。**追隨行為代表我們試圖透過乘客座位離開壓力中心。**

在疫情的案例裡，政策制定者成為整個國家的「水電工」。聯準會、CDC、各州州長和地方市長，幾乎都抓起擴音器，揮舞色彩鮮豔的旗子，像導遊一樣鼓勵民眾追隨他們的領導。他們表現得像可靠的問題解決者，做出願意不惜一切代價的姿態。像時任國家過敏和傳染病研究所（National Institute of Allergy and Infectious Diseases, NIAID）所長安東尼・佛奇（Anthony Fauci）博士這樣的專家，以及紐約州長安德魯・古莫（Andrew Cuomo）這樣的政治人物，因其出色的領導力和危機管理能力而廣受讚譽。

輝瑞（Pfizer）和莫德納（Moderna）等私人企業，也在應對疫情方面發揮關鍵的領導作用。隨著新冠病毒疫苗以創紀錄的速度推出，政策制定者和製藥公司高層，紛紛在電視、廣播和社群媒體上發聲，「尊重科學」（Follow the science）由此成為流行口號。製藥公司和公部門一樣，希望透過高疫苗接種率實現群體免疫，從而迅速結束疫情

---

[*] 編註：漢普頓地區是紐約市長島東端的一部分，是受歡迎的海濱度假勝地，也是美國東北部歷史最悠久的夏季度假村之一。

危機。大多數美國人都追隨他們的腳步。

但與此同時，也有一些美國人選擇不這樣做，而是追隨其他領導者，尤其是受歡迎的電視和廣播名人，或是提供有說服力和競爭力資訊的網路意見領袖。對於這些美國人不僅打算、而且真的追隨這些體制之外的領袖，許多人感到很驚訝。他們不必驚訝，因為置身壓力中心時，我們常會排除權威專家的建議，尤其是當這些專家來自在心理上與自己疏遠的組織。我們很快就會給世界衛生組織等機構，扣上「無關痛癢」、「矛盾」和「慢半拍」的帽子。全球性機構對我們來說是如此抽象，以至於我們不費吹灰之力，就能找到它們在可信度上的漏洞，否認它們的重要性和專業知識。在渴望確定性的時刻裡，它們給我們的感覺並不「真實」。許多國家級、甚至是州政府的組織也是如此。

相反，我們會追隨自己最熟悉的人。再強調一次，心理距離和鄰近程度很重要。我們自然會信任自己最親近的人，因為我們知道他們是真實的。我們會尋求他們的建議，渴望接受他們的想法，即使他們並沒有相關的專業背景。

不過，值得注意的是，在高度不確定的情況下，任何聲稱擁有專業知識的人，都可能獲得人們的信賴。當爆裂的水管不斷向外噴水，我們一定會急著用 Google 搜尋「水電工」，然後馬上開始打電話，從未有一刻停下來詢問對方是否具備專業資格，甚至連想都沒想過。我們唯一會問的問題是：「你多快能過來？」

在追隨行為中（逃跑也一樣），速度和輕鬆最重要，而且當提供速度和輕鬆的人是我們熟悉又信賴的人時，我們很快就會同他們站在一起。橫向移動到乘客座位，通常是我們擺脫壓力中心最快的方法。另一種做法是取回控制權，也就是從壓力中心垂直向上進入發射台，

但這需要更多努力,往往也需要特定的專業知識。當我們不知所措時,這兩種能力幾乎都不太可能擁有。

因此,一般來說,我們會選擇合適的「追隨」對象。不過,深思熟慮對我們會很有幫助。衝動和輕鬆——或者更具體地說,就是最簡單的做法——可能很快讓我們陷入麻煩。如果你看看獨裁政權、性犯罪者、詐欺犯、騙子、邪教人物,甚至是暴虐的企業主管,你會發現他們最大的成功,就是在充滿高度不確定性和無力感的環境下獲得追隨者。這些人擅長用引人入勝的故事提供確定性,並且表現出能掌控一切的氣勢,把壓力中心變成他們掠食的地盤。當我們站在寒冷的大雨中,這時有一個人願意載我們一程,他看起來最關心我們的利益,並承諾把我們迅速而安全地送回舒適區,於是我們很容易就會被說服坐上乘客座位。在我們感覺失敗和絕望時,這種表面上的確定性尤其具有誘惑力。

第四種壓力反應是「**僵住**」。極端的不確定性和無力感可能將我們擊垮。我們因恐懼而癱瘓,覺得自己在身體上、情感上,甚至認知上都舉步維艱。我們被各種脆弱的感覺淹沒吞噬。這種經驗會破壞我們集中注意力的能力,同時,我們也會過度思考自己決策的後果,很容易因此變得精疲力竭。

就像戰場上的士兵一樣,有些人因疫情造成的脆弱性而幾乎無法動彈,他們不知道該怎麼辦。還有一些人則封閉自我,徹底讓自己與這種感受分離。他們也許沒有資源在空間上逃離疫情,但他們可以在情感上逃離。

最後,還有一些非常成功的領導者,他們過去從來不曾置身過壓力中心。他們在職涯裡承擔愈來愈大的責任,卻因為運氣好,從未遇過危機。因此,疫情爆發之後,他們很多人完全愣住,因為不知道該

怎麼辦而覺得尷尬，也羞於求助。他們無法戰鬥或逃跑，也不願意追隨。他們猶豫不決，導致組織癱瘓。

面對疫情爆發以及更廣泛的危機，我們的最後一種反應是「**管它去死**」。我為這個粗魯的用詞表達歉意，但是它刺耳又刻意的唐突，恰恰抓到這種反應的本質。那就是我們徹底放棄了，認為既然這種狀況毫無意義又（或）無法取勝，為什麼還要費力去戰鬥呢？

第五種反應與逃跑不同，甚至也和僵住不一樣，因為僵住的時候，我們雖然停止努力玩常常由別人定義的遊戲，但仍然留在原地。管它去死是指我們改玩自己的遊戲，選擇用自己的方式做事，而不管別人怎麼想。不過，這樣做往往損人又不利己。和 5F 中的其他反應不一樣，「管它去死」絕對不是被動的。

疫情期間，許多置身壓力中心的人，都出現了「管它去死」的反應，例如有些人開始相信宿命論。他們幾乎沒有採取任何措施保護自己免受疫情影響，因為他們認為感染病毒無法避免。他們堅持一如既往地過自己的生活。

同時，在金融市場上，年輕的非主流投資人透過線上留言板聚集在一起，組成非正式團體，瞄準遊戲驛站（GameStop）和 AMC 娛樂控股等被打壓的單一股票，希望對抗做空者和其他專業投資人。此舉後來被稱為「迷因股交易」。著名機構投資人傑瑞米·葛蘭森（Jeremy Grantham），形容這種現象是「對真實投資發起徹底虛無主義的戲仿。」[9]

雖然葛蘭森先生對他目睹的事情表達沮喪，但我猜想，這番話出自他這樣一位有名的老牌機構投資人之口，應該會讓許多迷因股交易人露出微笑。他們不僅贏了這場較勁，也在過程中激怒了其他人。

這就是「管它去死」反應的本質。我們將破壞等同於勝利，因為

我們深知自己最終也許永遠不可能獲勝。我們認為，如果自己無法獲勝，也不能讓其他人獲勝。因此，信心水準非常之低時，恐怖主義和破壞行為激增，也就不足為奇了。搞破壞就是「管它去死」反應的極端形式。

5F 反應影響團隊

極端事件，例如最近的疫情，提供了清晰的例子，顯示我們發現自己深陷壓力中心左下角時，自然的 5F 反應。這些時刻呈現出我們在危機中所做出的行為。但是，這五種反應並不一定是在發生嚴重恐慌時才會出現。極端的不確定性和無力感，可能以其他方式產生。

在我的職涯裡，我親眼看過**重大合併或收購案完成，或者組織的高階領導層發生變化後，5F 反應如何迅速吞噬整個團隊**。這些重大事件發生時，公司可能需要好幾個月時間，才會做出影響下層的決策。普通員工被困在懸而未決的狀態，一直身處壓力中心，被淹沒在高層感受不到的不確定性和無力感當中，於是他們做出自己的選擇。有些人選擇離開（逃跑），有些人則爭權奪位，或激烈反抗他們認為即將出現的變化（戰鬥）。還有一些人遵從公司指示保持耐心（追隨），而另一些人則因為擔心失去工作而變得不知所措或焦慮不安（僵住）。另外還有一些人公然破壞高層的領導（管它去死）。出於對結果不滿，和（或）相信自己很快就會失業，他們開始對他人、也對自己搞破壞。他們認為，既然自己被丟進壓力中心，其他人也別想好過。

當高階主管一邊喝著香檳、一邊享用開胃菜，慶祝帶來「重大突破」和「重大變革」的企業交易（以及自己獲得升遷）時，他們往往沒有意識到，自己剛剛引發了普遍的脆弱性。由於大多數員工都把力

氣放在緩解自己身在壓力中心的焦慮,而非提升客戶體驗,難怪許多重大的公司改革,最終收效都不如預期。員工過於專注在恢復自己的確定性和控制感,因此無暇注意新的流程和程序,也無暇在意公司的新目標。高層希望他們積極進取時,他們卻在防守。**當普通員工不由自主地被推入壓力中心,他們自然會把自己的利益,以及他們必須做哪些事才能回到舒適區,看得比管理階層設定的目標更重。**

一旦組織出現重大變動,領導者愈早恢復員工的信心愈好。這同樣**適用於客戶**:收購、分割和領導層變動,很容易衝擊客戶的信心。如果領導者認為,公司發生重大變革時,客戶不會像員工那樣也出現 5F 反應,那他們就太天真了。

商業領導者第一次和我談到壓力中心時,通常都會聯想到重大危機。就像疫情期間一樣,重大危機是無力感和不確定感普遍又強烈的時刻,也是他們必須做出艱難的決策並採取激進行動的時刻。領導者很快就會想到「危機管理」,以及應對重大、意外、有破壞性的威脅,如網路攻擊、產品故障,或者可能影響其海外子公司的政權動盪。他們將壓力中心看作日常工作裡討人厭的例外。這種看法正是出問題的原因。

雖然這些深陷象限圖左下角的重大危機令人印象深刻和情緒激動,但幸運的是,這些危機並不多見。然而實際上,企業常常都在經歷處於壓力中心的時刻。客戶或員工每天都會在某個地方感受到無力感和不確定性。這就是有趣的地方:雖然組織有危機管理手冊,載明出大錯時應該採取哪些流程和程序,甚至還可能不時演練;但是,很少有人仔細思考,**在經歷不那麼嚴重的壓力中心體驗時,管理階層和普通員工又該遵循哪些做法和流程。**

企業並沒有建立執行「重飛」的流程。高層相信,當那些時刻來

臨，員工自然知道該怎麼做。大多數企業就像一個只有急診部醫師受過訓練的醫療系統，而且即使有訓練，也只針對幾種特定的傷害。鮮少有員工接受過基本的業務急救技能訓練，就連全科醫師甚至是緊急護理團隊（中高階主管），遇到問題往往也只能靠自己。領導者希望，面對小傷口或瘀青時，員工會自動「做正確的事」。

這種方法的問題在於，我們在壓力中心可以做的「正確事情」不止有一件。5F 反應是我們面對所有壓力狀況（不只有危機）的自然反應。逃避問題，希望問題自己消失，可能是生活中一種自然的逃跑反應——在工作中也是如此。

不足為奇，如果你觀察重大危機，會發現它們往往由相對沒那麼嚴重的壓力中心時刻演變而來。在這些時刻，員工覺得自己準備不足或未經訓練，無法自主掌控局面；或者他們不知道該向誰求助（追隨），抑或他們求助的對象並無回應。就算真的有解決問題的流程，它也是有缺陷或不充分的。**對於如何從壓力中心回到舒適區，並沒有明確、溝通清楚的路徑。**更糟糕的是，在許多情況下，隨著時間推移，員工開始相信公司永遠不會提供有效的應對措施，於是紛紛辭職。

此外，人們通常對壓力中心也抱持一種責備、羞恥和後悔的文化。領導者不接受置身壓力中心是經營企業必然會出現的部分，反而把它視作失敗。員工則認為，企業領導者更在意的，不是掩藏這些壓力經驗，就是把責任歸咎他人。逃避和否認，而非戰鬥，是組織文化對壓力中心經驗的反應。

壓力中心很透明

領導者經常忽略，一旦公司在信心光譜上從舒適區跌進壓力中

心,他們別無選擇,只能採取行動。當員工和客戶對公司本身及其前景覺得不太明朗,並且開始出現無力感時,必須要有人出面回應。如果員工無法回應,或不知道如何回應,責任就不可避免地上升到主管階層。如果主管無法或不知道如何回應,那麼責任將不可避免地上升到高層。如果高層無法或不知道如何回應,責任最終會上升到董事會。換句話說,**脆弱性會不斷升級**。

身處壓力中心,壞消息並不會隨著時間拉長而變好。如果不解決這些問題,脆弱性就會像疾病感染一樣蔓延開來。長期下來,將有更多人在更大的不確定性中,感受到更多無力感。如果用地形來比喻,壓力中心是傾斜的。左下角有一個「絕望之谷」,如果問題被丟在壓力中心無人理會,長期下來它只會加速向谷底下墜。這就是為什麼當脆弱性上升到董事會層級,問題總是比董事會一開始意識到的程度嚴重很多。這時人們感受到的不確定性和無力感極端且普遍,因此董事會成員別無選擇,只能快速而激烈地採取行動。

雖然可能需要一場全面的危機,才能暴露出脆弱性的深度和廣度,但如果沒有解決讓人置身壓力中心的狀況,事情往往都會以糟糕的方式收場。脆弱性是一種無法持續存在的狀態。5F 反應中,至少會有一個反應發生,問題只在於是哪一種反應會發生,以及發生的時間和程度。

涉及到客戶時更是如此。客戶和員工不一樣,他們不是為了領薪水而承受壓力的人,他們無法容忍自己被丟在懸而未決的狀態,獨自在壓力中心感受脆弱。組織需要採取行動,領導者必須採取措施恢復客戶的信心,而且,「快速而激烈」是客戶期待的反應。身處壓力中心,客戶自然會不耐煩。供應商、貸款人和股東也是如此。雖然之前建立的穩固關係可以為企業爭取到一些時間,但還是無法讓處在壓力

中心的人堅持太久，因為每個人都想離開壓力中心。涉及到錢的時候，無力感和不確定性是一個糟糕的組合。

對於全年無休、完全線上化的當今世界來說，無力感和不確定性的組合也是糟糕的。許多企業領導者沒有意識到，公司的壓力中心環境非常透明。只要點擊幾下滑鼠，就能知道普通員工對艱難工作環境的感受。留言板和 Reddit 社群貼文中，充斥著員工置身壓力中心的惱人故事。

客戶的感受也非常透明。顧客在美食評論網站 Yelp 上留下的一顆星評論，以及憤怒的推特貼文，這些往往都是脆弱性的體現。社群媒體提供了一個完美的舞台，讓大家充分表達自己在壓力中心時衝動的情緒。

還有股東和貸款人的脆弱性。當今的金融市場在反映投資人惡化的情緒時，可能會非常無情。市場是信心的晴雨表，當脆弱性飆升，相關資產的價格下跌速度，確實可能快速又激烈。

高階主管總是立刻就斥責員工和客戶的負面情緒「毫無道理可言」。而如果公司股價下跌，沮喪的執行長也常常把投資人的行為貼上「不理性」的標籤。當其他人公開表達自己的脆弱感受時，領導者會覺得憤怒，迅速駁斥他們的說法，並質疑這些說法的真實性。

高階主管應該更明智地理解這些訊息所傳達的意涵：**身為領導者，不管喜不喜歡，你都要承認人們正處在壓力中心，並且這意味著他們需要你採取行動。**除非問題得到解決，否則脆弱性將會滋生更大的脆弱性。這裡值得再重複一次：無力感和不確定性不會自己消失。人們將會出現 5F 反應，如果管理者希望大家選擇「追隨」，他們就必須挺身而出領導大家。

許多企業領導者沒有意識到，如今想要看出領導階層的脆弱性有

多麼容易。你不僅可以看到投資人透過公司股價即時反映他們的觀察，而且如果組織採取防衛策略，季度法人說明會開始後不久，你就能察覺到管理階層正在擔心哪些問題。

　　寫這本書時，我看到一位又一位商界領導者，討論「晶片短缺」、「供應鏈中斷」、「通貨膨脹」、「商品價格上漲」和其他威脅，給公司營運帶來的脆弱性。隨著企業公開這些資訊，並在新聞稿和法說會裡加以強調，不難想像公司高層當時在意的是什麼，或是他們將要採取的行動會產生哪些潛在影響。

　　可惜的是，客戶、競爭對手、股東和貸款人，甚至是企業領導者本人，往往都嚴重低估了第二個面向。當企業被迫解決脆弱性，他們就為接下來將會發生的事情按下了開始鍵。

　　如果問題很嚴重，他們會全面採取防衛策略。解決重大的脆弱性問題，尤其是在危機出現之後，可能曠日費時。企業不像足球隊，有獨立、專責的防守和進攻小組。一般來說，管理階層要負責各個面向，這表示當組織處於防衛狀態時，就無法進攻。於是，他們全心全力解決自身的脆弱性，即修復有問題的地方，卻因此失去抓住新機會的能力。他們把創新、投資和長期策略擱在一旁，取而代之的是補救和戰術決策。在極端情況下，這種策略可能會演變成惡性循環，因為管理團隊全神貫注在解決問題，讓競爭對手得以利用他們的弱點取得優勢。

　　當信心過度的組織開始陷入困境時，我常常看到這種情況。隨著問題不斷累積，加上多年來不被重視的風險浮出水面，管理階層會被所有出錯的事情壓得喘不過氣來。像雷曼兄弟這樣的組織很快就倒閉了；而另一些企業，比如奇異公司（General Electric），則花了很多年進行防衛，結果被同行超越。當企業在壓力中心掙扎，它就為敏捷競

爭對手獲取新客戶和人才創造了機會。

未能解決脆弱性還會產生其他影響。我們**愈是看到不同企業同時努力解決相同的脆弱性，其後果就愈大，影響也愈廣泛**。2020 年春天我們就見證到這一點。當時，許多企業和政策制定者為應對新冠疫情而採取大規模的集體行動，但卻忽視了這些行動可能帶來的意外後果。[3]

疫情爆發後的 12 到 24 個月之間，市場出現供應短缺和通貨膨脹，許多領導者為此大感意外。但他們其實不應該覺得驚訝。在許多案例中，正是這些領導者在 2020 年 3 月的極端作為，導致了這兩種現象。他們助長了「長鞭效應」（bullwhip effect）[*]。為了因應疫情，企業領導者大規模關閉生產線並取消訂單，幾乎是親手策劃了他們後來遇到的供應鏈挑戰。一樣的狀況也適用於財政和貨幣政策制定者，以及他們曾採取的極端作為。還記得嗎，隨著危機蔓延，沒有人思考過自己行動的長期影響。不知不覺中，他們在解決一個問題的同時，也為下一個問題埋下禍根，那就是產品短缺、物價上漲。

這種情況經常發生，尤其當同一個產業的多個企業都採取一致行動時。看看金融業對 2008 年房地產危機的集體反應，貸款機構很快就讓新購屋者幾乎拿不到貸款。這樣做不僅為房價帶來進一步下跌的壓力，也促使企業買家大肆收購房產，因為他們取得資金要容易得多。本來應該由個人擁有的房產，於是變成企業用來出租的資產。

當人們針對共同的脆弱性採取集體的因應措施，不僅會放大影響，也有可能帶來巨大變革。想想 911 事件前後的航空安全，就不難

---

[*] 編註：長鞭效應，又稱牛鞭效應，是指需求量的變化會隨著供應鏈上溯而被放大。需求升高時，下游的企業將會增加從上游訂貨的數量；需求降低時，下游的企業則會減少或停止訂貨。從下游到上游，從終端客戶到原始供應商，每一個環節需求的安全庫存將會愈來愈多。這種放大作用繪製成圖形後很像一根甩起的長鞭，因此得名。

第 4 章 信心低落與壓力反應

理解了。

　　從這些實例中，我們了解到壓力中心體驗的一個重要後果：重大的脆弱性會徹底改變我們，我們永遠不會「恢復正常」。面對強烈的無力感和不確定性，我們被迫要有所反應。儘管如此，即使我們解決了眼前的威脅，我們的無力感和不確定感仍揮之不去。經歷過崩潰後，我們重建信心的速度非常緩慢，我們擔心脆弱性會以某種方式捲土重來。因此，我們會繼續努力，確保自己不再體驗脆弱感。**不知不覺中，我們刻意創造出一種新常態，其中充滿特別設計的流程和程序，以保護自己不會再跌回壓力中心。**

　　當我和急診部醫師談到他們在新冠疫情期間的體驗，我多次聽到他們提到愛滋病流行的經驗，而且正是那次充滿強烈脆弱性的經驗，改變了治療流行病毒的做法。從在患者檢查過程中使用乳膠手套，到使用收集盒處理用過的針頭，人們在 1980 年代初制定了這些具體的流程和程序，以因應醫院工作人員和病患曾經歷的脆弱性。當時的許多變革，現在已經成為照護病患的常規做法。

　　由脆弱性引起的類似改變，也經常出現在商業領域。例如在 1970 年代，股市波動和高通膨導致金融市場出現普遍的脆弱性，因而引發一波變革。我們今天認為理所當然的事情，例如衍生性商品、被動投資，甚至是股東權益最大化的原則，都源於近半個世紀之前，投資人曾經歷過的強烈不確定性和無力感。

　　最後，這種由脆弱性驅動的行為模式，也往往反映在監管上。危機過後，我們會採取新的做法，而如果我們真的想確保自己遠離壓力中心，就會要求政策制定者扮演重要的角色。我們不只是貼出「危險」字樣的標誌，也會聘請保全人員來監督，確保沒有人回到危險的地方。

在所有情況下，關於壓力中心，有一點是明確的：它會迫使並推動改變，它是新事物從中誕生的餘燼。

●

置身壓力中心時，我們只有一個目標：趕快離開。因此，我們必須採取行動。而且一旦成功，我們的目標就是永遠不要再回到這裡。也就是說，脆弱性對我們的影響其實依然存在。

但壓力中心還會用別的方式改變我們。它會徹底改變我們的偏好。這就是我接下來要討論的內容。

第 5 章

決策要素一：視野偏好

據說馬克・吐溫曾說過：「歷史不會重演，但往往有規律。」雖然人類可以採用的技術手段，可能會隨著週期性的科技進步而發生週期變化，但我們基本的本能似乎並沒有進化。我們被感受所驅使，以相似的方式行事。事實上，人類的行為如此相似，以至於這些重複出現的模式清晰可見，也很有幫助。

例如，在金融市場，技術分析師研究過去投資人的行為模式，並根據之前的案例來預測未來的價格走勢。當投資人的行為與市場保持一致時，他們就能賺錢。

還有一些投資人相信和遵循以市場為中心的理論，例如 1920 年代引人矚目的裙擺指數（Hemline Index）。它是指女性裙子的長度（裙擺），會隨著股價上升或下降而變化。對於相信這些理論的人來說，在「咆哮的 20 年代」（Roaring Twenties）末期，女性開始喜歡穿短裙是明顯的警訊，預告未來將發生金融和經濟問題。他們認為，1960 年代流行迷你裙，也是一樣的現象。還有一些人，在摩天大樓的

大舉興建當中，看到類似的徵兆。帝國大廈、世界貿易中心和杜拜第一高塔哈里發塔（Burj Khalifa），都和金融市場令人咋舌的蕭條同時出現。[1]

對投資人來說，規律很重要。

2008年金融危機爆發後，我為了尋找規律而跌進深深的兔子洞。我希望能更好地了解，在過去繁榮和蕭條的週期中投資人的行為模式。我發現，投資人的行為都遵循非常類似的模式：時髦的創新技術、華而不實的思維相信「這次不一樣」，再加上不斷攀升的信心，演變成為一場狂熱；接著，突然且出乎意料地，市場估值和投資人的信心同時崩潰了。這些感受和行動的循環如此一致，甚至我覺得我看到的不只是有規律的歷史，而是近乎重演的歷史。

當我開始使用信心象限，並請其他人也用這個工具畫出具體的經驗，我發現在人們的經驗中，也有類似的模式清晰存在。在每一個象限裡，以及在信心光譜的每個點上，特定的感受總是與相似的行為一起出現。大家的行為模式如此相似，甚至能夠在象限圖上畫出緊密聚集的點。

雖然這些模式很有趣，但我不覺得它們有用。當我們體驗到強烈的無力感和不確定感時，我們會出現5F反應。這個理論或許可以讓我在課堂上帶出一些有趣的討論，卻不一定能幫助領導者在因應危機時做得更好。

進一步思考後，我意識到，我弄懂了輸入（感受）和輸出（行動），但還沒有明確的方法來連結兩者。我不了解我們的感受和行動之間，存在什麼樣的傳遞機制。我仍然無法解釋，為什麼某些行為，會和特定的複雜感受連在一起。

令人哭笑不得的是，我在雲霄飛車的頂端找到了答案。

第5章 決策要素一：視野偏好 99

「我、此時、此地」視野偏好

我討厭坐雲霄飛車。我是一個控制狂，所以覺得坐在雲霄飛車的乘客座位，和置身在壓力中心的感受差不多。這就是為什麼當孩子們長大可以開車的時候，我太太比我更適合當他們的駕訓老師。她不會像我一樣，在車子每次掠過信箱和電線桿時，都大皺眉頭。

如果你讓我坐上雲霄飛車，聽著車身緩慢上升到空中發出的咔咔聲響，你很快就會發現我已經掉進壓力中心的深處。當雲霄飛車停在最高點，馬上就要用讓人驚聲尖叫的速度衝下軌道時，我幾乎可以感覺到心臟快要跳出胸口。對我來說，這絕對是恐慌。我已經置身信心象限圖的最左下角了。

然而，正是有一次坐著雲霄飛車停在最高點時，我頓悟了。我找到了一直在尋覓的，感受和行動之間的關係：感受如何改變我們的偏好，以及我們因自身感受而自然會需要（或想要）什麼東西。這就是我一直在找的失落環節。

在雲霄飛車的最高點，要為即將發生的事情做準備時，對我來說唯一重要的是我自己的利益──準確地說，是我人在哪裡，以及我的生命在接下來幾秒即將發生什麼。至於其他的一切，都不重要了。坐在我旁邊的人不重要，主題公園裡其他地方（更不用說世界上的其他地方）發生的事情不重要，下一週、下個月或明年會發生什麼也不重要。我當下唯一在乎的，是「我、此時、此地」（Me-Here-Now）。

當我觀察其他人在左下象限畫出的不同行為，我意識到他們也受到相同的「我、此時、此地」心態所驅動，尤其是那些置身最左下角的人。顯然，**當我們非常脆弱時，「我、此時、此地」偏好會主導一切。對我們來說，當下最重要的，是我們自身的利益，以及空間和時間**

的接近度。那些迫在眉睫的威脅，迫使我們把注意力集中在自己身上——就在此時此地！5F 生存模式之所以是我們本能的反應，是因為強烈的「我、此時、此地」偏好，在不知不覺中決定了我們在危機中的行為。

回想一下 2020 年 3 月發生的事情，你就會看到人們當時出現的「我、此時、此地」偏好。當新冠疫情爆發，我們無法關心，因而也並不關心別人發生了什麼事。我們也不關心其他地方發生什麼事。我們甚至也沒有興趣談未來。談了又如何？如果我們無法克服眼前的難題，我們甚至沒有未來可言。我們所有的注意力，都必須放在「我、此時、此地」身上，而且我們當時確實是那樣做的。

並非只有我們個人的生活如此，企業領導者和政策制定者，也被同樣的偏好所驅動。如果你花一點時間重溫第 4 章的前幾頁，你會看到企業和政府在因應疫情時，採取了一項又一項「我、此時、此地」行動。他們的決策很衝動，著眼於馬上解決組織正在經歷的嚴重脆弱性。至於其他人、其他地方和明天，統統見鬼去吧。

陷入危機或進入「生存模式」時，我們採取的「我、此時、此地」偏好，以及極度狹窄的世界觀，對我們而言完全理所應當。當我們受到威脅，除了專注自身生存，我們還能怎麼辦？

但我們忽略的是，「我、此時、此地」偏好，適用於任何對生活缺乏確定性和控制感的時刻，不管造成這種感受的理由是什麼。車禍、大腿骨折、失敗的演講、糟糕的分手、資遣、收到大學拒信，或其他任何會讓我們置身象限圖左下角的經驗，都會帶來一樣的影響：我們會立刻啟動「我、此時、此地」模式。這是壓力中心固有的特徵，**其強度取決於我們和最左下角的距離：距離愈近，我們的視線焦點就愈窄。**

第 5 章　決策要素一：視野偏好　101

這就是有意思的地方。我們的「我、此時、此地」偏好,會立刻超越其他所有的決定和行動。如果我們因為汽車在上班途中拋錨,而用「我、此時、此地」模式進入辦公室,我們就會一直在工作時保持這種心態,直到我們在生活裡重獲確定性和控制感為止。我們會持續心事重重地想著車子的問題,而不是主管要我們達成的目標。此外,還有其他更微妙的後果。在「我、此時、此地」模式下,我們可能在工作中缺乏策略。眼前的車子問題,會讓我們很難考慮到,在時間和空間上距離我們很遙遠的東西。我們可能會更仇外、更民族主義。我們的心情主導了一切,無論我們人在哪裡,或在做什麼。我們不擅長區分,在生活不同領域裡感受到的,不同的確定性和控制感。

當信心下降,無論原因是什麼,我知道「我、此時、此地」偏好,很可能會驅動人們後續的決策和行動。知道了這一點,就不難合理地預測,人們會如何採取行動。

人們的行為可能會讓你大吃一驚。

例如,2020 年 3 月初,當我給學生看一些股價圖時,他們會心地笑了。這些圖顯示,達美樂披薩(Domino's Pizza Group)的股價,隨著疫情爆發大幅上漲。[2] 在之前的課堂上,我們曾談到信心和食物的關係,當時學生分享了他們最喜歡在「分手之後」點的餐點。第一名是班傑利的巧克力奶油軟糖布朗尼冰淇淋,緊隨其後的就是披薩和中餐,這兩種食物都是可以在幾分鐘內送到我們家門口的餐點。榜單後面還列了一長串高脂肪零食──幾年前,一名學生十分精闢地把這些零食和 5F 反應以及虛無主義連結起來,給它們貼上「管它去死食物」的標籤。

當信心下降,我們的飲食選擇也自然地反映出「我、此時、此地」心態。健康的食物和長期的飲食計畫,被我們拋諸腦後。再說一

圖 5.1
「季節性憂鬱症」和「療癒美食」的 Google 搜尋趨勢圖

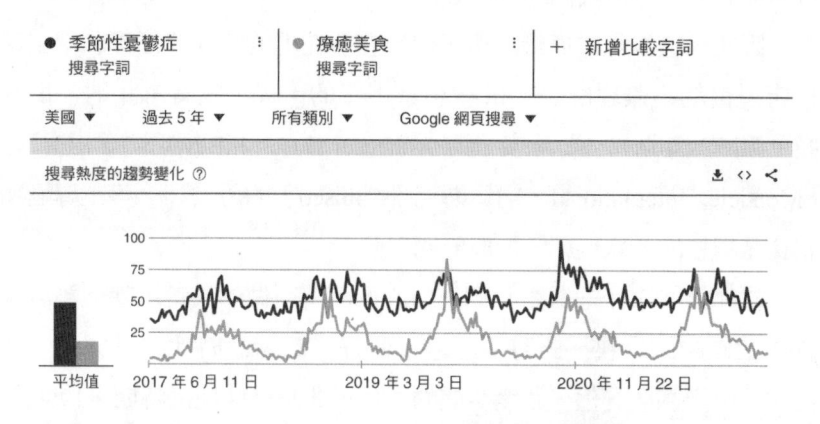

來源：Google

次，如果未來是不確定的，談未來還有什麼意義呢？

圖 5.1 顯示出，「季節性憂鬱症」和「療癒美食」這兩個詞，在 Google 搜尋強度上的波動非常相似。療癒美食和我學生界定的那些「信心低落食物」一樣，都含有大量脂肪和碳水化合物。它們和溫暖的記憶、懷舊、傳統和家庭，有明確的關聯，是終極「我、此時、此地」食物。這是我們最不冒險的選擇。當人處在「我、此時、此地」模式，我們渴望用一切方法，找到自己最熟悉的東西。

我們對食物親切感的需求，遠遠超過對腰圍的關心。「吃在地」和「從農場到餐桌」（farm-to-table）飲食運動，也和信心低落的環境有關。金融危機發生後，零售巨頭沃爾瑪推出增加在地農產品銷售的計畫，它從經濟角度說明這項行動：在柴油價格飆高的環境下，減少農產品運輸的「食物里程」，可以降低燃料成本。[3] 不過，沃爾瑪的做法也符合消費者的「我、此時、此地」情緒。當我們信心不足時，更

第 5 章　決策要素一：視野偏好　103

近的距離就等同於更安全、更好，無論是對我們自己，或是對和我們最相關的人，包括我們的當地社群。

因此，在銀行業危機之後，出現許多在地的精釀啤酒廠和手工麵包店，也就不難理解了。這些小量生產的「我、此時、此地」供應商，和安海斯－布希英博（Anheuser-Busch InBev）、億滋國際（Mondelēz International，納貝斯克〔Nabisco〕的母公司）等主導酒類和食品銷售的全球巨頭，形成鮮明對照。

當你停下來仔細觀察我們在信心低落時所做的決策，就不難發現我們工作中的「我、此時、此地」偏好。低信心時代，是經濟、政治、社會、甚至文化，四度空間的「我、此時、此地」時期。1960年代末到1980年代初，就屬於「我、此時、此地」時期，這一時期出現了各個方面的重大變革。隨著寶麗來相機和索尼隨身聽大受歡迎，「信心」變成了「自信」（self-confidence）。最近，這個趨勢又隨著iPhone、膠囊咖啡、甚至是自拍的流行而延續起來。

你可能認為，我在前面幾頁舉的例子是刻意挑的，因此，我鼓勵你在信心低落時，思考一下自己的偏好。此外，下次當你在飛機上遇到意外的亂流，請你停下來反思一下自己的注意焦點。從社會面、空間面和時間面來說，你的注意範圍有多大？在這段經驗過去之前，你很可能一直專注於「我、此時、此地」。

視野偏好的改變

當我們處在壓力中心深處，「我、此時、此地」的決定和行動，是對眼前的威脅所做出的衝動反應。這些反應如果快速又激烈，應該不足為奇。

圖 5.2
信心象限和視野偏好

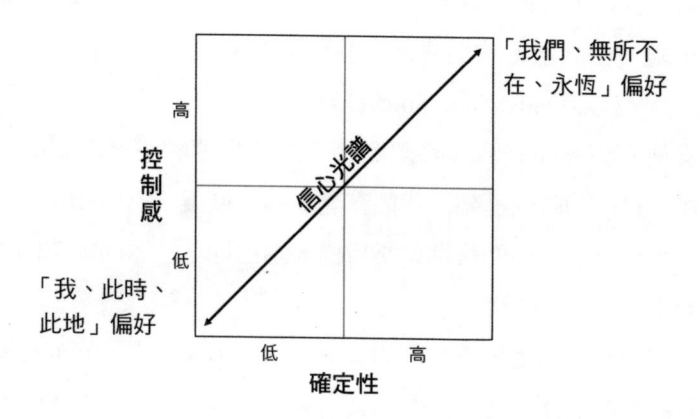

```
            高                    「我們、無所不
                                  在、永恆」偏好
         控              信
         制              心
         感              光
                        譜
            低
  「我、此時、
  此地」偏好
                  低        高
                  確定性
```

但是請想想，當我們開始放鬆時，例如當熊離開我們的帳篷、當我們走下雲霄飛車，也就是當我們開始在信心象限圖中往右上方移動、前往舒適區時，會發生什麼事？我們的偏好會改變。我們行動的急迫性會減弱。我們稍早前覺得必須採取行動的強烈時間壓力會消失。於是，我們的行為會少一些衝動，多一點深思熟慮。

我們的注意範圍也會隨之擴大。我們不再只想到自己，而是會問別人是否還好、下一步想要做什麼。我們的社交變得更強，相互連結也變得更緊密。於是，我們的共同利益出現了。同樣，我們的時間範圍也擴大了，我們會開始考慮下一步要做什麼。就在剛剛我們還覺得未來遙不可知，但現在未來看起來比較清晰了。最後，我們的物理視野也擴大了。我們願意思考的對象，不會僅限於周圍的幾英尺之內。在社會、地理和時間上，我們的偏好和注意對象都在擴大。我所謂的「視野偏好」擴大了。

我認為，視野偏好是一種未被注意到的自然傳遞機制，它在各個

信心水準上,將我們的感受與行動連結起來。在壓力中心深處,在信心光譜的低谷,我們體驗到極端的「我、此時、此地」偏好。在光譜的另一端,在舒適區的最高處,我們體驗到極端的「我們、無所不在、永恆」(Us-Everywhere-Forever)偏好。

當信心來到巔峰時,我們會熱切歡迎集體利益、廣闊的地理範圍,以及長期的時間框架。我們充滿信心、慷慨、協作和合作,一同致力於實現雄心勃勃的長期策略目標,走出地球,邁向遙遠的太空。我們要去月球!

視野偏好悄悄地根據我們的感受,決定了我們要採取的行動。這種感覺就像我們戴上可變鏡頭的護目鏡,它根據我們在社會、物理和時間這三個層面上的感受,自動且自然地調整我們的周邊視野。**我們的世界,會根據我們的心情而縮小和放大。脆弱性迫使我們專注在狹窄的範圍,而信心則讓我們的視野更寬廣、更遼闊。**

有一個方法可以讓我們容易理解視野偏好,並看到它如何在三個層面上,同時連結我們的感受和行動。那就是,想想我們規劃旅行的決策。

在信心極度低落時,我們會想自己待在家裡。當我們在不確定的世界感到無力,我們不會想冒險走出家門。而且,我們也不想邀請別人加入自己。我們會轉向內在,孤立自己。對我們來說,有太多的事情都不清楚,包括我們周圍的人、地方以及未來。

然而,當信心達到最高點時,我們會精心規劃未來幾年要去的旅行。我們想帶自己去遙遠的地方,看看陌生的人和陌生的文化。我們信心十足時的選擇,不僅受到財富影響,它還出自一個信念:從今往後,無論我們踏足世界的哪一個角落,甚至是現在就在太空中,我們都會擁有高度的控制感和確定性。處於巔峰時,我們的視野是完全清

晰的，不管是社會、地理或時間視野皆然。對我們來說，世界是平的。我們的信心不會下降，就是不會。（沒錯，當全球消費者信心來到高峰時，湯馬斯・佛里曼〔Thomas Friedman〕的書《世界是平的》〔*The World Is Flat*〕獲得廣泛讚揚和歡迎。[4]）

我剛才說的個人旅行規畫，可以更廣泛地適用於企業計畫。你即將看到，當抵達舒適區且信心達到巔峰時，企業（及其股東）會認為自己的視野完全清晰，認為一切皆有可能。

距離愈遠的人事物愈抽象

為了幫你更好地理解最後一點，我要增加視野偏好的第四個重要元素：假設性（hypotheticality），或者更具體地說，是我們對抽象性的相對偏好。[5]

站在門口眺望地平線時，我們很快就會發現，遠處的物體比近處的物體更難看得清楚。如果沒有雙筒望遠鏡，我們很難看清遠方的東西，它們看起來更為抽象。同樣的視覺原理，也適用於我們對未來的看法。比起下週，我們更難想像五年後的事情會是什麼樣子。我們計劃一年後要從事的活動，比我們計劃這週末的活動，感覺起來更抽象。最後，雖然我們很少這樣思考，但同樣的道理也適用於我們的社交互動和人際關係。例如，我們會用「遠房表親」這個詞，來表達一個親戚相對我們「直系親屬」的抽象感。我們將視覺和地理距離的原則，應用在不僅限於周圍的物理世界上。

如圖 5.3 所示，我們每個人周遭，都有一系列看不見的同心圓，裡面充滿未來的人物、地點和事件。所有這些，都是根據我們對他們相對抽象程度的認知來排列的。或者換句話說，是根據我們的確定感

第5章　決策要素一：視野偏好　107

圖 5.3
四個層面的相對接近度

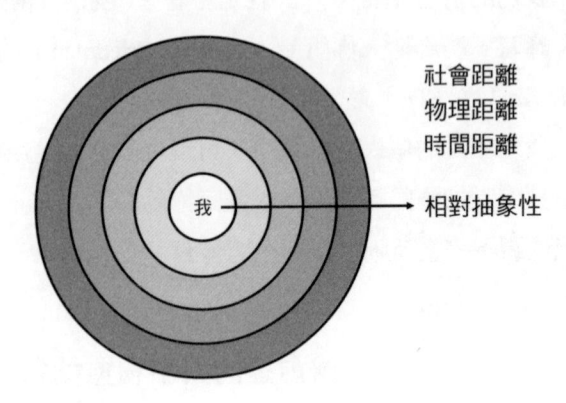

社會距離
物理距離
時間距離

我 → 相對抽象性

和控制感的程度排列的。我們認為更真實、更具體的人、地方和事物，位於最內層的圈圈；而較抽象的人事物，則在相對外層的圈圈。

當我們覺得脆弱、信心下降，那是因為我們感受到威脅。**有某種不熟悉且潛在危險的東西，已經以某種方式滲透到我們的核心圈圈裡。**此外，由於心理上的接近，這種威脅對我們來說非常真實。我們感覺到的，不是被最熟悉、最信任的事物包圍，而是有人正在入侵。

新冠疫情就是一個很好的例子。由於疫情「已被控制」在中國，因此對我們來說，它是一種模糊的、假設性的威脅，它在距離我們很遙遠的圈圈裡。然而，隨著疫情蔓延到歐洲，我們開始覺得這個威脅愈來愈靠近、愈來愈真實。然後，當湯姆·漢克斯和戈貝爾確診的消息傳開來，新冠疫情突然之間變得真實、直接、近在眼前，隨時準備攻擊我們。我們的心理距離出現了劇烈的崩塌。疫情從抽象的、心理上遙遠的威脅，瞬間變成了現實。

運用圖 5.3 的框架，我將我們對疫情看法的變化加以視覺化，像

圖 5.4
面對逼近的疫情，我們不斷變化的感知

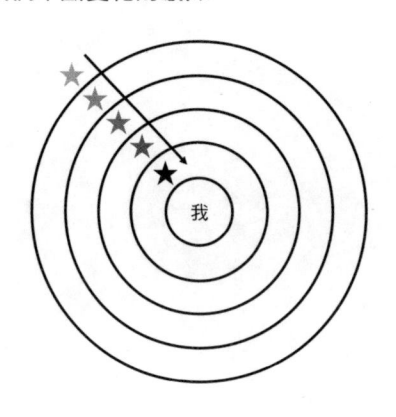

圖 5.4 這樣。

　　為了成功應對眼前的直接威脅，我們必須調適。未經思考，甚至都沒有意識到，但我們必須關注自己，關注自己的需求、關注此刻、關注面前的威脅。這是我們與生俱來的生存反應。我們必須把所有的努力和精力，都用於唯一重要的事情：疫情。結果，我們完全沉浸在當下，不論是在社會、物理或時間層面。剎那間，唯一重要的事情就是「我、此時、此地」。

　　就像發生在象限圖左下角的所有危機一樣，隨著疫情爆發，除了眼前迫在眉睫的威脅之外，我們衝動地放棄了一切。生活中比較外圍的圈圈變得無關緊要，在那些地方花費精力，就是在浪費寶貴的時間和資源。

　　在繼續談下去之前，重要的是要知道，雖然「我、此時、此地」偏好，也許可以讓我們更能應付緊迫的威脅，但也可能帶來意想不到的嚴重後果。就像我之前說過的，為了解決某個地方的嚴重脆弱性而

圖 5.5
新冠疫情期間,我們的注意範圍

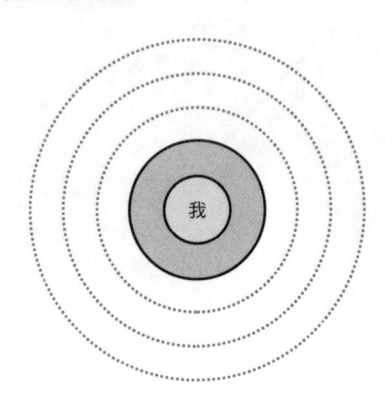

出現的短期衝動思考方式,可能會對其他地方產生長期的影響。

此外,如圖 5.5 所示,當我們把注意力都放在壓力中心的威脅上,很多事情都會無法注意到——**如果員工正在壓力中心苦苦掙扎,身為領導者的你,可能也是他們無法注意到的事情之一。**大型組織的高階主管,對於前線員工來說,在本質上是抽象的。在最高階主管和第一線員工之間,所有管理階層都很重要,因為每多一層,都會增加領導者在員工心理上的距離。在員工心目中,執行長在他們外層某一圈的某個位置上。這不僅是個人領導者要面對的問題。在新冠疫情期間,我們親眼目睹許多這樣的情況。例如,當民眾出現「我、此時、此地」偏好,世界衛生組織和其他國際機構,就變成心理距離很遙遠的領導者,因而無法發揮作用。

為了讓你更了解為什麼會出現這種狀況,以及為什麼壓力中心會讓我們變得如此情緒化,我要介紹視野偏好的最後一個要素。這是一個令人生畏的詞:「心理距離的扭曲」(Psychological Distance

Distortion）。

心理距離的扭曲

簡單來說，心理距離的扭曲，是指我們對社會、地理和時間距離的感知並非固定。它們會隨著我們的感受而變化。

以我們對時間的感知為例，當我們信心十足、處在右上象限的舒適區時，會覺得時間過得很快、毫不費力。[6] 當我們心情愉快時，時光「飛逝」，例如度假的時光總是過得比上班時快。當我們「處於巔峰狀態」、做著自己喜歡做的事情，會突然意識到幾個小時已經過去了，我們疑惑為什麼時間過得這麼快。我們會完全忘記時間。

反過來，當我們信心低落、處在左下象限的壓力中心，我們會覺得時間過得很慢。當我們在冰冷的陡坡上跌倒，等待滑雪救援隊到來，幾分鐘的時間就像好幾個小時那麼漫長。[7]

雖然幾秒鐘、幾分鐘和幾小時是衡量時間的標準，但對我們而言，感覺有多久，取決於我們自己的情緒。

這種情況的後果是，圍繞在我們周圍的圈圈，會產生一種由情緒驅動的手風琴效應（accordion effect）。**當我們信心十足時，圈圈之間的距離會縮小。那些原本遙遠的圈圈，如今彷彿就在身邊**；而十年後的遙遠未來，感覺起來也和明天沒有什麼不一樣；就連陌生人，感覺也像熟悉的家人。原本我們難以想像的事物，也就是抽象的事物，對我們來說似乎明晰可見。

當信心崩潰時，這一切都會反過來。圈圈之間的距離變得很大。突然間，下週也顯得遙不可知，市中心就像異國一樣抽象而陌生，也難怪我們會覺得時間過得很慢。剛才對我們來說還非常真實的東西，

現在卻變得異常抽象。我們需要世界慢下來，只是為了自己能好好消化周遭的事情。

我希望這番對心理距離扭曲的說明，可以幫助你了解，為什麼我們在等待重要的診斷報告，或在急診室等著就診時，感覺時間如此漫長，彷彿那一刻永遠不會到來。當信心下降，我們自然而然變得更加焦躁。Uber 司機在 10:02 抵達，而不是預約搭乘時應用程式預測的 10 點整，會讓要趕飛機的我們感到惱火。在等待的過程中，我們度秒如年。我們在心裡數著，「一千零一、一千零二⋯⋯」每一個瞬間都被拉長了。

現在，想像一下如果是一群人會是什麼感覺。當一群人情緒低落，時間偏好的崩潰和時間扭曲的影響都會被放大，因為焦躁的情緒會在群體中不斷加劇。當抗議人士走上街頭，你就會看到這一點。馬上！就要採取行動，因為群眾想要得到立即的滿足。隨著我們對未來的時間感到愈來愈遙遠，我們的焦躁情緒愈來愈強烈，因此無法再忍受拖延，即使已經證明我們正在朝著目標取得明確而穩定的進展。

企業內部專案延遲時，領導者常常會感受到「我、此時、此地」的時間扭曲。高層人士的焦躁情緒如此明顯，因為他們要求馬上！採取行動。然而，當相同情況發生在別人身上，許多領導者都會表現得措手不及。他們低估了罷工的工人在信心不足的情況下提出的要求，有多麼緊迫。他們認為馬上加薪的要求不合理，所以不予理會。

當兩個時間偏好截然不同的群體相互對抗，緊張的局勢可能迅速升級。如果一方認為需要馬上採取行動，另一方卻認為應該徹底考量問題、制定策略計畫並謹慎依階段實施，那麼兩者很難達成共識。領導者要記住，**每當和正在體驗脆弱性的人互動，那個人或團體幾乎一定在經歷時間偏好的扭曲，因此，領導者必須快速反應。**

然而，時間扭曲，只是我們會經歷的三種距離扭曲的其中一種。和信心相關的變化，也會發生在我們對社會和物理距離的認知上。

這一點只要問問馬拉松選手就知道了。他們立刻就會告訴你，比賽時哪些里程感覺起來比其他里程更長或更短。不同里程的感受並不一樣。在跑者體驗比賽的過程中，相對信心往往比賽道的垂直上升距離更重要。（其實，即使在垂直上升距離方面，信心也會發揮作用。比起缺乏信心的時候，我們在有信心時看到的山比較矮。[8]）當我們疲倦又（或）焦慮，一英里可能看起來像十英里。同樣的路，在雨中走要比在陽光明媚下走，感覺長很多。

不過，距離扭曲的含義比上述這些更廣泛。這種現象解釋了我們在疫情期間囤積衛生紙的原因。就像在金融危機期間把現金藏在床墊裡一樣，我們需要衛生紙和其他重要物資，隨時在手邊可以取得，因為我們非常擔心它們會用完。儘管過去我們可能會用「附近」和「非常方便」，來形容住家外面幾條街的超市，但如今，這些商店的貨架，對我們來說都距離太遠了。

我們對人事物實際上的理解，會隨著我們的感受而改變。

我們對供應短缺的恐懼，就像其他脆弱感一樣，往往會破壞我們的距離偏好。凡是我們認為稀缺的物資，都應該儲備在身邊附近。[9] 我們在 1970 年代也看到一樣的現象，當時中東石油危機引發人們搶購家用汽油罐（我父母也買了一個），並催生戰略石油儲備機制。在最近的新冠疫情期間，我們也看到扭曲驅使人們的行為改變。疫情流行造成的供應短缺，迫使人們以「就近供應」、本地倉庫和以備萬一（just-in-case）供應鏈管理，取代過去的全球採購和剛好及時（just-in-time）供應鏈管理。[10] 連消費者也加入了這個行列。許多屋主在家中規劃出新的食品儲藏室，並（或）騰出空間放多一個冰箱，以及備好

家用發電機,萬一發生停電,就可以供給「我、此時、此地」的電力。[11] 最近俄羅斯入侵烏克蘭時,我們對於石油和天然氣的物理距離偏好,也發生了類似的轉變。一夜之間,歐洲領導人開始呼籲實現國家能源自給自足,並增加國內能源供應。

這些反應引出最後一個心理距離的扭曲:社會距離。這種扭曲不太明顯,用可信度(trustworthiness)的概念來解釋最容易懂:**當信心低落時,我們比較不信任別人。**我們認為別人更不可靠,也更不確定。因此,當我們的信心不足,有時候就算是我們最親密的家人,感覺起來也像陌生人。

許多人在疫情期間親身經歷過這種現象,例如疫苗和疫苗接種方案讓社會分裂了。曾經是同溫層的家庭成員,突然之間變得不一樣了;曾經信任的人,也感覺在社交上疏遠了。此外,我們也會質疑別人的動機。人與人之間變得很難找到共通點。

我們很容易在發生危機時,看到視野偏好和心理距離扭曲的影響,但這些影響其實始終都在發揮作用。對企業來說,了解這種影響極為重要。無論出於什麼原因,如果客戶和員工感到無力和不確定,企業領導者一定要用「我、此時、此地」的解決方案,來做出回應。

根據視野偏好調整業務

企業花費大量時間和金錢,研究公司績效與利率、通貨膨脹和消費者支出等經濟因素的關係。有些公司甚至還會關注情緒變化和消費者信心的影響。不過,他們在意的,往往僅限於這些因素對營收的影響,鮮少有人會透過視野偏好的角度,來全面地看待公司業務。他們忽視社會、時間和地理偏好變化同時對營運產生的影響,因此也不會

為這些影響做好規畫。然而，透過全面了解視野偏好，企業可以調整、準備，甚至利用人們因信心滑落而縮小的偏好，信心滑落往往會重創產業。

例如，假設我經營一家國際郵輪公司。

如果我是嘉年華遊輪（Carnival Cruise Line）這類公司的負責人，那麼在經濟低迷時期，我最不想看到的就是「我、此時、此地」思維。在人們信心不足的情況下，旅客不僅可能害怕外國文化和遠行，他們也不打算——更不用說計劃——未來要去旅行。為了生存，我將不得不盡可能用較小的船，提供更便宜、距離更短、更近的旅程，並以可全額退票的方案吸引客人。我的產品必須在各方面都重新設計，以對應「我、此時、此地」思維。

然後，我可能會在公司內部遇到一些挑戰，因為來自不同文化的員工，自然會變得更仇外。這時候，公司內部長期存在的成見，往往會加劇內訌。在公司服務的海外地區，高漲的民族主義也可能引發一些問題。隨著信心下降，規則和法規也會收緊，充滿挑戰的政治環境，將讓我在國內外的問題變得更複雜。更糟的是，不同國家的政策變化都將更加不一致，因為政策制定者也會被「我、此時、此地」或「我的地盤我說了算！」的思維，影響自己的決策。

如果我的企業陷入困境，一旦貸款人和股東認為，企業真的可能出現破產的風險（之前他們一直認為破產的可能性很小），那麼他們也可能出現「我、此時、此地」思維模式。在這種情況下，公司幾乎不可能籌到權益資本，而我又要付出更大的成本和更多抵押品，承擔嚴格的限制性條款，以及很短的到期日，才能得到一點點貸款。

我和我領導的團隊，將被迫同時在多條戰線上奮戰。不用說，我們可能要制定計畫，並為此做好準備。如果我們能夠預見其中一些問

題並做好準備,我們就可以在競爭中領先一步。

我並不是要挑剔嘉年華遊輪公司的領導團隊,但不幸的是,疫情爆發時人們崩潰的視野偏好,對他們的業務造成可高度預期而又全面性的重創,他們對此卻毫無準備。不過平心而論,他們並非唯一毫無準備的企業。在享受多年的成功後,大多數旅遊相關企業的領導團隊,都天真地認為他們不會受到消費者信心下降的影響。

2017 年 9 月,時任美國航空執行長道格拉斯・帕克(Douglas Parker)對分析師和記者表示,曾經歷動盪的旅遊產業,在銀行業危機過後的復甦過程中發生翻天覆地的變化,因此美國航空絕不會再虧損了。疫情爆發前,「過度旅遊」(overtourism)這個詞很流行,用來描述熱門旅遊地點擠滿遊客的情況。當時人們認為,過度旅遊的狀況會永遠持續下去。[12] 帕克說,就算是在景氣最差的年份,這間全球最大航空公司的稅前收入,也應該能夠達到約 30 億美元。[13]

然而,2020 年,美國航空虧損 89 億美元。[14]

我只要做一點小小的更動,就可以把剛剛分享的旅遊業狀況,拿來描述 2008 年美國房貸危機期間發生的事情。當時,視野偏好崩潰,也嚴重衝擊借款人和貸款人。隨著房價暴跌,借款人因未償還的抵押貸款而陷入負資產困境,於是他們迅速做出決定,優先還款給近在眼前的信用卡和汽車貸款機構,而不是給遙遠、抽象、為期 30 年的抵押貸款機構。

在希臘債務危機期間,我們也看到類似的偏好轉變。強烈的「我、此時、此地」感受,甚至導致一些希臘人購買內建保險箱的床墊,來存放他們從銀行自動櫃員機提出來的現金,這和一些美國人在金融危機谷底期間所做的事情一模一樣。[15]

我剛剛分享的例子,是視野偏好崩潰帶來的不利一面。不過,對

敏捷的人來說，視野偏好崩潰也會帶來好處。這就是為什麼視野偏好這麼重要的原因：**如果企業能夠調整並善用「我、此時、此地」思維，它其實代表著機會。**

一個反應靈敏的水電工，可以透過滿足客戶「我、此時、此地」的需求，擁有成功的職涯。急診部醫師、護理師和其他急救人員也是如此。有一些生意和職業，先天需要在個人和企業出現「我、此時、此地」模式時，與他們互動，以滿足他們的緊急需求。

對大多數其他人來說，「我、此時、此地」氛圍，表示**你應該根據客戶的「我、此時、此地」偏好，重新調整你的產品和服務**，即使這些情況發生的原因和你的業務無關。寶麗來在1960年代末就踐行了這一點。寶麗來的拍立得相機，完美契合了當時人們的「我、此時、此地」想法。

如今，我們身邊充斥著各種「我、此時、此地」產品和服務，它們都是為了隨時隨地提供我們想要的東西。Netflix 和 Spotify 等串流影音服務，是「我、此時、此地」領域的專家，它們利用演算法，精準迎合個人當下的情緒。亞馬遜、Instacart、Uber Eats 和 DoorDash 等產品配送公司，也在做一樣的事情。還有社群媒體。推特、IG（Instagram）、Snapchat、TikTok 都是發揮「我、此時、此地」思維影響力的平台，滿足我們每一個當下的衝動。很少有人會考慮到，分享不當資訊或圖片的瞬間決定，可能對長期帶來什麼影響。

但請想一下，這些公司是在充滿政治兩極化、社會運動，以及日益激烈的反全球化環境中，蓬勃發展起來的。「我、此時、此地」思維，不只體現在流行的產品和服務裡。此外，今天的背景，與五十年前伴隨寶麗來取得重大成功的政治和社會動盪，非常類似。我們今天所經歷的，並不特別。

無論我們有什麼感受，自然都會有相應的視野偏好。信心低落時，我們需要專注在「我、此時、此地」，而信心高漲時則相反。感覺脆弱時，我們會抗拒抽象的東西，我們需要事物更加確實。

因此，壓力中心的環境，要求領導者必須善於處理客戶和其他關鍵利益團體的「我、此時、此地」需求。好消息是，我們可以輕鬆辨識並發展出這些技能，讓自己做好準備，以面對未來不可避免會遇到的危機和壓力中心時刻。

第 6 章

更好的危機管理

不管你喜不喜歡,未來你總會遇到危機。無論是因為產品有缺陷、客服很糟糕、第三方出包或經濟衰退,問題只在於你和你的企業何時會進入壓力中心。

大多數企業的危機管理規畫,都著重於因應特定的威脅,以及如果避免威脅的做法失敗,應該採取哪些措施。這類規畫是針對影響較大的事件,這些事件會對企業的財務和(或)聲譽,帶來懲罰性的後果。

一般來說,企業是根據同行壓力來辨識威脅。他們會注意其他執行長、董事會成員和(或)監管機構普遍擔心的問題,大家都不希望面對網路攻擊等情況時,毫無準備或措手不及。在其他時候,他們準備的重點是回顧過去,針對另一家企業曾經遇到的重大失敗,或者整個產業欠缺事前準備的案例來規劃。企業總是在為之前打過的仗制定計畫。

我不會說這些準備工作不值得也不重要,但它們高度的特殊性,

導致組織把每一種情況都看成一次性案例。這些因應危機的計畫都是高度客製化，設計理念針對單一類型的威脅，讓每個威脅看起來都和其他威脅幾乎沒有相似之處。這些計畫是由原因驅動的，由颶風、重大產品故障或如今的疫情引起。結果，計畫變成由下而上、孤立地圍繞著特定問題，由最熟悉該特定問題複雜性的專家來制定。雖然整個公司的風險管理和審計團隊可能會監督這個過程，但他們通常屬於一般性的監督角色，責任是為了確保計畫存在和適切。這些計畫的重點是合規，希望顧問專家具備知識和技術，能夠確保組織在發生危機時，可以從中復原。

但是，**想擁有更好的危機管理，首先要明白，雖然每個危機看起來都很獨特，但它們其實有許多共通點。**911恐怖攻擊、新冠疫情和2008年房貸危機，這些事件的起因雖然各不相同，但都引發人們類似的感受，那就是強烈的無力感、不確定感和極端的「我、此時、此地」思維。這三起事件都顛覆了人們的信心，把受影響的人推到信心象限圖的左下角。

但請注意，目前我們並沒有將這三場危機的任何一場稱為「問題」，我們稱這些危機為「威脅」。這兩者是有差異的，它反映出每一次危機背後的現實。我們必須同時解決兩個挑戰：威脅的來源（需要解決的非常具體的問題），以及威脅造成的脆弱感和其他反應（每次發生讓人置身壓力中心的重大事件時，人們會出現的共同反應）。

雖然根據特定原因造成的危機來設定計畫也許有幫助，但這樣做明顯有不足之處。歷史顯示，並非每一次企業危機都可以有、或者會有因應計畫。此外，即使有計畫，這些特定的計畫也只是想讓問題消失，卻忽略了組織和其他關鍵利益團體所感受到的，更普遍的威脅。因此，即使風暴過去，不確定和無力的感覺仍然揮之不去。信心恢復

的速度會非常緩慢。

改善危機管理

更好的危機管理方法，是**用流程和程序，來補充針對特定事件所做的計畫**。無論危機發生的原因是什麼，這些流程和程序，都是為了解決因危機而出現的不確定性和無力感。我們要及時處理人們的這些感受，而不能事後解決。

稍早前我解釋過，為什麼在危機中，領導者採取因應脆弱性為重點的方法非常重要。我建議你回到第 3 章，查閱這個流程及其步驟。就像我之前說過的，這個流程可以**放大人們的注意範圍，將他們的思維方式，從單純的消除問題，轉變成也要消除威脅**。它要求領導者馬上面對雙重挑戰的現實。

從表面上來看，這種做法似乎和大多數執行長與董事會，在危機發生時要求快速而激烈行動的做法背道而馳。然而，急診室的例子一再證明，經過演練和遵循，這種方法不僅可以讓大家快速行動，也更能夠把資源集中在最重要的事情上。此外，它還提供了一個結構化的框架，讓危機團隊能夠根據狀況的需求加以調整。這種方法的核心，在於解決問題的過程，而不是像大多數危機計畫那樣，把重點放在特定的措施上。因此，這種方法可以應用於任何危機。

例如，2018 年 10 月，獅子航空（Lion Air）一架波音 737 MAX 客機墜毀；接著在 2019 年 3 月，也就是不到六個月後，又有衣索比亞航空營運的一架波音 737 MAX 墜毀。想像一下，如果在第二次事故發生後，波音公司針對脆弱性來因應會如何？有過這段經驗後，波音公司本應該充分意識到，它經營的是讓客戶坐在乘客座位上的事

業。身為一家飛機製造商，波音公司提供的產品需要高度確定性，因為一旦失敗，會帶來災難性的後果，並讓它的終極客戶，即飛機上的乘客，完全無能為力。從信心的角度，正常的客機運作環境，在本質上就是脆弱的，航空公司如果想要永續發展，就必須緊貼在信心象限的右緣。

如果波音公司在第二架飛機墜毀時採取因應脆弱性的方法，那麼公司的重點，會馬上從「這是外國飛行員的問題」（第一架飛機失事後波音的反應），和非常特定的「這是 737 MAX 飛機的問題」（第二架飛機失事後波音的反應），擴大到「這是飛機的問題，以及乘客、機師和航空公司的極端脆弱性體驗」。[1]這些事件對波音公司的商用航空業務，將會帶來嚴重的生存威脅，這一點應該是顯而易見的。此外，這種層次更高的認知，就會促使波音公司將優先事項和重點，從自家飛機特定的機械問題，轉移到採購其飛機的航空公司、其機師和乘客，所感受到的強烈無力感和不確定感上。後者才是波音面臨的更大問題。作為值得信賴的飛機製造商，它的聲譽岌岌可危。

為了回應墜機事件，波音不應該，比方說，等到監管機構要求，才停飛所有飛機。波音應該馬上自主停飛飛機，因為它應該知道，當人們的信心全面受創，讓人們看到公司緊急主動採取行動、實施預防措施，比起慢半拍的被動反應要好很多。**波音公司亟需處理的問題，不是修復飛機，而是恢復人們對它的信任。**

我這樣講，可能感覺像是事後諸葛，但當企業將危機從特定的問題轉變為人們極端脆弱的感受時，應該採取的行動其實非常明確。危機管理團隊必須確認，該怎麼做才能最好地恢復客戶、普通員工、股東、貸款人等一系列群體的確定性和控制感。少了他們的信任，生意就做不成了。

平心而論，企業向來被灌輸的一個觀念，是要解決顯而易見的問題，並恢復企業內部的信心，這是危機管理的唯一目標。如果說有一個詞在主導企業的危機規畫，那就是「復原」。目標很簡單，就是儘快回到原來的狀態。領導者一再被告知，成功的危機管理，取決於他們的組織能夠多快控制住問題，並恢復到危機前的狀態。領導者會因為採取「有效、果決的行動」、讓組織馬上恢復正常運作，而得到讚美。在這種分析框架下，速度是成功從危機中恢復的關鍵。

既然如此，「專注」和「快速」就成了大多數危機管理計畫的核心原則。我們別無選擇，只能把注意力集中在明顯的問題上（而且往往很快就會把問題歸咎於明顯可以咎責的人）。我們不可能深思熟慮和通盤考量，因為這樣做會降低反應速度，增加不必要的複雜性。董事會都希望馬上得到令人滿意的答案。危機規畫的目的，是確保人們知道該做什麼，並且在需要的時候，能夠迅速採取行動。制定計畫是為了讓每個人都能採用計畫。

因此，大多數企業領導者都用威權的方式處理危機，這一點不讓人意外。董事會希望局勢受到嚴格的執行控制。他們相信，只要執行長雙手緊握方向盤，就可以讓所有人都上車，他們要用最快的速度駕車，帶大家去預期的目的地。此外，董事會也需要極高的確定性。一般來說，受過危機衝擊之後，董事會成員都希望不要再有任何意外。

平心而論，董事會在危機時期的期待，其實和我們家中水管爆裂時的想法非常類似：我們都希望有人能馬上處理自己的問題，也具備解決問題的專業知識。

但請思考一下，當這個任務是在企業環境裡完成時，它在信心象限圖裡看起來會是什麼樣子。

好消息是，如果這種方法奏效，確定性很快就會恢復。事實上，

我們會因此獲得強烈的確定性。在危機當下，執行長通常不會心存任何僥倖。他們幾乎都想把公司帶出壓力中心，穿越整個乘客座位區域，最後帶領大家降落到信心象限圖的最右緣，如圖 6.1。

可惜的是，大家最終降落的位置，通常不是讓每個人都可以鬆一口氣的舒適區，而是靠近乘客座位右緣的最底部。也就是說，曾經分散在組織內部的決策權，最後被緊緊控制在高層手裡。**危機過後，公司移動到象限圖的右下角，和戒備森嚴的監獄處在一樣的位置。**

對普通員工，甚至是中高階主管來說，這種環境感覺確實像監獄。更糟的是，被降級到乘客座位的感覺，就像是因為危機而懲罰他們，不管他們是否應該受到這種對待。而最糟糕的是，權力集中營造出一種缺乏冒險精神的環境。乘客座位的右下角，距離發射台最遠。這種環境下，組織裡的每一個人都知道，權力完全不屬於自己。

請不要誤會我的意思，因為有時候這種方法有其必要。壓力中心充滿混亂、劇烈的動盪，這是一種危在旦夕的局面。在這樣的時刻，即使只讓人們擁有一點控制權，也可能讓危機一直持續下去。全面封鎖就是出於這個原因。然而很多時候，封鎖也是企業危機過後，許多「成功」的危機管理遺留下來的狀態。風暴過後，大家慶祝一切終歸平靜，但領導者卻仍然緊緊抓著控制權，擔心又會出現另一場意外的龍捲風。此時，大多數的高階主管，最不在乎的就是重新賦權員工，和重新分配決策責任。

為了避免出現這種結果，**領導者必須在危機中，盡可能把決策權保留在組織的基層，並認知到，如果他們將確定性和控制感的概念傳達給部屬，他們將會在短期和長期內都更加成功。**但是，如果要求員工被動服從領導者，就無法達成這個目標。在危機當中，領導者必須讓其他人一起參與促成最後的成果，這樣當風暴過去，大家才會覺得自己有

圖 6.1
威權式的危機反應

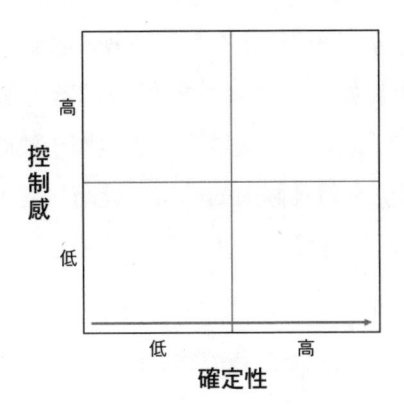

```
高
│
控
制  ┼────────┼────────
感  │        │
    │        │
低  └────────┴────────→
    低        高
       確定性
```

協助解決威脅。

　　同樣，**當並非只有最高層，而是其他人也覺得自己擁有確定性和控制感時，企業的信心才會恢復。**

　　威權式的危機管理，還有第二個固有的挑戰。雖然高階主管可能對此有不同看法，但如果沒有信任，領導者就無法像對員工那樣，把客戶從壓力中心拖到乘客座位的最右側。客戶和員工不一樣，他們有選擇，可以選擇不追隨企業的做法。當商業危機影響到客戶時，這一點會變成重要的問題。接著，客戶就會傾向不信任管理階層。當壞事發生，客戶很容易責怪公司高層。他們會認為，高階主管應該提前預防危機發生。客戶如果有機會，就會一起拔腿就跑，去找另一家廠商，而不會乾等企業把他們帶出壓力中心，再穿越整個乘客座位。比起把你放在乘客座位上甩來甩去、然後突然把你丟在路邊的危險司機，任何其他人都要更加可靠。

　　危機發生時，刻意將權力下放給最接近客戶的人，可以大大緩解客

第6章　更好的危機管理　　125

戶的緊張情緒。再強調一次，心理距離很重要。在危機當下，花俏的高階主管頭銜幾乎毫無用武之地——事實上，那些頭銜只會拉大高階管理層和第一線之間的心理鴻溝。在急診室裡，我們根本不在乎醫院院長是誰，更別說想見她了。當客戶的信心低落，他們就和我們一樣，都希望和一種人打交道，那就是最熟悉他們、最能夠同理他們需求、最能夠幫他們解決具體且個人的「我、此時、此地」問題的人。商界領導者如果忽視這個現實，那就太愚蠢了。

評估危機領導力

企業如果忽略另一個現實，也非常愚蠢：突然陷入壓力中心時，企業必須做出艱難的領導決策。在信心低落且遭受重創的情況下，董事會和領導者必須思考高層人事是否需要異動。

簡而言之，**在壓力中心需具備的領導能力，和通常在危機發生前、處在舒適區時所需的領導能力，兩者有很大的不同。**大多數董事會往往要花比較久的時間才理解這一點，採取行動的速度則更慢。他們認為，他們已經成功聘請一位「全方位」的領導者，他擁有能夠適應一切環境所需的技術和能力，卻沒有意識到，很少有人能夠在信心的四個象限裡都遊刃有餘。很多時候，董事會都袖手旁觀，眼睜睜看著陷入困境的領導者把事情變得更糟糕。於是，在同事之中、客戶之中、董事會之中，集體脆弱性就出現了。

當董事會最後終於採取行動，那其實是一種投降行為，和投資人在股市大幅下跌時拋售套現沒什麼不同。無力感和不確定性不斷增強，直到董事會最後做出「管它去死」的反應為止。這種情況我看過很多次，對我來說那已經變成重要的反指標，那是組織正在迅速接近

信心光譜底端的跡象。你會驚訝地發現,公司突然換掉執行長的時刻,就是公司股價已經跌到谷底的時刻,這樣的事情不計其數。等到董事會終於採取行動時,無力感和不確定性早已蔓延開來。

最諷刺的是,等到信心極度低落(即危機達到最高峰)才採取行動,董事會通常會找能讓風險變得最小的人走馬上任,因為董事會知道這個人「很安全」,聘用他不會冒任何風險。董事會刻意雇用一個人,來撲滅已經快要自己熄滅的火勢。

與其這樣做,董事會應該在危機爆發之前,問自己三個問題:

執行長是否有自信能在危機中有效地領導?
其他人對執行長在危機中有效領導是否有信心?
執行長是否具備在危機中有效領導的技能?

要說清楚的是,這三個問題的答案都是根據感受而定的,因為信任完全是主觀的事。但話雖如此,每個問題還是有一些必須考慮的客觀因素。

就執行長的自信而言,如果有一種心態會妨礙他們走出壓力中心,那就是充滿自我懷疑的心態。當人處在壓力中心的左下角、充滿無力感和不確定感,自然會出現這種自我懷疑的心態,充滿責備、羞愧和後悔。我們會對自己居然走到那步田地,以及讓自己走到那步田地的原因覺得懊惱,只希望問題能夠儘快結束。此外,我們還想回到過去,因為昨天看起來比充滿不確定性、讓人暈頭轉向的今天好很多。我們會忽視過去所有的缺陷和挑戰,同時詛咒當前的困境。如果能回到從前,那該多好啊!

領導者難免會受到這些情緒影響,尤其是那些天生認為自己要為

眼下發生的所有事情負全責的人。那些認為自己是在某種程度上讓危機發生（或更嚴重，認為是自己造成危機）的人，將難以解決危機。他們將事情看得太私人了，認為這是自己的失敗，不是企業的失敗，而他們無法同時解決這兩種問題。在「我、此時、此地」模式裡，「我」永遠在第一位。

還有一些領導者可能剛剛上任，尤其是剛剛經歷重大升遷。他們可能不覺得自己足夠清楚該如何領導——一般來說他們要領導的對象也不覺得，而一開始就對新領導者抱持懷疑態度的董事會成員也不覺得，這無助於新領導者建立自信。於是這又是心理距離和不熟悉事物的危害。那些從未在領導者角色中體驗過壓力中心的人，可能也會有同樣的感覺。

無論是真是假，領導者對自己灌輸的想法，會影響他們的行為，而且當危機來臨，其他人不可避免地會嚴格評估掌舵的人。領導者是否認為自己能夠勝任這項任務？如果他本人不這樣認為，他就無法勝任。他將無法建立有效領導。

再來是別人的信心，這種信心常常被高估。長期在舒適區的成功紀錄，會帶來月暈效應，讓人們相信領導者無所不能，這種情況並不罕見。每個人都認為，多次的成功足以讓領導者做好充分準備來因應危機。但是，**人們很少注意先前的成功，是發生在哪一個象限**。你會發現，成功通常發生在壓力中心以外的其他位置。

董事會成員也沒有意識到，雖然他們可能在心理上覺得自己和領導者很接近，但領導者天生是在心理上和其他人疏離的。高階主管之間的關係，比表面上看起來的脆弱很多。最後，董事會也沒有意識到，當人們對領導者的信心下降，大家也自然會更放大檢視和批評那位領導者。醜聞和攻擊不是會不會出現的問題，而是何時出現的問

題。在信心高漲（而且沒有檢視機制）時，人們會忽略或願意忍受的小問題，將會變成頭條新聞的題材。

如果這樣還不夠糟的話，組織的凝聚力也會受到更大的衝擊。當每個人都處在「我、此時、此地」的模式，沒有堅實基礎支持的領導者，勝算十分渺茫。如果危機發生前組織就有內訌，那幾乎一定會演變成激烈的鬥爭。董事會應該明白這一點，並將受傷的領導者從角力中拉出來。領導力的脆弱性不會自己好轉。

重新思考危機領導的技能

最後，有一些領導者根本欠缺置身壓力中心所需的技能。一位指導過處在舒適區上方、表現出色的超級盃（Super Bowl）球隊的領導者，即使出類拔萃，也不見得具備在危機中成功領導團隊所需的能力。我說的「所需」，並不僅限於之前有過成功帶領企業度過難關的經驗。他還需要具備其他技能，而這些技能可能和你想的不一樣。

俄羅斯入侵烏克蘭時，許多軍事專家和政治人物都覺得難堪。他們幾乎都不相信，一個由喜劇演員轉型政治人物的人，有能力成功對抗像普丁那樣咄咄逼人、經驗豐富的獨裁領導人。對專家來說，烏克蘭總統弗拉迪米爾‧澤倫斯基（Volodymyr Zelenskyy）簡直是不自量力。[2]

但我不同意這種看法。

早在 2013 年初歐洲債務危機期間，專家也提過類似的看法。當時義大利前電視喜劇演員貝佩‧格里洛（Beppe Grillo），和他參與創立的五星運動黨（Five Star Movement），在義大利大選中贏得四分之一的選票，比其他政黨都多。[3] 當時專家也對一個喜劇演員能夠引起

民眾高度迴響，感到困惑。2008年銀行業危機最嚴重時，前《週六夜現場》（*Saturday Night Live*）喜劇演員艾爾・弗蘭肯（Al Franken）當選明尼蘇達州參議員，當時許多政治專家也有同樣的感受。

一個喜劇演員？！

我承認這類數據非常少，但貝佩・格里洛和艾爾・弗蘭肯的經驗顯示，弗拉迪米爾・澤倫斯基的領導風格，會比預期好很多。澤倫斯基具備在危機中至關重要的技能。事實上，我想更進一步解釋，成功的喜劇演員擁有一套技能工具包，可以作為組織評估危機中領導者潛力的清單。

想當一個成功的喜劇演員，必須具備以下技能：

溝通力，以及理解和駕馭快速變化環境的能力；
毅力，以及克服頻繁被拒絕的能力；
創造力，以及以不同尋常的方式思考並保持警覺的能力；
敏銳的觀察力，以及發現他人忽略事物的能力；
共情力，以及與他人建立連結的能力。

我們通常不認為這些能力是高階主管的必備資格，但在危機中，這每一項技能都是領導者需要的。

不過，並不只有喜劇演員擁有出色的危機領導技能。還有一群人其實也具備這種能力，他們是大多數董事會不會自然聯想到的群體，那就是和精神疾病奮戰的人。精神病學家、情緒障礙專家納瑟・根米（Nassir Ghaemi）在其著作《領導人都是瘋子》（*A First-Rate Madness*）中詳細說明，狂躁和憂鬱的經驗如何讓人獲得寶貴的危機領導技能。[4] 俄羅斯入侵烏克蘭不久後，根米在一篇專欄文章中寫道：「躁狂症與

從創傷中復原的能力和創造力之間有相關性。憂鬱則會提升同理心和對環境的現實評估。在危機中，領導者首先要具備的是韌性。他不能逃避或落跑，不能害怕，也不能猶豫。創造力也很重要，他要在看似沒有出路的環境中，找到一條出路。」[5]

發明家也有類似的技能。還有負責檢傷分類的護理師，以及許多從事安寧照護的工作人員。我的意思不是建議企業要針對組織中有特定經驗的職業或個人，把他們升遷為領導者，而是強調在壓力中心的有效領導力，其樣貌通常和董事會與高層的想像不一樣。危機來臨時，大多數董事會評估現任領導者及其潛在接班人的領導模式，都是一種直接從好萊塢借鑑而來的方式。他們關心的是外在，也就是信心表演，而不是在壓力中心成功領導所需的具體技能。

歷史證明，**當組織陷入危機，那些深諳不確定性和無力感環境的人，才是更好的領導者，因為這些人曾經成功展現出創造力、韌性、同理心和行動等技能。**由於當今的企業會不惜一切代價避免置身危機環境，因此大多數企業往往缺乏這類適任的危機領導者。於是當危機來臨，他們就會不知道自己真正需要哪些領導技能。

壓力中心的有效溝通

危機溝通也有相同的問題。正如置身壓力中心要求領導者具備適合危機環境的特定技能，它也需要領導者採取一種特定的溝通方式。

為了妥善反映出人們在壓力中心時的「我、此時、此地」偏好，領導者應該牢記根據以下五點來組織訊息。此時的溝通應該：

即時——當我們處在壓力中心，我們對時間的感知會變得高度扭曲。度秒如日，我們自然會失去耐性。此外，在壓力中心時，緩慢或

不夠頻繁的溝通，會被解讀成領導者在隱藏資訊。拖延只會加劇無力感和不確定感。

所有危機訊息的重點都應該設定在即時的時間範圍，所有指導行動的時間範圍也應該如此。在危機過去之前，領導者必須記住，其他人正處在「我、此時、此地」的模式，處在看似無窮無盡的當下。人們需要知道現在應該怎麼做。

在危機中，許多信心十足的領導者想把注意力轉向未來。他們想回到之前的狀態，在所有人仍處於危機之中時，他們想要轉向策略思考。但是，**所有訊息都必須強調和解決緊迫的當前問題**。在暴風雨過去之前，領導者必須把明天的事留待明天。如果他們不這樣做，人們會認為他們搞不清楚狀況，或更糟的是認為他們不切實際。

完整——信心不足也會帶來更多的放大檢視。檢視是我們消除不確定性的方法之一，我們想要更了解正在發生的事情及其原因。因此，**危機領導者必須提供更多、而不是更少的訊息，而且要比在信心高漲時，提供給更多的人**。但在危機中，許多領導者卻採取相反的做法：他們限制訊息的傳播，同時縮小分享訊息的群體。

當一個群體比另一個群體先了解重要資訊時，領導者就會失去可信度。在危機中，不僅所有資訊都很重要（再次強調，資訊帶來確定感），而且如果資訊沒有傳達給所有利害關係人，人們也會把它解讀為故意排除他們。領導者要不遺餘力地縮小人們的心理距離，讓人們覺得自己和領導者的距離，比過去任何時候都更接近。

務實——置身危機的人厭惡抽象。我們沒有時間或興趣解讀資訊。我們想要直截了當的訊息，哪怕是壞消息。真實的壞消息意味著確定性。此外，如果領導者沒有在危機中傳達壞消息，其他人會認為他隱瞞了比他所分享的訊息更糟糕的現實。

無論領導者是否願意，和危機相關的利害關係人，都會借助非正式的社群網絡彼此分享真實狀況，而且他們還可以把這些狀況分享給媒體、客戶、監管機構，以及領導者不希望他們分享的任何其他人。當信心低落，「我、此時、此地」思維占據上風，組織會出現非常多縫隙。每個人都有必須告訴別人的個人故事。

領導者不應該只是推測，而是應該料到，醜陋的真相遲早會被公諸於世。如果他們有機會提前分享卻沒有開口，之後人們就會指控他們撒謊。一旦這種情況發生，領導者就毫無信譽可言了。在此我必須強調，領導者每一次都會感覺撒謊比說實話好，但如果真的說謊，他將會完全失去信任的基礎。

簡單——身處危機的人也討厭複雜。當認知已經受到挑戰，複雜的訊息會讓人們覺得困惑。這些訊息會強化我們的無力感和不確定感。為了解決這個問題，領導者應該努力用最簡單、最通俗的話來傳達訊息，避免使用流行用語、縮略語和技術術語。領導者應該想想如何和對他的業務一無所知的中學生或阿公阿嬤分享訊息，然後用這種方式來組織自己的訊息。

真實——在危機時刻，領導者應該呈現出真實的自己，不要嘗試新的個性，也不要試圖成為大眾想要的（或他們認為大眾想要的）樣子。無論是傳達訊息的口氣，還是穿衣風格，在危機中，領導者都必須做自己。因為熟悉感很重要，它為信任奠定了基礎。人們需要聽到你原本的聲音，看到你一如既往的樣子。值得注意的是，很多領導者都認為，危機發生時，他們需要讓自己的外表、聲音和行為，都像好萊塢電影裡的危機領導者一樣。但危機時刻可不是演戲的好時候。

最後三點建議

在探討舒適區之前,我還有三項建議,供置身壓力中心的領導者參考。

1. 預期會有零和思維

首先,永遠不要低估我們身處信心光譜底部時,伴隨無力感和不確定感而出現的零和思維。壓力中心是一個讓人覺得匱乏的環境,在那裡我們會覺得重要的東西永遠不夠多。無論怎樣,我們的世界都是有限的,所以我們會用不同的方式衡量成功和失敗:我們會認為別人的所得就是我們的所失,而我們的所得就是別人的所失。

雖然在體育和政治領域,我們很容易接受零和思維的概念,但在商業領域卻往往忽視它。隨著組織愈來愈深陷壓力中心,你會看到,由於緊張局勢加劇,股東、主管、債權人和員工之間發生利益衝突,零和思維的影響會愈來愈明顯:一個人想要的東西,必須以犧牲另一個人的利益為代價。

尋求共識的領導者,已經習慣用舒適區那種「我們可以共贏」的心態工作,他們往往難以適應壓力中心的現實。在壓力中心,當領導者必須做決策時,他們幾乎不可能達成所謂的妥協。總會有人帶著失去的感覺離開,對別人的獲得心懷嫉妒和怨恨。

領導者不應該對零和思維感到驚訝,而是應該料想到會發生這樣的狀況,並為它可能帶來的衝擊和情緒後果做好準備。**管理損失,以及如何用同理心處理他人日益升高的脆弱性,是領導者在壓力中心的關鍵技能。**

2. 不要和別人比較

大多數領導者天生喜好競爭，會根據包括獲利能力、營業利潤率、股價表現、薪資等落落長的指標清單，拿自己和自己的組織同別人比較。

在舒適區，這些比較也許可以激勵人心，但在壓力中心卻可能讓人疲憊不堪。除非整個產業都信心低迷，否則置身壓力中心的人和組織，表現總會比較差。這種時候，別處的月亮怎麼看都比較圓。此外，組織愈是深陷壓力中心，和其他蒸蒸日上的組織差距就愈大，這類數據會讓人們覺得更絕望。

如果領導者想要比較，應該只和自己的近期業績比，而且要設定在很短的時間範圍內，例如拿今天的銷售額和昨天的銷售額比較。**限定在即時的時間範圍，組織的精力和努力就可以集中在切實可行的目標上**。定期追蹤明確、具體的進展，從而可以開始建立信心的基礎。

業績或債務成本些微改善看似不怎麼值得慶祝，但在壓力中心，進展通常是緩慢而漸進的。信任很容易受損，重建卻需要很長的時間。領導者不必因此氣餒，而是可以用每日指標來客觀呈現進展。此外，隨著信心建立、視野偏好放大，可以很容易地將每日目標延伸到年度目標，從而再次激勵高績效團隊。

3. 當志工

對於置身壓力中心的領導者來說，最後這項建議似乎有點太過分了。但請聽我說完。

危機領導者往往認為，志工服務是他們最沒有時間做的事情。他們認為自己所有的精力和努力，都必須集中用來處理當前的脆弱性及

其後果。情況也許確實如此,但我認為**很少有什麼行為,可以比幫別人做好事更能強化人們的信心**。服務別人表示我們有確定性和控制力,也就是我們擁有他人重視的技能和能力。此外,與他人一起服務和為他人服務,可以建立連結,提醒危機領導者他們並不孤單(許多領導者都曾表達過孤軍奮戰的感覺)。

領導者在計劃如何從危機中恢復活力時(他們應該在暴風雨來臨前就思考這件事),應該把志工服務加入選項清單。雖然為他人做更多事感覺很違反直覺,但服務可以帶給人們亟需的自信和連結感。

•

適用於商業領導者的原則,也適用於我們所有人。既然我們不可避免都會有身陷壓力中心的經驗,我們就不應該把所有精力都拿來避免這種事發生,而是應該為它做好準備,甚至刻意尋求不確定和令人無力的環境,來強化我們對這種感覺的熟悉度,並發展出我們需要的技能。

每學期結束時,我都會鼓勵學生去戲劇系選修即興表演課程。我這樣做不是希望他們成為偉大的喜劇演員,而是因為這可以逼他們進入一個短期、低風險的壓力中心環境,幫助他們快速獲得建立控制感和確定性的經驗。許多外展訓練計畫也提供類似的機會。最後,我鼓勵學生記住,他們以前曾經歷過壓力中心,而且都找到了回到舒適區的方法。深陷壓力中心時,我們往往會忘記這一點。

這讓我想到最後一點:讓我們發展出韌性的,不只是反覆置身壓力中心的經驗,還包括提醒自己每次都能成功復原的記憶。

接下來,是時候放鬆一下了。下一站,舒適區。

第三部

右上象限：舒適區

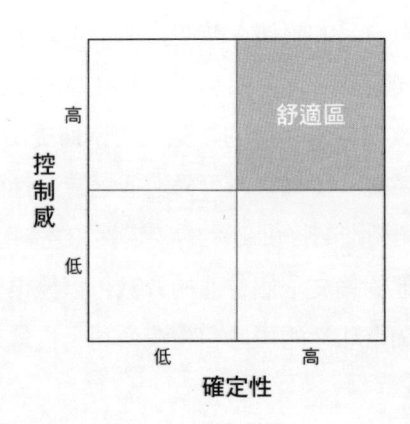

	低	高
高		舒適區
低		

控制感

確定性

第 7 章

信心高漲與冒險

1965 年,耶魯大學一名大學生弗瑞德‧史密斯(Fred Smith)寫了一篇經濟學課程的學期論文,闡述新興的資訊科技產業面臨的物流挑戰。他認為,運送亟需的電腦零件和電子元件,不僅速度緩慢,價格又很昂貴。科技業要靠航空貨運公司,才能用最快的速度獲得需要的零件,但後者很少有自己的飛機。航空貨運公司幾乎都是代理商,要靠商用客運航空公司協助,但商用客運公司在意的是運送乘客,而不是運送貨物。看到整個運輸系統的缺點,史密斯提出另一種選擇:設計一套專門的貨運系統,用來快速可靠地運送時效性強的物品。這個系統能夠為供應商和製造商提供更大的確定性和控制感。[1]

史密斯的教授給他的論文一個普通的分數,但他很快就將論文裡構想的內容,變成一間全球性的快遞和物流公司,也就是現在大家熟知的聯邦快遞(FedEx)。

想到在信心地圖的右上象限,即舒適區,經營一家企業會是什麼樣子,我腦中出現的是弗瑞德‧史密斯和聯邦快遞在 1995 年左右真

正邁入榮景的畫面。隨著公司收入迅速接近 100 億美元，並擁有一支由 500 架飛機組成的私人機隊，史密斯擁有十足的確定感和控制力。在當年寫給股東的信中，他高漲的信心躍然紙上：

> 經過多年積極打造及精心改善在全球範圍影響最深遠的快遞基礎設施，聯邦快遞的員工、客戶和股東，都十分看好我們的未來獲利。
> 展望未來，我們相信，透過持續地戰略性再投資物流網絡，聯邦快遞可以在快速成長的全球快遞產業裡，保持無與倫比的領先地位，在更多地方為更多客戶，提供更快速、更可靠、更實惠的服務。
> 我們稱其為「全球準時」（The World On Time）服務。[2]

回顧聯邦快遞的歷史，你會看到這是一個信心不斷增強的生動案例，以及迅速擴大的視野偏好可以對一個產業帶來怎樣的影響。聯邦快遞從田納西州孟菲斯市的單一快遞中心開始，營運少數精心挑選的國內航線，例如飛往全錄公司（Xerox）總部所在地紐約州羅徹斯特等地，主要是為了滿足少數客戶的需求。透過聚焦和控制整個運輸流程，聯邦快遞不僅提供送交零件的服務，而且兌現了可靠的隔夜送達承諾。它確實做到為客戶減少延誤狀況、降低成本，從而顛覆了客戶對運輸流程的原有期待。於是，聯邦快遞成為隔夜送達的代名詞，成為製造商及客戶理所當然可以採用、而且很快就會真的採用的服務。

隨著 1980 年代消費者信心的增強，聯邦快遞蒸蒸日上的營運，反映出社會走出壓力中心、進入舒適區的進程。隨著聯邦快遞在信心光譜上不斷攀升，它的視野偏好也隨之擴大。新創公司天生會有的

第 7 章 信心高漲與冒險　139

「我、此時、此地」思維,被更具擴張性和戰略性的「我們、無所不在、永恆」的規畫和執行方式所取代。聯邦快遞的機隊不斷壯大,飛機的規模和覆蓋範圍也不斷擴大。隨著客戶的興趣與日俱增,航線拓展到全球。先是加拿大,然後是亞洲和歐洲,最後是中東。在菲律賓和法國增加快遞中心後,各地的連結和相互聯繫迅速發展。而在收購金考快印(Kinko)、納入零售消費者客戶後,公司面臨的複雜性和互賴性也更形明顯。

當聯邦快遞在 1995 年喊出「使命必答」(Absolutely, Positively Anytime)的口號時,它向消費者和企業客戶反映出的,是當時每一個人都感受到的確定性和控制感,不僅是對聯邦快遞公司,而是對整個世界都信心滿滿。當信心飆升,我們都會相信自己能夠隨時隨地得到想要的任何東西。

而且不只反映在商品。在 1990 年代,由於「我們、無所不在、永恆」的思維更廣泛地躍出世界經濟的範圍,全球金融市場和國際資本流動量,也呈現爆炸式成長。高漲的信心,不僅為製造業帶來企圖極大化業務效率和極小化成本的「剛好及時」(just-in-time)管理,也帶來了像證券化這樣的創新金融產品。一夜之間,威斯康辛州和緬因州客戶的信用卡消費被送到華爾街,在那裡被打包起來,變成巨大的貸款池,再被分成數份,賣給從香港到奧斯陸的投資人。20 世紀即將結束時,世界是一個快速移動、高效連結的輸送帶系統,將資本和貨物及時地從一個地方轉移到另一個地方。

人們熱切歡迎「我們、無所不在、永恆」的視野偏好,不僅讓弗瑞德・史密斯和聯邦快遞從中獲益和獲利,還有許多其他公司都是如此。1990 年代充滿了這類例子:傑夫・貝佐斯(Jeff Bezos)白手起家建立亞馬遜;桑迪・威爾(Sandy Weill)併購銀行、保險公司和金

融公司，成立花旗集團（Citigroup）；傑克・威爾許（Jack Welch）將奇異公司打造成巨大的金融工業集團。這些企業都極有代表性，因為它們都採用積極進取的「我們、無所不在、永恆」商業策略，巧妙地反映出人們快速上升的信心。全球規模、創新、極度高效、產品廣度與相互依賴，這些就是抓住機遇的成功組織共有的特徵。

「我們、無所不在、永恆」視野偏好

信心低落會讓我們的注意力往內在集中，讓我們不願意考慮過大的心理距離，而信心高漲則把我們推向相反的方向。安全感愈來愈強的情況下，我們不再膽怯，變得外向、開朗。不管是社會、地理或時間距離上，我們都會歡迎陌生的事物。我們覺得充滿勇氣，渴望冒更多風險。我們甚至還會預訂異國旅程。至於企業，則會興奮地在海外打造或租用設備設施。此時的我們不害怕心理距離，而是把距離看成巨大、尚未發掘的機會。「年輕人，大膽西進！」

極端的抽象中蘊藏著無限的可能性，這是因為：

我們（Us）——隨著信心愈來愈強，對確定性和控制感的認知不斷強化，我們渴望和他人建立連結，擴大自己的圈子。我們的社會性和包容性更強，更信任外表和行為與我們不一樣的人。我們自然而然願意擁抱多元。和他人相處時，我們會尋找共同點，而非不同點。自利被慷慨大方所取代，被「我為人人、人人為我」的心態所取代。在這種心態下，我們相信只要大家一起努力，我們就都能夠獲勝。舒適區是一個豐富而非匱乏的環境，我們在這裡慶祝共同、集體的成功。

無所不在（Everywhere）——除了願意向外拓展和渴望建立連結之外，我們也看到周遭是一個更安全、更熟悉的世界。當我們充滿信

心,我們就會熱切地探索和旅行,跨越更遠的距離。我們不再視物理距離為障礙,我們建橋、鋪路、揚帆、駕機來連結彼此。隨著信心上升,我們相信自己可以輕鬆地在遙遠的地方獲得成功,就像在家鄉一樣容易。

信心十足時期的典型行為之一就是探索。我們會去以前沒有人去過的地方。1960 年代初,美國承諾要登陸月球,而最近我們看到那些信心極強的人士著迷於太空旅遊。

永恆(Forever)——最後,在高度信心之下,我們感知到穩定的背景。我們的信心愈強,就愈相信穩定會持續愈久。就像缺乏信心時會看不見未來,當我們置身舒適區,則會想像出寬廣、前瞻的時間範圍。我們之所以展望未來,是因為明天代表無限的可能性。因此,我們會策略性地規劃、思考和行動,以長達 10 年、20 年、甚至是 50 年的時間框架,都是很常見的。

同時,我們會認為最好儘快採取行動。時間飛逝,迫切感是重中之重,如果現在我們不採取行動,別人就會採取行動。舒適區充滿害怕錯過(FOMO, fear of missing out)的情緒,而這種情緒會推動我們的決策。所以,我們當然願意加入蘋果商店前等待新產品的隊伍,或是為一部新電影的午夜首映場辛苦排隊。我們急於滿足迫切的渴望,一刻都不想等待。

●

低落的信心限制我們,而高漲的信心卻可以在社會、地理和時間層面上解放我們。當信心高漲,我們的心理視野是廣闊的。就像 1995 年的弗瑞德・史密斯和聯邦快遞一樣,我們想要儘快採取行動,擁抱

這一切。我們的世界充滿機會。我們覺得一切皆有可能。

處在舒適區時，我們會覺得放鬆又強大。整個世界看起來都是確定的。我們相信，現在是投資和發展事業，以及根據自己的感覺採取行動的最佳時機。我們努力在新據點建立新工廠，在新市場增加新商店，並開拓新的產品線來服務新客戶。我們到處擴張。

我們在速食業看到舒適區的影響，餐廳增加新的菜單品項，特許經營店一間接著一間開。在零售服裝業，我們看到品牌請來新的設計師，服務新的奢侈品系列，目的是吸引更富裕的消費族群。我們看到銀行合併以提升能力和擴大範圍，以便在更多地方、以更多元的方式服務更多客戶。我們關心的是成長、成長、再成長，包括產品和服務的成長、生產和銷售的成長、據點和客戶的成長。

隨著複雜網絡激增，我們還需要更好的基礎設施，才能更快、更有效率地交流資訊、貨物、資本和人力。舒適區最重要的，就是建立和利用連結。

進取與冒險

如果說在壓力中心生存，靠的是避免損失和有效消除脆弱性，那麼想要在舒適區成功，就要將收益極大化，同時穩定地朝象限圖右上角邁進。舒適區就是不斷進取：取得進展、創造收入、增加新據點，並確保我們善用每一個機會，無論那些機會是真實的或只是想像。我們不會害怕遠大、冒險、大膽的目標，反而會積極尋求這些目標，並期待能夠輕鬆超越這些大膽的目標。在舒適區時，甚至還會有詹姆・柯林斯（Jim Collins）這樣的研究者，出版《從 A 到 A+》（*Good to Great*）這類暢銷書，歌頌那些成功達到驚人目標的人。[3] 從有機成長

到收購,舒適區的口號是「不惜一切代價贏得勝利」。

由於感受到高度的確定性和控制感,我們也自認「知道」該做什麼,覺得不需要指導手冊。我們唯一要問的問題是,如何更快、更有效率、同時在更多地方取得成功?爆炸性成長與其說是目標,不如說是達成目標的必要手段,而真正的目標就是:成為第一、擁有龐大的規模和無可挑戰的領導地位,讓其他人望塵莫及。在舒適區,一切都與獎勵和認可有關。誰擁有最多、做到最多、賺到最多、賣掉最多,誰就獲勝。

當我們處在舒適區,像聯邦快遞那樣的「成功故事」,很快就會成為鼓舞人心的企業神話。在充滿信心的時代,到處都看得到雜誌封面故事和執行長傳記書籍,裡面淨是大膽冒險和獲得豐厚回報的故事,為舒適區時期急切渴求成功的企業領導者提供無數的教戰手冊。

然後還有各種時髦術語,像是 LinkedIn 共同創辦人雷德·霍夫曼(Reid Hoffman)提出的「閃電擴張」(blitzscaling)和「進攻策略」(offense strategy)。他鼓勵新創公司超高速成長,「要出其不意地占領市場,在對手來不及反應前建立長期競爭優勢,並贏得新的市場領先者地位,獲得投資人的偏好。」[4] 在舒適區時期,到處都是領導力文章和商學院案例研究,它們刺激我們的想像力,激勵我們抓住機會。如果這些還不夠,還有大批顧問、徵才人員和投資銀行家,他們渴望滿足領導者強烈的成長需求,從時代的能量與活力中獲利。就像在淘金熱時代販賣鏟子的人一樣,鮮少有人能比那些協助雄心勃勃的企業高層、加速他們努力成果的人,在信心高漲的時代收獲更豐。

這就是信心高漲者的第一條規則:大家期待你大膽冒險。

試想一下,如果我們考慮買新房子,這種心態會如何發揮作用?在舒適區的人認為自己工作非常穩定,未來還有晉升加薪的機會。當

下的我們，想像不到失去工作的可能性。當然，在承平之時，我們確實做得到，所以我們用更高的價格買下更大的房子、負擔更多貸款，想像自己的房子就和薪水一樣，未來只會一直增值。

在舒適區，企業領導者也是這麼想的。他們積極擴張，經常使用高槓桿，因為他們和貸款人都預期未來會有創紀錄的利潤。舒適區時期充滿好萊塢式的畫面，一切都暗示著巨大成功。我們被說故事的人，以及他們頌揚的承諾和可能性所吸引。此外，我們也被那些故事講得最好的人所吸引。我們愈是深入舒適區，他們的故事就變得愈奇幻、愈誘人。想到未來有這麼大的潛力，我們怎能不冒險呢？

舒適區的認知扭曲

雖然我們的冒險行為與信心相一致，這看似理所當然，但與此同時，這裡也存在一些重要的細微差異。

其一是認知扭曲對冒險意願的影響。再次重申，我們的感受會影響我們對周遭世界的認知。有信心的棒球運動員「看到」的球體積比較大，移動速度比較慢；射門球員「看到」的球門比較寬，門楣也比較低；高爾夫選手「看到」的球洞比較大，就像足球員「看到」的球門比較大一樣。[5]

這些例子非常一致，不難想像同樣由信心高漲導致的認知扭曲，如何在球場外大行其道，嚴重影響高階主管和董事會在舒適區的決策。如果運動員信心十足時會「看到」成功唾手可得，高階主管和董事會成員又怎麼不會呢？他們怎麼會不鼓勵企業採取冒險行動，增加借貸、積極擴張、以更高的價格從事更大規模的收購？

其一是高度信心對謹慎檢視的影響，這兩者之間是負相關：我們

圖 7.1
信心變化對冒險和謹慎的影響

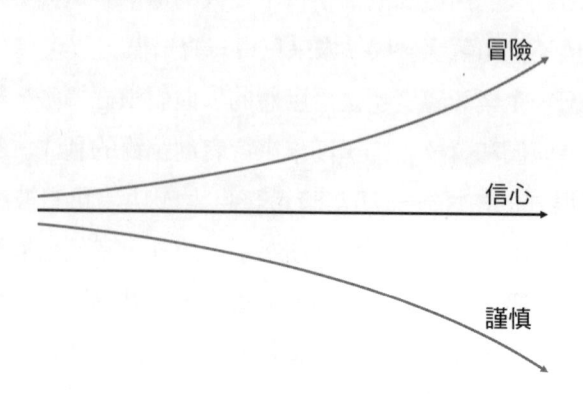

冒險

信心

謹慎

的感覺愈好,注意力就愈少。高確定性和高控制力的感覺,表示我們沒什麼好擔心的,我們可以放鬆、放輕鬆。就像在晴天裡行駛在一條筆直又不擁擠的高速公路上,在舒適區的我們沒有任何理由要特別注意,因此我們就不會特別注意。如果沒有必要,何必耗費心神呢?

於是,最後的結果是出現奇特的行為悖論:**在舒適區,我們大膽承擔最大的風險,希望得到最有利的結果,同時卻對潛在的危險注意最少**。此外,我們愈是往象限圖的右上角移動,這些行為就變得愈極端(圖 7.1)。

只需想想 2020 年底的加密貨幣狂潮就知道了。隨著信心上升,投資人紛紛湧入市場,但很少人真的知道自己到底在買什麼。他們被想像中的潛在回報吸引,急切地忽視正在承擔的風險。2022 年加密貨幣交易所 FTX 破產事件就顯示,投資人根本沒有進行盡職調查。[6]

金融史上類似的例子比比皆是。從房地產泡沫頂峰時期,貸款機構對無收入和工作的借款人提供貸款,到 19 世紀中期,英國投機人士爭先恐後購買波亞伊斯國(Poyais,一個虛構的拉丁美洲國家)的

圖 7.2
良性循環與惡性循環

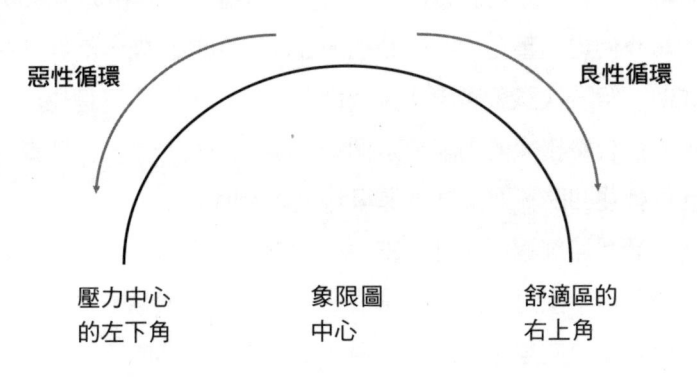

惡性循環　　　　　　　　良性循環

壓力中心　　　象限圖　　　舒適區的
的左下角　　　中心　　　　右上角

土地。置身舒適區，我們會毫不猶豫地冒最大的風險。[7]

刀槍不入與狂熱

前面我說過，如果不加以干預，我們在壓力中心的脆弱性很容易就會升高。如此可能會出現惡性循環，我們自我強化的負面情緒和行為，會把我們推向愈來愈絕望的深淵之中。那就好像壓力中心的平面，朝著象限圖的左下角傾斜。

同樣的概念也適用於舒適區，只是方向相反。在舒適區中，不會有惡性循環，反而很容易形成良性循環，讓我們愈來愈好的情緒和更樂觀的行為互相強化，就好像舒適區的平面也在向下傾斜一樣。除非被中斷，否則良性循環會輕鬆地把我們推向象限圖的右上角。

經過二十多年觀察投資人的行為模式，我不再把信心光譜看成是一條從舒適區的右上角，連到壓力中心左下角的直線。它更像是一條弧線，在弧線中間點、落在象限圖中心的地方會顯著地上升；而在中

心的兩側,我們會自然地被引向兩個極端。就好像信心光譜的兩端有極強的磁力,我們靠它們愈近,就愈無力抵抗它們的拉力。

想想我們走出壓力中心的路徑。在左下角的感覺,就像是在深淵的最底部。第一次試著爬出來,我們非常掙扎,即使只是往上移動一點點,也需要費極大的力氣。這個過程讓人筋疲力盡,我們覺得自己很容易就會往回跌,再次被吸進深淵、陷入絕境。

當我們離開舒適區、進入壓力中心時,也會感受到一樣的陡坡。除非出現足以中斷這種狀態的事情,否則惡性循環似乎會加速,把我們愈來愈快地拉向象限圖的左下角。當我們接近那個角落,不確定和無能為力的感覺不斷飆升,我們感受到的恐慌,顯示我們正沿著信心光譜一路向下墜。這條陡坡愈來愈陡,直到最後,我們幾乎是以自由落體的方式跌到底部。

在信心光譜的另一端,當我們覺得事情愈來愈篤定,我們擁有的控制力也愈來愈強時,我們也會加速。只不過,這種加速有別於自由落體,而是像被一股強勁的順風推動,愈來愈強的風速,讓我們更快、更猛烈地向象限圖的右上角前進。就好像自行車比賽的終點是下坡,我們以加速度衝向終點線。

信心接近舒適區右上角時的劇烈加速,可以在金融市場上輕易觀察到。和信心光譜上的恐慌正好相反,這裡充滿狂熱。我在職業生涯裡經歷過幾次狂熱,我會把它們形容為社會漩渦。在極高信心、嫉妒、貪婪和害怕錯過大好機會的情緒之下,每個人都被捲入這個漩渦之中。投資人無法抗拒象限圖右上角的吸引力。

我還想補充一點,那就是連商界領導者也無法抗拒這種吸引力。同樣的情緒,極度高漲的信心、嫉妒、貪婪和害怕錯失良機,都在景氣循環的高點一起出現,導致公司在超大規模收購戰中激烈競爭。

雖然財經媒體認為，狂熱出現在投資人和商界領導者感到自己「無往不勝」的時候，但我覺得這個形容詞沒有完全概括出這種情緒。我認為在信心的最高點，每個人都覺得自己是**刀槍不入**的。他們相信自己不會受到任何傷害，完全不會，而且大家都這樣覺得。

我們很少談到刀槍不入的感覺，但是比起信心過高，它更適合用來觀察和理解我們在舒適區上方的行為。「信心過高」的意思是我們對一件事過於相信，尤其是過於相信自己處理事情的能力。但實際上，在舒適區上方，驅動我們行為的是低估的信念。我們低估了任何威脅，因此才會忽視和（或）排除考慮了任何威脅。我們低估了決策過程中潛在的負面影響，也低估了我們可能遭受的潛在傷害。**低估才是我們變得信心更多、謹慎更少的原因。**如果你認為環境當中沒有風險，你當然就不必浪費時間謹慎檢視。

許多決策專家認為，我們在舒適區右上角的選擇是非理性的，但我不同意這種看法。想像一下刀槍不入的感受，這些行為就完全合理又合乎邏輯。它們完美地反映出我們感受到的極端確定性和控制感。

而且，當信心達到頂峰時，我們會相信這些感覺將永遠持續下去。無論對市場、運動隊伍或領導者來說，巔峰的特徵就是深信自己刀槍不入。我們相信自己永遠都會毫髮無傷。不足為奇，我們隨之而來的行為，不僅在事後看來很可笑，而且自然會導致信心急遽崩潰的狀況。

雖然外界看起來堅不可摧，但**所謂刀槍不入的環境，其實非常脆弱**。在這種環境下設計的系統和流程，都是圍繞著一個信念，即極端的確定性和控制感將永遠存在，永遠都不會出錯。我們面對一切事物，追求的都是極致的效率；所有保護措施都被拋諸腦後。

當事情不可避免地開始出錯時，謹慎檢視才會重新出現，接踵而

來的失敗會暴露出環境的結構性空洞。如此一來，刀槍不入的環境就會在自身的重量之下開始崩塌。在太過淺薄的現實基礎之上，建立了過多樂觀的空泛無物。

信心過高的 5F 反應

之前我用五個動詞說明信心極低的特徵。至於信心極度高漲，我也有五個形容詞：

美妙非凡（Fantastic）——身處舒適區不僅感覺異常之好，環境也充滿想像力。一切都讓人感覺離現實有距離，甚至完全脫離現實。任何想法都不會因為太天馬行空或太難以理解而吸引不了大眾。

華而不實（Flashy）——從名人到汽車、再到時尚，我們在象限圖右上角歡迎的文化符號，都充滿招搖的吸引力。大膽、美麗、出眾，是大家共同追求的目標。

未來主義（Futuristic）——所有人都盯著未來的可能性和巨大機會。從科技到交通、到媒體、到建築和設計，目光焦點都是前所未有的極致創新。

歡天喜地（Festive）——信心達到頂點時，到處都是盛大歡樂的慶祝活動。人們過著物質過豐、貪杯縱慾的生活。大家都度過了美好的時光，而且不管用什麼手段，只要愈多愈好。

如火如荼（Frenetic）——我們在象限圖右上角的腳步急切、充滿活力，而且通常狂野不羈。信心光譜的兩個極端都是快速激烈的環境：一端充滿絕望，迫切需要恢復原狀的穩定性；另一端則充滿肆無忌憚的熱情，和對未來的無限渴望。

這讓我想到其他三個以 F 開頭的字，也可以用來形容舒適區的上

方：**詐欺**（fraudulent）、**虛假**（fictitious）和**偽造**（fake）。就像壓力中心深處一樣，舒適區的右上角也會引來騙子。由於謹慎檢視蕩然無存，加上自我感覺良好的人們相信自己刀槍不入，所以對不擇手段的人來說，到處都是圖利機會。

你可能認為我們會學乖，但我們沒有。每一次的市場狂熱，都帶來一波新的例證。1820年代，格雷戈爾・麥格雷戈（Gregor MacGregor）吸引大眾投資波亞伊斯國。網路泡沫時期，安隆公司（Enron）領導團隊透過詐欺的會計操作，欺騙投資人和監管機構。最近，又有伯納・馬多夫（Bernie Madoff）和德國金融科技公司威卡（Wirecard）員工，效仿這一做法。

有時候，在狂熱的最高峰，騙局幾乎是顯而易見。就在2021年加密貨幣泡沫破裂之前，投資人爭先恐後地購買「垃圾幣」，也就是那些幾乎沒有價值以及（或）沒有直接、明顯用途的數位貨幣。[8]

毫無意外，當市場情緒走下坡後，這些貨幣是最先貶值的。我們一再看到的一件事是，泡沫是按照後進先出（last in, first out, LIFO）的方式破裂的。最後入席的人，總是首當其衝的受害者，而且往往經歷最慘烈的形式。不計後果的魯莽冒險只會發生在舒適區的右上角，一旦情緒開始轉折向下，它就會迅速消失。

2007年5月，時任聯準會主席班・柏南克（Ben Bernanke）表示，次級房貸違約率上升不會損害經濟，但他低估了後進先出的嚴重性。[9]「忍者貸款」（Ninja loans），即貸款人幾乎不審核借款人的還款能力即貸出的貸款，在房地產泡沫高峰期間大行其道，當時貸款人和借款人都認為自己無懼市場低迷，而且深信房價只會持續上漲。不斷攀升的次級房貸拖欠是後進先出的指標，它顯示不僅房地產泡沫已經達到頂峰，而且隨著信心進一步下降，風險較低的抵押貸款償還也將

受到威脅。

●

右上象限是名副其實的「舒適區」,這裡的一切都讓人覺得輕鬆又熟悉。因此,這個環境代表了最好的時期,也就不足為奇了。儘管如此,雖然我們很享受舒適區,而且總想方設法不要離開那裡,但領導者必須體認到它不可避免的不利一面。當我們有強烈的刀槍不入感覺時,差不多就要準備迎接意外到來的痛苦了。

為了更深入理解為什麼會出現這種情況,接下來我會把焦點轉向信心對我們思考方式的影響。你將看到,信心會大大改變我們的基礎認知過程。

第 8 章

決策要素二：認知輕鬆

　　為了更好地理解為什麼我們在舒適區會有這樣的行為和感受，我們需要打破一個迷思：信心取決於我們說話聲音的大小，或者站姿是否像神力女超人一樣。從本質上講，信心與其說是一種情緒或身體經驗，不如說是一種認知經驗。它和我們腦袋裡發生的事情有關：有信心時，我們的大腦是放鬆的。

　　簡單來說，**信心＝認知輕鬆**。

　　正如「認知輕鬆」（cognitive ease）這個詞的字面意思，當我們有信心時，事情就會變得毫不費力。思考下一步要做什麼時，我們不會停下來、也不會緊張——接著下一步就發生了，再之後的下一件事也是如此。就好像我們處於自動駕駛狀態，明確知道該如何處理事情。認知輕鬆的體驗，如同在陽光明媚的日子裡，開車馳騁在空蕩蕩的高速公路上。然後當我們把車子開進車庫、安全回到家，我們不太記得自己是如何抵達的。當然，我們確實有開車，但並沒有真的注意整個駕駛過程。

心理學家使用「流暢」(fluency)一詞,來描述認知輕鬆的體驗。[1] 我喜歡這個詞隱含的意義:當我們處在這種精神狀態時,行動可以毫不費力。如果我們能說一口流利的外語,那表示我們很容易駕馭這門語言,我們對自己說的話擁有確定性和控制力,足以讓單字和片語自然而然地一個接著一個從口中流出。我們不需要一字一句地翻譯,也不用思考動詞如何變化、名詞複數的不規則變化又是什麼。在意識到自己在說話之前,正確的句子已經脫口而出了。

我們不太會用「流暢」這個詞來形容身處舒適區的商業領導者,但我們其實可以這樣用。信心滿滿的領導者,行動起來毫不費力,看起來非常清楚自己下一步該說什麼、該做什麼。不管他們身在何方,處在舒適區的領導者都在展現認知輕鬆的最佳狀態。他們在法說會和董事會報告中如魚得水,快速回應問題;也能在銷售會議上暢談自己看到的光明未來,激勵同仁。

這種如魚得水的感覺,也會出現在賽場上的明星運動員和舞台上的藝人身上。當他們處於舒適區、掌控整個體育場時,他們看起來不費吹灰之力。

心理學家丹尼爾・康納曼(Daniel Kahneman)在《快思慢想》(*Thinking, Fast and Slow*)一書中分享道:「當你處在認知輕鬆的狀態下,你的心情大概會很好,你喜歡你看到的、相信你聽到的、相信你的直覺,也覺得眼前的情況熟悉又安心。」這種描述完全捕捉到,企業高階主管和體育場內的明星,在一帆風順時的狀態。康納曼把這種狀態與經歷認知緊張的時刻加以比較,他認為:「(認知緊張時)你比較可能保持警惕和猜疑,也要投入更多精力做手邊的事,感覺起來不是很舒服。」[2] 這種描述符合高階主管沒有達到預期目標、在氣氛緊張的董事會會議上結結巴巴地解釋的狀況,或是運動員失球、歌手在唱

了一萬遍的歌曲中突然忘詞的狀況。

雖然康納曼並非有意為之,但他的兩種描述,剛好分別符合我們在舒適區和壓力中心的行為和感受。

還有一個理論也很符合,就是「系統一」和「系統二」思維。提出這個雙重歷程模式(dual-process)的理論家基思・史坦諾維奇(Keith Stanovich)和理查・衛斯特(Richard West),以此描述思維的兩種處理系統,康納曼也在《快思慢想》中對此做過詳細討論。[3]

當手邊的任務很簡單時,系統一思維非常有用。系統一迅速又衝動,可以讓我們高效地找到答案。計算 2 的倍數時,我們用的就是系統一思維,可以毫不費力地從「2、4、6、8」一直數到「96、98、100」。而如果要算 17 的倍數,我們就要靠系統二思維了。系統二需要深思熟慮,是專注、費力、緩慢的。當事情難以處理時,它可以給我們解決關鍵問題所需的工具。系統二是全面驅動大腦的工具;只有卡住的時候,我們才會求助於它,並啟動它。

計算 17 的倍數,讓我們的大腦進入全面啟動的狀態。我們必須小心行事,緩步進行。我們先想像有一張紙,上面一上一下寫著兩個「17」,再用複合加法來計算。我們必須先把個位數的兩個 7 相加,得到 14,然後記得把 1 進位,和十位數的另外兩個 1 相加,才會得到 34 這個答案。但這只是第一次求和的結果!

在我的課堂上,我會要求學生兩人一組,在以 2 為單位計數的同時,盡可能快速地來回傳排球。學生一邊快速傳球和計數,一邊笑著說他們真的在大學上課嗎?這個練習看起來很蠢。但它顯示,當系統一明確負責處理問題時,我們在體力和認知上的負擔都是最小的。

於是,在學生感覺充滿信心時,我會要求他們再次傳球,但是這次要以 17 為單位計數。學生的速度和負擔馬上出現變化。當學生使

用系統一思維以 2 為單位計數，他們來回傳球的速度很快，而當他們強迫大腦進入系統二模式時，他們傳球的手開始吃力地靜止不動。在努力計算 34、51 時，有些學生明顯出汗了，算到 68、85，他們的壓力就更大了。有時候，學生會專心計數，忘了要丟球或接球。很快他們就意識到，多工處理在認知上是不可能的事——這也是為什麼一邊傳簡訊一邊開車，是非常危險的做法。也許你不願意相信，但當大腦調動起系統二思維，我們一次只能專注在一件事上。

在充滿信心、身處舒適區時，我們依靠自動而毫不費力的系統一思維來處理事情。因為正在經驗認知輕鬆，所以我們不需要思考；而且由於大腦天生有節能傾向（也就是懶惰），所以我們也不會去思考。這種狀態和壓力中心形成鮮明對比。在壓力中心，我們感受到的脆弱敦促我們解決問題，而正在進行思考的就是那個速度很慢又耗能的系統二。面對不確定性和無力感，我們覺得自己有必要做出回應。系統二思維可以幫助我們釐清應該要做出什麼樣的回應。

冒著過度簡化的風險，我把我們使用系統一和系統二思維的情況，疊加在信心光譜上，看起來會像圖 8.1。

圖中橫軸從左到右顯示我們從低到高的相對信心水準，縱軸則衡量系統一和系統二思維分別動用了我們多少認知能量。你會發現，從左到右，隨著信心愈來愈強，我們需要動用的系統二思維也愈來愈少；隨著需要擔心的事情愈來愈少，系統一就會接手。這兩個系統就好比調光燈的一對開關，一個上升時，另一個自然下降。

感到脆弱時，我們會依賴系統二思維，就像我們第一次學騎腳踏車那樣。我們要努力保持平衡，還要注意著前方的道路，因此感到筋疲力盡。同一時間要專注在這麼多事情上，我們會覺得不知所措。但最終，我們會經歷所謂的「頓悟時刻」。我們會弄懂一切，獲得我之

圖 8.1
信心變化對認知處理的影響

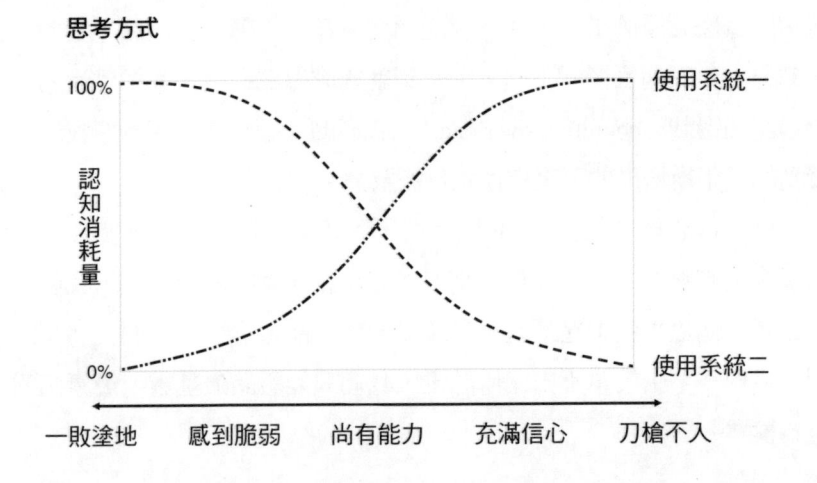

思考方式

認知消耗量：100% → 0%

使用系統一
使用系統二

一敗塗地　感到脆弱　尚有能力　充滿信心　刀槍不入

前提到的「流暢」。從感受到強烈的認知壓力、高度仰賴系統二思維，到實現認知輕鬆、使用系統一，往往是一瞬間的事。意識到自己不再需要思考如何在腳踏車上保持平衡時，我們會得意地大叫：「我懂了！」。從那時起，除非發生什麼壞事，否則我們騎腳踏車時幾乎完全只靠系統一。

雖然所需時間或長或短，但學習新技術就是從圖 8.1 的左側走到右側的過程。所謂的成功，其實反映了我們從系統二思維走向系統一思維的轉變，而頓悟時刻就是系統一突然接管大腦的臨界時刻。

失去信心時，我們也會經歷這個過程，只是方向相反，也就是從右向左移動。2020 年 3 月新冠疫情爆發時，我們就經歷過這種現象。在此之前，由於疫情「已被控制」在中國境內，所以我們一直用系統一思維來因應這種疾病。我們覺得沒有什麼好擔心的，所以會用快速而懶惰的思維來評估狀況。然後，當疫情突然近在眼前，我們被迫要

馬上集中注意力，轉向系統二思維。剎那間，我們被所有可能出現的危險壓垮了，當我們一一思考那些危險，我們覺得精疲力竭。就連去雜貨店這麼簡單的事，也在一夕之間變得像拆炸彈一樣複雜。我們前一刻還對新冠病毒考慮不周，下一刻就變成思慮過度。我們恐慌的背後是認知過載（cognitive overload）。我們的大腦無法快速處理我們感受到的、不斷增加的不確定性和無能為力。

思考信心極度低落的 5F 反應時，我認為了解這些行為背後的認知過載很有幫助。過度簡化、高度情緒化和衝動的反應，顯示我們已經達到一個臨界點：在耗盡了系統二的所有能力之後，我們突然又回到了系統一。由於拿不出任何計畫，我們只能訴諸最基本、最原始的行為模式。

運用認知輕鬆推出產品

我認為，真正界定臨界點的，是我們認知處理當中突然轉變的那刻。隨著信心的增強，那個頓悟時刻表示系統一已經接管了系統二，我們不用再高度集中注意力了。當信心下降，一句「喔，糟了！」則點出完全相反的時刻。隨著確定性和控制感消失，我們別無選擇，只能集中注意力，我們需要系統二來幫助自己解決問題。當這些臨界點出現，而且它們帶來的認知處理轉變同時發生在一大群人身上時，行為和決策受到的影響可能會非常大。

有鑑於此，企業領導者可以更密切注意客戶和員工的認知處理方式，藉此改善績效。有關如何實現這一點，以下是我的一些想法。

增加熟悉感

　　圖 8.1 中使用系統一思維的 S 形軌跡，與大多數成功企業曾經歷的 S 型成長模式吻合，我認為這並非巧合。兩者都反映出信心上升和做事相對輕鬆，所帶來的影響。

　　就像小孩學騎腳踏車一樣，大多數新創企業一開始都很難找到平衡。客戶不了解產品，也不知道自己為什麼要用這些產品。只有在獲得客戶認可、達成認知輕鬆後，企業才會看到經營起飛成長。隨著客群成長、愈來愈多客群熟悉自家產品，銷售量將會出現爆炸性成長。這時候，向更多人銷售更多產品會變得比過去容易，最終銷售會達到巔峰，反映客戶對產品和企業的信心水準達到最高。

　　在 iPhone 問世的故事中，我們就見證了這條軌跡。蘋果公司經歷了前所未有的 S 型成長曲線，全世界幾乎是在一夜之間就接受了 iPhone。[4] 當人們說 iPhone 的介面非常直覺，他們說的是這種產品可以讓使用者幾乎在一瞬間從系統二思維切換到系統一思維。認知輕鬆幾乎立即達到。

　　由於認知輕鬆對信心和成功來說非常重要，我很訝異少有組織重視它。尤其是在企業處在初創階段，認知輕鬆必須是重中之重。如果投資人要拿出資金，顧客要購買新產品，他們兩方都必須覺得放心，也都必須先了解企業要賣什麼。對領導者來說，這表示**行銷素材和產品功能必須以系統一為中心**。再次借用康納曼的說法，想要成功，客戶體驗必須是熟悉、真實、良好且輕鬆的。[5]

　　對許多發明家和企業家來說，要求產品必須先讓人覺得熟悉，這種想法就算不是完全的自相矛盾，也似乎是不必要的束縛。對他們來說，創新是指刻意把新穎且與眾不同的東西帶到市場上。他們認為新

鮮感才是最重要的。事實上，許多創辦人不遺餘力地隱瞞關鍵訊息，對潛在客戶、投資人和貸款方提供很少量的新產品細節，因為他們擔心如果透露太多資訊，會為潛在競爭對手帶來優勢。提高品牌熟悉度，似乎是他們最不想做的事情。

然而，請想一下我們通常如何把朋友介紹給新朋友。我們會先在朋友的耳邊悄悄說，這個人「就像」我們都熟悉的某個人，或者這個人和朋友有共同的職業、興趣愛好或喜歡的運動。我們會故意把初來乍到、心理上疏遠的陌生人，和朋友最親近圈子裡的某個人連結起來，或嘗試找到他們兩人之間的共通點。這種清晰、簡單的背景，可以加快介紹的速度，因為朋友馬上就會對這位新人產生或多或少的熟悉感。旅行時我們也會做一樣的事，我們會把一座新城市和我們已經熟知的城市連結起來。熟悉度（以及心理上和我們親近的人、地點和概念）的核心是認知輕鬆，以及我們可以用系統一思維和對方互動。

新產品和服務也是如此。**人們要能夠接受新東西，首先要先確定那個東西和其他眾所周知的東西有什麼共通點，並以此為基礎擴大範圍。**無論你想對某個人、某個地方或某件事建立信心，熟悉度都是至關重要的起點。

請想想世界上的第一台汽車。汽車一開始被叫做「沒有馬的馬車」是有原因的，這種說法是為了讓駕駛人有熟悉的體驗。只是要靠時間的推移，「馬車」本身，才能從1800年代的馬拉車，轉變成今天在路上行駛的未來感汽車。類似的設計演變，也發生在鍵盤從手動打字機到電動打字機、再到桌上型電腦的過程。新的使用者需要對產品有熟悉度，並且能夠掌握快速熟練新技術的能力，大規模的採用才會出現。想像一下，如果蘋果公司沒有先推出單一用途的 iPod，那麼要推出功能多元的 iPhone 將會多麼困難。由於客戶已經熟悉了 iPod 的

操作平台，因此他們很容易就能快速學會如何在這個新裝置上打電話、拍照和上網。iPhone 高度直覺的功能，讓使用者在接觸新操作系統後仍能使用系統一思維。他們的感覺如此輕鬆自在。

熟悉度還有其他好處。當客戶能夠使用系統一思維，他們對新產品和新服務的感覺就會變得真實而美好，疑慮也會比較少。這是我們在介紹新人時經常忽略的一點，也是為什麼這些時刻如此重要又有影響力的原因。當我們介紹一個陌生人，我們是在暗示，無論這個人是誰，他都可以、也值得受到人們信任。

如果我們能夠成功地建立熟悉感和信任，那麼對所有當事者來說，對話都會變得輕而易舉。脆弱性和系統二思維，被自信、認知輕鬆和系統一思維所取代，要不了多久，所有人就都能進入舒適區。系統一思維提供了獲得認可的認知標識，接著就會成為讓更多人願意接受的助力。

看看當前經濟週期當中最成功的企業，包括蘋果、亞馬遜、臉書和 Netflix 等公司，它們的共通點就是讓使用者能夠馬上使用系統一思維與其互動。它們的平台致力於盡可能在各個方面為使用者提供認知輕鬆。

簡單最好

企業談到客戶費力度（customer effort）時，經常把它和辛苦或複雜的體力消耗連在一起。他們想到的是點擊次數或組裝步驟，也就是需要客戶移動或做某件事的過程。雖然提高這些例行流程的效率很有幫助，但公司往往忽略了，客戶費力度當中最重要的一點，是認知上的費力。**如果我們能夠有效改善客戶的認知消耗，他們對產品就會有信心，並以系統一思維來理解產品。**

請這樣想：關於衣服著火時應該做些什麼，我可以試著把一套詳細、按步驟說明的解決方案推銷給你，也可以只是簡單告訴你如何「停、躺、滾」。當你的衣服真的著火時，你沒有時間思考滅火的細節，而記住只有三個簡單步驟又能朗朗上口的詞會容易得多。如果你有選擇，這就是你會選擇的策略。

　　如果你覺得我這樣講是在說企業應該把事情簡單化，答案是：沒錯，但也不完全如此。

　　當我們感覺到壓力、嚴重依賴系統二思維時（我們在面對任何新事物時都會自然而然這樣做），讓事情變得比較容易理解，也就是「簡化事情」，可以緩解認知壓力。這一點在危機當中尤為重要。簡單很重要。從「停、躺、滾」到「急救 ABC」（Airway 保持呼吸道暢通、Breathing 人工呼吸、Circulation 人工血液循環），急救訓練的重點就是培養認知輕鬆。專家都知道，教我們在操作心肺復甦術時唱〈Stayin' Alive〉[*]，可以讓我們更正確地掌握 CPR 的頻率。「每分鐘按壓一百零三次」並不容易記住，更不用說其他在沒有節拍器的情況下能做到的事情了。[6]

消除抽象

　　然而，認知輕鬆不只是降低複雜性，它的重點在於消除抽象：讓事物變得明確又非常熟悉。不管是什麼事情，都必須讓我們覺得真切和真實，它必須具體而明確。我們必須消除假設性。

---

[*] 編註：〈Stayin' Alive〉是澳洲合唱團比吉斯（Bee Gees）1970 年代的歌曲，其每分鐘 100 下的節奏剛好符合 CPR 的最佳節奏，加上歌名也符合救人活命的宗旨，因此被美國心臟協會用於 CPR 宣導影片。相對應的中文歌是王彩樺的〈保庇〉或張惠妹的〈Bad Boy〉。

在危機情境下，急救人員就是這麼做的。他們會馬上測量生命徵象，包括脈搏、體溫、呼吸和血壓，他們取得客觀且必要的數據，為採取下一步行動提供資訊。生命徵象和醫療警報手環，是昏迷的病人自我介紹的方式，可以讓急救人員快速將病情不明的危急病患，轉到熟悉的分類中去。這樣一來，醫生就會知道問題所在，因為他們之前處理過這種情況。生命徵象有助於建立確定性。

　　我們立刻就能意識到，在緊急救護的脈絡下，消除不確定性非常必要。但我們卻往往忘記，企業推出新產品時，同樣也需要消除不確定性。

　　這就是創新者面臨的難題。把新產品推向市場時，許多人都著迷於創新帶來的可能性。他們希望其他人也會和自己一樣，對於新產品的功能感到興奮，並稱讚其中潛力。可能性讓已經充滿信心的人興奮不已。但對於處在壓力中心的人來說，可能性卻代表更多的不確定性。於是，抽象的產品在最好的情況下是被打折扣，而最壞的情況則是被心存疑慮的客群徹底打回票。

　　這就是為什麼原型（prototype）、beta 測試和概念驗證的過程，對建立信心如此重要。它們可以幫助組織消除新想法當中的假設性。原型是一個產品具體的「真實」版本（雖然不是功能齊全的版本），而 beta 測試和概念驗證的過程，則是為了證明有明顯的可行性。這些努力取得最大成功的時候，就是當它們提供認知輕鬆的時候，也就是說，當它們能夠消除抽象、讓利害關係人看到專案的「真實潛力」時。看看電視實境秀《創智贏家》（*Shark Tank*），你就會看到這個過程：潛在投資人不斷要求有抱負的創業家詳細說明，他們推銷的產品和服務有哪些獨特之處。

　　建築公司則做得更徹底，他們每年花費數百萬美元，建立逼真的

實體模型,以便客戶可以看到他們要買的建物。建商對樣品屋的做法也大致相同。**將抽象的產品轉化為可感知的東西,可以看到、聽到、觸摸到、聞到、嚐到,是建立信心的關鍵一步。**感知能消除假設性,提供具體的脈絡資訊。這就是為什麼從熟食肉到兒童玩偶,所有產品都裝在透明包裝裡出售;還有為什麼香水產品傳單通常都附有試香紙,以及為什麼汽車公司很重視車門關閉時發出的聲音。製造商知道我們的感知很重要:我們的大腦存有龐大的感知經驗資料庫,並會根據這些經驗來評估新事物。當我們可以使用自己的感官去體驗,事物看起來就會很真實,即便是像汽車安全這麼抽象的概念。心理聲學專家知道,為汽車車門設計出適合的關門聲,是他們的第一個機會,能夠「讓消費者感受到汽車的品質、工藝和安全性,並願意支付高價」。[7]

無論是建築物還是車門,把模型做出來,都可以讓客戶準確了解,新產品在自己的感知資料庫當中應該如何歸類。如果操作成功,打造模型可以帶來認知輕鬆,加快潛在客戶的接受速度,進而加快銷售過程。

運用認知輕鬆管理危機

我們很容易理解,為什麼在推出和銷售新產品時,消除抽象並專注於達成認知輕鬆,是非常重要的事。但是,利用認知輕鬆提供信心、把顧客帶入舒適區的機會,並不僅限於產品的導入期。這種情況其實常常發生在我們生活的各個方面。訓練有素的急診室工作人員都知道,消除抽象和建立熟悉感,是工作中的關鍵部分,有助於降低病患的焦慮。同樣的方法也適用於其他急救人員,包括消防員、救護車司機和警察。危機管理的核心是消除人們的不確定性和無力感。**減少**

人們的認知壓力、幫助他們從系統二思維轉向系統一思維,極為重要。

可悲的是,很少有企業在自己的營運中做到同樣的事。在經濟衰退時期和客戶信心低迷的其他時刻,認知壓力是無法避免的,但企業往往會忽視這一點。他們不僅錯過和客戶更有效溝通的機會,而且還在不知不覺中,搬石頭砸自己的腳。

想像一下,2020 年 3 月初,你是一家速食連鎖店的高階主管。在隨新冠疫情而來的恐慌發生當下,如果想讓你的餐廳成為顧客的舒適區,讓顧客每次光臨都體驗到確定性和控制感,你該怎麼做?如果重新思考供應產品的方法和行銷策略,以更好地因應客戶崩潰的信心和極端的系統二思維,你該怎麼做?除了強調可以路邊取餐和外送服務,你還可以採取哪些不同的措施,透過為顧客帶來認知輕鬆,用更好的方式服務他們?

是的,你可能會重點推出由最受歡迎單品組成的簡單「套餐」。對顧客來說,直接選擇「3 號餐」比選擇幾個單點產品簡單很多。

你也可以停止供應新產品,指示團隊把長期以來廣受好評的產品放回菜單。新鮮事物需要人們動用到系統二思維。當消費者的信心低迷、周遭的一切已經感覺過於陌生的時候,販賣懷舊之情,也就是**販賣強烈的熟悉感,是更安全的做法**。在行銷方面,你可以拿掉任何強調創新的做法,用過去深受人們喜愛的圖像、圖示和訊息取而代之。你可以思考如何讓顧客覺得你的產品很像療癒美食。

同時,身為執行長,你可以把更多決策權下放給當地主管和員工。**你可以把權力交給最靠近客戶的人,而不是由總部領導者集中回應**。從他們的成功、以及同樣重要的失敗當中,你可以學到處理企業經營新常態的更好做法。你可以依循醫護人員開發的隨時持續改善模式,醫護人員會在社群媒體和群組聊天中即時分享,面對疫情時哪些

做法有效、哪些則無效。在為自己和病患建立確定性和控制感的新規範方面,他們是站在第一線的人。處理新冠病例的工作規範,大部分都來自群眾智慧。最有效的解決方案,是由下而上產生的。

最後,你可以減少菜色,讓團隊得以更快地提供餐點給顧客。處在認知壓力下,我們自然會變得更加不耐煩和急躁。在信心低落的時刻,協助你的團隊更快地服務客戶,對每個人都有好處。

當你的客戶處在「我、此時、此地」模式,極度渴望擁有認知輕鬆時,上述任何一個解決方案,都可以協助你滿足客戶的需求。

次貸危機過後,提倡斷捨離的近藤麻理惠(Marie Kondo)和她書籍的出版社,正是透過這種方式發了大財。雖然麻理惠傳達的方式是「整理東西」,但她的貢獻其實是幫助讀者丟掉一切無法「激發快樂」的東西,來獲得更大的確定性和控制感,從而把自己的家從壓力中心轉變成舒適區。[8]

像收納品專賣店(Container Store)這類公司,也在做一樣的事。雖然我們不會刻意這樣想,但我們購買箱子、籃子、盒子,是為了把同類物品放進一個地方,這樣做可以讓我們使用系統一,而不是系統二來思考。

如果你停下來想一想,就會發現有很多企業,包括急診室團隊,它們的日常工作其實都是在為客戶帶來認知輕鬆。如果客戶缺乏信心,他們就不會買單。

當然,有時候難免會出現服務中斷、產品故障,或其他客戶信心低落的時刻。此時,企業也常常會忘記要理解和因應伴隨這些情況發生的認知壓力和系統二思維。有些組織甚至會把問題變得更複雜,認為如果自己含糊其辭或提供冗長的解釋,就可以轉移注意力、推卸責任。可是他們沒有意識到,**這樣做等於要聽眾動用更多的系統二思考,**

無疑增加了客戶的壓力和煩躁。他們忽略了，信任的關鍵是認知輕鬆。

無論出於什麼原因，當我們處在壓力中心且缺乏信心時，我們就會感受到認知緊張。此時我們別無選擇，只能動用令人疲憊的系統二思維。那些最符合「我、此時、此地」偏好和簡單需求的個人和組織，於是擁有巨大的競爭優勢，尤其如果他們能讓我們覺得，他們的產品看起來熟悉、優質、真實，而且用起來毫不費力。

兩種認知危險：過度思考與思考不足

處於壓力中心時，我們不僅必須依賴系統二思維，而且常常會因此過度思考。充滿不確定性和無力感的我們，很容易想像出一長串「如果那樣要怎麼辦？」的問題。而且在這些時刻，時間似乎總是過得特別慢，因此特別容易讓人陷入持久的抽象思考。如果你曾經等待過重大診斷報告，你可能就親身體驗過這種感覺。在那些數不清的困惑夜晚，每一次的突然疼痛，都讓你在搜尋網路健康資訊後跌入憂心忡忡的兔子洞。我們會把事情想得很糟糕。

過度思考的現象也會出現在職場。公司經過重大合併後，員工都想知道合併會對自己產生什麼影響，在電子郵件和茶水間的對話中，充斥著「如果那樣要怎麼辦？」的討論。**管理者愈是能夠做到消除抽象（臆測）、提出具體資訊（細節），就愈是能夠減少員工身處壓力中心自然會出現的過度思考現象。**

在信心光譜的另一端，企業也面臨類似的危險，那就是「思考不足」，儘管這種危險比較少被人們注意。當信心高漲、職場充斥著系統一思維，即使重大風險也只會得到粗略的檢視。這是因為我們正在使用浮誇不實的思維。值得強調的是，在舒適區的右上角，公司最不

會深入思考的就是抽象的概念,但抽象概念在低信心環境下卻會受到強烈質疑、討論和調查。

當投資人的信心在 2021 年初高漲到頂點時,人們對於極端抽象的貪得無厭,令人震驚地與極端的系統一思維相結合。從專為收購而成立、具體業務尚不明確的特殊目的收購公司(special purpose acquisition companies, SPACs),到加密貨幣、非同質化代幣(NFT)、Web3 和元宇宙,投資人最想要的,都是那些幾乎無法解釋的東西。投資人把錢投入夢想,投入在那些心理距離、時間、地點和熟悉度都很遙遠的機會上。[9]

不久之後,許多這類投資都損失了九成的價值,其中一些很快就破產了。

類似的現象,也發生在網路泡沫巔峰時期。對投資人和企業主管來說,極度的認知輕鬆和衝動的系統一思維是當時的常態。此外,不參與這些投資的人將遭遇很大的同儕壓力,他們會被認為不懂新東西,被貼上「太老」或「太笨」的標籤。不過在大多數情況下,這些人既不老也不笨。懷疑論者放慢速度,運用系統二思維分析他人急於追求的抽象概念,他們得出了精準的結論:國王沒有穿衣服。

雖然事後看來,這似乎是再明顯不過的事,但在當下,**過快決策和明顯過度使用系統一,都是清晰可見卻被忽視的警訊**。2020 年 3 月發生的事情也是如此,只不過是在信心光譜的另一端。幾乎在一切事情上,人們都在用過度思考回應自己感受到的極端不確定性和無力感。那時的美國人已經在過度使用系統二思維了。

想到信心時，我們常常認為它和行動以及外在情緒表達有關。我們很少思考大腦內在發生了什麼，以及信心與認知處理的關係。如果我們能夠將信心與認知連結起來，不僅可以提高溝通和行銷的效果，也可以獲得有關自己和他人感受的重要洞見。我們的認知處理、信心水準和視野偏好，三者穩定相關。如果我們能夠辨識這三個要素當中的其中一個，就可以快速推論出另外兩個。

在下一章我將探討，身處舒適區，可以採取哪些更好的做法。你將看到，我們可以採取一些措施，盡可能放大自己在舒適區的成績，並且同樣重要的是，也能保有這些成績。

第 9 章

抓住競爭優勢,防止信心過高

對我們大多數人來說,「舒適區」是個名副其實的說法,它是一個確定又可控的環境,置身其中讓我們覺得放鬆,也能遊刃有餘。在這裡,我們受過的訓練和有過的經驗,讓我們覺得最熟悉也最可靠,我們覺得自己已經做好充分準備,蓄勢待發。

對於企業領導者來說,舒適區能讓我們把在商學院學過的所有案例,以及成功駕馭複雜高成長策略的戰術,一一付諸實行。我們將多年的工作經驗,包括表現良好、表現不佳、以及未來將如何改進以避免再次失敗的記憶,都整合在這裡。我們在此彙整所有偉人傳記,從中汲取他們利用高度信心取得巨大優勢的養分。我們就像前往超級盃體育場的明星運動員,也像前往著名演出場地麥迪遜廣場花園(Madison Square Garden)的搖滾明星。我們所需的一切行動指南和計畫,都已經合而為一了。舒適區是我們一直在期待的時刻,在這裡我們所有的辛勤和努力,最後都會得到回報。

但是,我們如何抵達舒適區很重要。如果我們第一次上擂台就大

獲全勝,我們就會大受激勵,感覺進入了充滿無限機會的世界。我們擺脫懷疑的束縛,感覺自己好像終於掌握了一切。我們準備好了奮力奔跑。

另一種情況,如果我們是成熟的領導者,曾經奮力拚搏,成功帶領組織度過經濟衰退或危機,那麼進入舒適區就會帶來一種如釋重負的感覺。我們會感覺自己像是逆流而上,最後終於回到了堅實的地面。終於,一切又變得熟悉起來。我們恢復了確定性和控制力,對自己和團隊都有巨大的成就感和自豪感。我們已經跑完一場馬拉松,是時候該慶祝這當之無愧的勝利了。我們成功了!

諷刺的是,**舒適區也是許多傳統領導者和企業,最後被擊潰的地方**。當他們終於為恢復平靜鬆了一口氣,卻沒有意識到一場新的比賽已經開始。在信心提升的同時,對速度和創新的更廣泛文化需求也隨之而來。許多傳統領導者還沒有準備好應對這種戲劇性的偏好轉變。他們想慶祝一切恢復正常,但大眾卻在繼續往前走,開始想要新奇的東西。此外,傳統領導者往往太過自信,認為自己是久經沙場、經驗老到的烏龜,比起突然湧現的年輕、靈活的兔子,自己可以堅持得更久、跑得更快。

「兔子懂什麼?」烏龜笑問。

但現實情況是,這些老練的領導者和組織,很少跑贏兔子。當經驗豐富、久經沙場的烏龜還沉醉在舒適區舒服過日子時,那些缺乏經驗的年輕兔子卻擁有很大的優勢。他們能夠滿足信心恢復的人們所渴望的大膽和新奇。他們從來不會被傳統所困。

看看汽車產業和電動車的崛起就知道了。2008年金融危機爆發後,老牌汽車公司花費多年努力恢復客戶的信心。當瑪麗・芭拉在2015年接任通用汽車執行長時,這間公司被形容為一家「走下坡的巨

頭」。芭拉是六年來的第五位執行長,對她來說,把通用汽車帶進舒適區,意味著要糾正過去的錯誤。上任的第一年,她就必須處理公司有史以來最大規模的產品召回事件。[1]

同一時期,作為汽車全新一代的特斯拉,卻正在攻城掠地。一邊是疲憊不堪、身陷「我、此時、此地」境地的通用汽車股東,要求芭拉提出具體、明確的戰略計畫;另一邊是信心極高、處於「我們、無所不在、永恆」狀態的投資人,則因馬斯克描繪的大膽而抽象的願景,大量投資特斯拉。通用汽車努力實現大規模汽車製造中的精確細節,遠不如馬斯克大膽構想的未來汽車吸引人。也許稱特斯拉為「無限可能性公司」也無不可,因為投資人和客戶看中的就是這種潛力。因此,馬斯克把自己定位成太空旅行、太陽能和加密貨幣等前沿科技的核心,也就不足為奇了。這只不過說明,他能夠直覺地抓到人們在舒適區時,對未來主義等抽象事物的清晰渴望,並成功將其轉化為商機。在一個充滿系統一思維的世界裡,他終於大放異彩。

儘管通用汽車努力追趕特斯拉,也投入電動車生產,但它在信心上遇到巨大阻力。當馬斯克所向披靡——特斯拉在 2019 年推出備受奚落的賽博皮卡(cyberturck)後,股價仍在三個月內漲了兩倍——芭拉和她的團隊,卻仍必須面對人們用系統二思維嚴格地檢視通用的電動車產品。[2] 對通用汽車來說,投入電動車意味著與過去告別、徹底改頭換面,但少有人認為這種改變會成功。就像之前說的,我們很難相信一個組織可以同時成功地防守和進攻,尤其是規模如通用汽車的組織。成功所需的進攻,看似與他們過去建立的聲譽,完全背道而馳。

單獨挑出來瑪麗・芭拉和通用汽車,以及他們與特斯拉正面競爭時所面臨的挑戰,自然很容易。但在商業史上,他們並非特例。在舒適區時期,到處都是以小搏大的故事,歷史悠久的企業,被迫與充滿

吸引力、快速發展、宣揚創新的新型企業相競爭。在最近的經濟週期裡，Netflix、Airbnb、Uber和其他受歡迎的顛覆性新創公司，都符合這套歷史悠久的故事。

1990年代，美國主要的傳統金融機構也曾面臨類似的挑戰。高成長的「單一業務」、「單線保險」（monoline）型新創機構，如信用卡領域的MBNA、抵押貸款領域的全國金融公司（Countrywide），成為市場新寵，從而損害了傳統機構的利益。就像特斯拉和電動車一樣，這些新創公司由於使用高度創新的技術，而被認為擁有明顯的優勢。他們不依靠舊系統或舊文化。更近期，我們在一波「金融科技」（fintech）公司身上，也看到相同的行為模式。

但是，快速發展的新創公司，並不是企業在舒適區時期唯一會遇到的新興競爭對手。舒適區環境也是大規模產業整合的溫床。在這裡，企業利用市場對成長的樂觀情緒，輕鬆吸引資本進行大規模的「整合」（roll-up）策略，透過迅速收購高度分散產業中的個別公司，一個接著一個，進而形成巨型企業。透過收購收入和削減開支，企業利用併購（M&A）市場，以遠超有機成長所能達到的速度提高淨利。這些公司並非因創新受到讚揚，而是被推崇為整合專家，他們能夠削減每一分成本，快速整合不同系統，然後在更大規模上重複這個過程。

1990年代，北卡羅來納國家銀行就在小休‧麥柯爾（Hugh McColl Jr.）的領導下，進行一家接著一家的銀行合併，直到建立全美規模的特許銀行，也就是現在為人所知的美國銀行（Bank of America）。[3]

韋恩‧赫贊加（Wayne Huizenga）也是靠合併企業發家致富。他收購獨立的垃圾運輸公司，成立廢棄物管理公司（Waste

Management），之後又創辦電影錄影帶出租巨頭百視達（Blockbuster Video），然後建立美國最大的汽車經銷商 AutoNation。[4] 當信心高漲、資金唾手可得時，能夠成功有效整合業務的人，就可以在一夕之間建立起帝國。

其他企業，如聯邦快遞，在舒適區時期利用內部有機成長和（或）外部加盟商的興趣（和資本），部署積極的區域擴張策略。

在所有情況下，舒適區的業務目標都很明確：要不做大，要不回家吃自己。看看舒適區時期新聞稿當中出現的動詞，「創新」、「合併」、「收購」、「擴張」，它們都表達了同一個目標：快速做大。

信心上升期的競爭優勢

對於置身舒適區的企業領導者來說，問題不在於他們是否打算實現這個目標，而是他們打算*如何*實現這個目標。他們不能夠滿足於過去的成就。然而，併購資料和其他衡量企業活動的指標顯示，傳統大公司的做法恰恰相反，他們總是等待太久才採取行動。他們給新創競爭對手機會遙遙領先，然後才匆匆忙忙地奮力追趕。更糟的是，在信心週期即將反轉下行時，他們卻對自己為時已晚的行動進行過度補償，因此冒了太多風險。於是，他們在不知不覺中做出和散戶一樣的行為，眼睜睜看著別人賺大錢，然後才採取行動。

這些領導者忽略的是，**在舒適區儘早採取行動，能夠帶來巨大的競爭優勢**。

少有人注意的利好

在前面的章節中我強調過，企業在壓力中心營運時，自然會遇到

的許多挑戰。信心不足會為成長帶來強勁阻力，而在舒適區則剛好相反。有了信心，以及從系統二思維到系統一思維的轉向，成長自然就會加速。

例如，**當消費者信心上升，企業甚至不需要刻意向顧客推銷。**由於認知輕鬆的提升，顧客的能量充足，因此他們購買的速度會更快，也比較不會問東問西。此時顧客渴望得到更多可能性。在 iPhone 新產品上市前夕，那些帶著椅子、睡袋和裝滿露營用品的背包前往蘋果商店的顧客，都只有一個目的：無論如何，他們要比其他人更早拿到新手機。[5] 在舒適區，因為顧客渴望創新和新奇，原型和概念驗證的過程感覺起來就像是（在很多情況下也的確是）不必要的障礙，都在妨礙新產品的推出。

舒適區還有其他好處，可以加快銷售速度和銷售量。例如，信心充足的貸款人，會願意以更低的利率和更寬鬆的條件提供更多貸款，同時減少盡職調查。貸款的供給量，自然會隨著信心上升而增加，因為它的信心彈性很高。在舒適區，用更高的槓桿為更高的成長融資，是再容易不過的事了。

還有更大範圍的股權資本（equity capital）供給。資本在舒適區也特別豐沛，對於那些提供無限可能性的企業來說尤其如此。在舒適區時期，高成長的新創公司和創新科技公司，會成為市場寵兒。此外，由於股票估值反映了投資人的情緒，股東對企業的信心愈大，股價就愈高。因此，**信心高漲時期有利於各種類型和規模的公司，都能夠在對現有股東造成最小稀釋效果的前提下，取得額外的股權資本。**在舒適區時期，新創企業創辦人的財富累積，往往立竿見影且規模巨大。

有信心的供應商會提供優惠給企業，通常透過合作來維持關鍵地位。他們和投資人一樣，也不想錯過未來更大的機遇。

再來就是，**信心滿滿的政策制定者，會為企業帶來巨大的利益**。從各州和地方的投資稅收優惠，到減少監管審查，舒適區時期為企業提供大量機會。

回想一下 1990 年代：隨著全球信心提升，出現了歐元區一體化，以及華盛頓令人稱奇的兩黨合作時期。政治中間主義和折衷共識是最重要的。親商的熱情和放鬆商業管制也是如此。過去被認為沒得協商的法規，例如大蕭條時期將銀行與經紀公司分立的政策，彼時被視為有礙經濟成長的步伐。許多政策都因為不方便和不必要而被廢除。隨著組織規模出現爆炸性成長，壟斷性併購也幾乎沒有遇到什麼監管阻力。無論是共和黨還是民主黨執政，那段日子都是經濟高速成長、金融市場表現強勁的時期。

最後，伴隨舒適區時期而來的，還有常被忽視的文化與社會風氣。職場和整個社會變得更和諧，來源於人們富足和慷慨的感受。當我們的脆弱感和壓力都比較小時，暴力也會更少。這些因素本身可能看起來不是很重要，但它們可以提升投資與成長的速度和強度。如果說信心低落的特徵是滿溢的脆弱性，感覺引擎當中有沙子，必須一粒一粒地清除；那麼信心高漲的特徵則正好相反，整個世界感覺起來就像一台運作良好的機器。

因此，在舒適區的商業領導者眼中，順風強勁，海面平靜。他們每個人都想登上一艘全自動駕駛的船，高速地從一個令人興奮的港口，駛向另一個令人興奮的港口。

毫不令人意外的是，人們在舒適區時期，就會努力想去像月球這樣的地方，探索宇宙深處。當系統一思維超速運作，我們相信自己可以理解那些在心理上距離我們最遙遠的人、地方和事物。從時間的角度來說也是如此，舒適區是讓我們自然擁有未來感的地方。我們制定

的計畫充滿大膽的里程碑,這些成就可能要過幾十年才能慶祝達成。

在舒適區,我們不會要求簡單,而是歡迎複雜,並認為這是我們實現目標的必要手段。我們希望做更多,希望同時在更多地方把更多產品交給更多的人。我們都在渴望有聯邦快遞這樣的公司,幫助我們實現目標。我們相信,憑藉滿滿的信心,以及隨之而來強大的抽象處理能力,我們能應對這一切。我們相信每個人都可以成為下一個弗瑞德·史密斯。

更早行動的創業家精神

商業史一再顯示,和巨頭相比,在舒適區行動更快的新興競爭者,可以取得巨大的利益。如果說舒適區的領導者有一個重要的「更好做法」,那就是要更有創業家精神:更快行動、更早承擔風險。領導者必須避免缺乏信心。他們必須在前方的道路變得清晰、筆直之前,就用力踩油門。他們必須鼓勵組織內部想要創新和擴張的人。他們必須領先,而不是追隨同業。

違反直覺的是,對一些公司來說,這意味著**要騰出位置,讓高潛力、快速成長的業務部門有機會自行全速運作,而不受通常行動比較緩慢的企業文化所束縛。**

總部位於維吉尼亞州理奇蒙(Richmond)的 Signet 銀行,在1994年就是這樣做的,它把快速成長的信用卡業務獨立出去。這間現在叫做第一資本(Capital One Financial Corporation)的公司,在接下來的六年裡,股價上漲了13倍!而留下來的這間成長較慢的地區銀行,很快成為有吸引力的收購目標,三年後被第一聯合銀行(First Union)以高溢價收購,作為後者全美整合戰略的一部分。(富國銀行〔Wells Fargo〕在2008年銀行業危機最嚴重的時候收購了美聯銀行

〔Wachovia Corporation〕，第一聯合最終成為富國銀行的一部分。）[6]

當企業身處舒適區，很少有執行長願意像 Signet 執行長兼董事長羅伯特・弗里曼（Robert Freeman）那樣，為了讓股東價值最大化而分割組織。事實上，大多數領導者會採取相反的策略，以愈來愈高的價格，積極收購規模愈來愈大的企業。但更多商界領導者應該仿效弗里曼的做法，尤其是因為在舒適區時，賣家的議價能力遠高於買家。信心高漲時，需求總是感覺會超過供給。透過分拆業務，在週期剛開始就滿足投資人的需求，公司可以在成長最快的領域實現大幅擴張。

一般來說，高階主管不會考慮分拆公司，除非他們在經濟或產業低迷時財務壓力增加，陷入壓力中心。到那個時候，他們是出於絕望而進行撤資。由於估值低迷，買家感覺到賣家明顯急於脫手，因而公司最終往往會以低價售出他們在舒適區巔峰時期取得的收購案。

及早抽身很重要

如果說在比自己認為謹慎的時間點更提早踩下油門，可以取得舒適區的最大成功，那麼**若能在信心高漲接近頂點、其他人都在全速前進時，放鬆油門踩下剎車，就可以將舒適區裡取得的成功保持下來。**

但需要明確的是，這件事說起來容易，做起來卻很難。正如我之前說過的，也許沒有什麼誘惑比我們自己內心強烈的確定感和控制感更強大的了。純粹的認知輕鬆很誘人，同樣誘人的，還有冠冕堂皇的高階主管頭銜和身處舒適區右上角受到的大肆吹捧。隨著經濟回報和美譽不斷增加，許多領導者很難不相信自己的盛名。此外，當周遭環境令人感覺美妙、浮華、充滿未來感、歡慶和狂熱時，確實很難說服其他人謹慎的必要。在派對一般的氣氛中，深思熟慮、嚴守紀律的思維，是大家最不想要的東西。

三種方法對抗刀槍不入的感覺

為了消除自認為刀槍不入的感覺，領導者可以採取一些措施，而且最好是在舒適區時期開始之前，就採取這些措施。

1. 建立持續改進的文化

一種方法是**建立以「更好」而不是「最好」為目標的企業文化**。以「最好」為目標，是要求人們抵達一個目的地，並且會讓人們難免把重點放在和他人比較上。以「最好」為目標的問題是，一旦目標達成，每個人都會覺得自己已經成功完成比賽了，目標已經完成了。而且，人們還可能出現信心過高的問題，沒有意識到在某個地方，還有另一群人渴望稱王並超越他們。

「更好」則是一個永無止境的旅程。傑出的大提琴家帕烏·卡薩爾斯（Pablo Casals）曾被問到，為什麼已經 80 幾歲了還在持續練習拉琴，他說：「我覺得我正在進步。」[7] 這種態度在許多長期成功的世界級運動員當中也很常見。他們的重點是持續改善。這和始於日本的方法論「改善」（kaizen）不謀而合，這種做法在第二次世界大戰後從日本工業界流行起來，並在《豐田模式》（*The Toyota Way*）等書中備受提倡。[8]

不管怎麼稱呼它，這種持續改善的心態，都是**透過對潛在的脆弱性保持警覺，來防止信心過度的問題**。無論你今天位居什麼高位、至今達到多少成就，你仍然需要獲得更多的確定性和控制感。一旦你覺得自己好像已經抵達舒適區的右上角了，你的目標又會被轉移到更遙遠的地方。

設定更大膽的目標，可以帶來類似的效果，但在信心高漲時期，

這樣做確實有其弊端。富國銀行親身經驗過這一點。多年來，公司管理階層一直在推行所謂的「Gr-8計畫」，這是公司的內部目標，意思是要對每位客戶銷售至少8種金融產品，這一目標後來被認為並不合理。[9] 遺憾的是，直到後來信心下降，經過仔細調查之後發現組織內部普遍出現詐欺文化，富國銀行才得出這個結論。為了達到管理階層要求的目標，員工開設了數百萬個假帳戶。曾經因「暴富」而登上《富比士》（Forbes）雜誌封面的富國銀行執行長約翰・斯坦普夫（John Stumpf）下台，公司最終支付數億美元罰款。[10]

即使逐步設定目標，培養追求「更好」的文化，領導者在舒適區中也必須非常小心，以確保有適當的控制。由於在舒適區獲得成功會帶來極高的財務和名聲回報，高層甚至公司董事會都不應該低估，人們為了達成這些目標會施展的手段。事實上，我想更進一步強調：考慮到舒適區的巔峰一旦退潮，暴露出的詐欺、捏造和虛假情事數不勝數，領導者應該要對此有所預期。可悲的是，隨著信心高漲到極端，顧慮總會被拋諸腦後。

2. 建立一套信心過高的賓果卡

對抗舒適區信心過高的第二個方法，是**提前客觀地界定信心過高可能會是什麼樣子**，把可能出現的行為和行動列在一起，或者用我的話來說，幫你的事業建立一套「信心過高的賓果卡」。

卡片上的格子可能寫著以下行為：

- 季度法說會上掌聲或笑聲不絕於耳
- 分析師希望公司提出大膽的策略
- 公司股票的預期本益比創歷史新高

- 借貸利差創歷史新低，或長期債務期限創歷史新高
- 股票回購規模創歷史新高
- 公司股票的「買進」建議達到飽和，出現空前的目標價
- 激烈的併購活動或業務擴張計畫
- 產業「競標戰」，尤其針對超大規模或象徵性的資產或公司
- 基於迫切需求或董事會、同業壓力而進行收購，尤其是大規模併購或併購轉型
- 重要產業放鬆管制或採取自律措施
- 績效或股票獎勵和高階主管薪酬創歷史新高
- 不定期聘雇契約的續約重點是領導者的留任
- 在奢華的國外目的地召開董事會或執行會議和度假會議或銷售會議
- 高階主管紛紛購買新型的高性能汽車或度假屋
- 新的公務飛機或豪華的公司新總部
- 公司收購古董、收藏品、藝術品等
- 公司購買專業體育場館的冠名權
- 神化公司領導力的雜誌封面故事或哈佛商學院案例研究；世界經濟論壇的主題演講邀請；TED 領導力演講
- 出版社詢問執行長回憶錄的出版計畫

以上的一些例子可能看起來有點牽強，但你確實值得花時間建立一份類似的清單。清單要涵蓋客觀的財務和營運指標、與聲譽有關的行動、特定產業的特徵，以及刀槍不入的環境會出現的社會或文化行為。我們的目標不在於建立完整的檢查清單，而是透過建立每一個小細節，拼湊出信心過高的整體樣貌。隨著這類事件不可避免地發生，

你需要有方法來判斷賓果卡是否正在填滿——那意味著信心高漲的環境已經快要到達極端，這時候應該適當地放掉油門或開始踩剎車了。

最後，我們在舒適區的目標，不是要完全避免信心過高，而是要避開最糟糕的情況。就像之前所說，**最重大的組織失誤，都發生在信心達到巔峰之時。**通常這些行為後來都會被證明是玩火自焚。避免在信心週期高峰冒最嚴重的風險，企業才更有可能在週期的低谷期存活下來——在商業世界裡，倖存者將可以得到巨大的利益。在同業陷入一團混亂時，做那個唯一安然無恙的人，可以為你帶來大量的機會，因為客戶會爭相離開你那些失敗的競爭對手，產業也會被迫整合。

雖然在舒適區取得重大成功，可能會讓公司得到大量的媒體關注和投資人追捧，但是，能夠在成功過後必然會出現的危險當中做到這一點，更重要許多。在信心週期的巔峰，至關重要的是避免被嘩眾取寵的過度行為所誘惑，這些行為幾乎注定了你的失敗。

演員麥特戴蒙（Matt Damon）在 2021 年一則不合時宜的加密貨幣廣告中宣稱：「財富眷顧勇者。」這種說法並不完全正確，因為時機很重要。幸運之神眷顧的，是那些早早進入舒適區的勇者。這就是為什麼在初期拿出創業家精神、更快更積極地行動如此重要。那些更早行動的人，獲得的回報更大。

但如果已經處在舒適區的上方，幸運之神眷顧的則是那些謹慎的人。那些能夠認清環境、抵抗狂歡氣氛誘惑的人，不僅能避免最壞的結果，還能夠為未來信心下降的時刻做足準備，在別人渾然不覺的時候，抓住必然出現的大好機會。

3. 重新思考信心巔峰所需的領導力

講到這裡，我要談談有關信心巔峰以及舒適區最右上角的最後一

點。

當有先見之明的領導者發現當前環境的信心已經過高,並開始減少組織的冒險欲望時,他們也應該重新評估領導團隊的技能。正如我之前說過的,有效的危機管理需要獨特的能力。

在舒適區領導組織的高階主管,需要在個人履歷中持續呈現過去的成功經驗。高度信心的環境中,不乏高度樂觀、擁有長期完美紀錄的領導者。他們已經在財務、營運和社會聲譽上,甚至許多情況下也在文化和政治上,成功善用了不斷高漲的信心。雖然他們可能曾是挑戰體制的人,但現在他們已經成為體制的一員,懂得掌握和利用體制來為自身和他人謀取利益。舒適區需要的是造雨人,適合由那些人脈廣闊、善於創造營收、知道如何將高度信心點石成金的人來領導。

經濟景氣時,造雨人是無價之寶,但當信心急遽下降時,他們就無用武之地了——而**達到巔峰後,信心幾乎一定會下降**。他們的自我、自信、魅力和眼界,在光景好的時候都彌足珍貴,但並非企業有效因應危機時所需要的特質。更糟的是,如果一個組織的高階管理層和董事會當中充滿造雨人,這也意味著這樣的公司其實並不知道自己正處在信心巔峰,這種公司尤其脆弱。

造成這種脆弱性的原因之一是,舒適區上方,往往是組織為年輕高效的領導者提供發展機會的地方,因為他們認為這些領導者擁有巨大的潛力。為了避免人才流失到競爭對手那裡,他們會讓一位年輕、有抱負的財務長負責一條主要的業務線,或是讓一位擅長創造營收的人才擔任技術長或財務長,藉此讓他們有更全面的經驗,並承諾將來會賦予他們更大的職權。

雷曼兄弟就是這樣做的。2007 年 9 月,就在股市見頂的前幾天,這間華爾街銀行將其最頂尖的造雨人之一艾琳・卡蘭(Erin Callan)

提拔為財務長。卡蘭以優異的成績畢業於哈佛大學,然後就讀紐約大學法學院,接著在國際頂尖律師事務所盛信(Simpson Thacher)工作,後來又進入投資銀行業。卡蘭是信心巔峰時期的最佳人選。在信心不斷上升的環境裡,她在每件事情上都有出色的表現,似乎注定會取得更大的成功。

然而九個月後,卡蘭被降職。一年後,雷曼兄弟破產。[11]

平心而論,雖然雷曼兄弟倒閉的原因,確實與卡蘭無法勝任信心下降時期的挑戰,以及缺乏擔任財務長的經驗有關,但她也可以說是一個受害者。她被任命為雷曼兄弟財務長的時機,可說是狀況最糟糕的時期。此外,當她深入了解自己的新角色,並對自己發現的事情表示擔憂時,她和老闆很快就發生了衝突。卡蘭並不是唯一一個在信心巔峰時期不幸被換將的人。風控長瑪德琳・安東尼奇(Madelyn Antoncic)也在同一時間遭受排擠,「因為她多次反對執行長傅德(Dick Fuld)、總裁格雷戈里(Joseph Gregory)以及投資銀行業務主管麥基(Skip McGee)長期忽視各類交易的風險限額」。[12]

接連發生的這兩次高層異動,本應讓雷曼的董事會成員大喊「賓果!」如果他們在信心週期的初期就做好賓果卡,他們就會立刻意識到,這兩次異動都是信心過高的警訊,並且公司已經明顯放棄了風險管理。他們本可以意識到,一場超級颶風即將登陸。但事實顯然相反,我懷疑他們就只是點頭同意執行長傅德在公司 2007 年第三季財報公告當中的說法:「雖然市場環境充滿挑戰,但我們的業績再次證明雷曼兄弟營運體系的多元性和財務實力,以及我們在各個經濟週期中創造業績的能力。」[13]

然而事實遠非如此。

●

　　舒適區是最好的時光，日子過得很輕鬆。我們對未來的渴望，反映出我們高度的確定感和控制感。我們迫不及待想看看接下來會發生什麼事，並且很期待能夠好好利用它們。

　　支持這種熱情的是認知輕鬆。我們的大腦看不到前方任何事情需要動用系統二思維。舒適區告訴我們，信心的核心是我們的認知狀態，當大腦放鬆時，我們會充滿信心。雖然這種感覺很美妙，但領導者也要能夠辨識它的警訊。如果他們不夠謹慎，未來就會出現信心過高的現象。而如果繼續忽視這種狀況，一定會出現無法避免的危險。

　　因此，為了在舒適區的上方遊刃有餘，領導者必須冒著不受歡迎的風險，必須和眾人保持距離。為了為週期反轉的那一刻做好準備，並讓主管團隊隨時待命，領導者要考慮的不只是如何採取措施來抑制過高的信心，還需要懂得如何辨識那些代表信心過高的明顯情緒指標，並為前方更有挑戰性的時刻做好準備。

第四部

右下象限：乘客座位

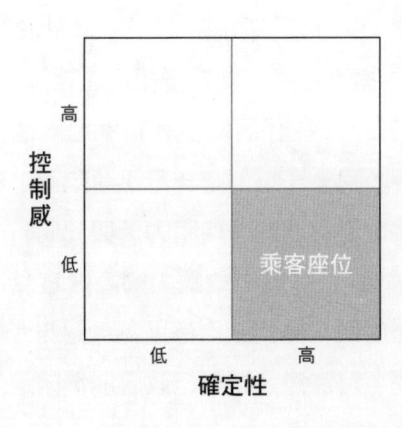

第 10 章

控制權掌握在別人手中

2021 年 4 月,美國總統喬・拜登(Joe Biden)宣布,經過近二十年的衝突和駐軍,美國將開始從阿富汗撤軍。兩個月後,一份美國情報評估預測,阿富汗政府可能在美國撤軍後六個月內垮台。雖然這個時間比之前預測的要早,但美國政策制定者認為這依然是一個好消息,因為按計畫美軍將在 9 月前撤出阿富汗,遠早於政府崩潰的時間。[1] 拜登宣布並承諾的撤軍行動,能夠繼續迅速執行。

然而到了 8 月 15 日,就在評估報告發布不過兩個月後,在美軍仍在進行撤離的情況下,阿富汗首都喀布爾迅速陷落。塔利班武裝分子進入這座城市時,幾乎沒有遇到任何阻力。與此同時,包括總統在內的阿富汗官員紛紛逃離。[2] 這個結果讓美國高層官員目瞪口呆,其中幾位官員此前一直在度假,他們原本都以為這個親西方的阿富汗政府,能夠堅持更長時間。阿富汗人對自己政府崩潰的速度同樣非常震驚,就連塔利班自己也感到訝異。[3]

低控制感和高確定性的環境就是這樣。這個環境的特點是,事後

來看,每個人都會被自己的脆弱性程度,以及混亂取代平靜的速度所震驚。

就阿富汗這個例子來說,本來任何人都不應該措手不及。就在幾天前,阿富汗全體國民還處在信心地圖的右下象限。雖然美國兩黨的政治人物都避免把阿富汗說成是一個被外國占領的國家,但從其境內民眾的控制感而言,事實顯然就是如此。從普通公民到政治領袖,每個人基本上都有強烈的無能為力感。這個國家的控制權掌握在美軍手中,這個事實為他們帶來一種確定感。然而當絕對控制不復存在,它就會被表象之下的無力感所取代。

阿富汗的處境就是顯而易見的乘客座位。2021 年 8 月,這個國家實際上是一架飛機,機師選擇在飛行途中跳傘,但卻沒有人準備好、也沒有人有能力要接手這台飛機。塔利班其實並沒有真正取得阿富汗的控制權,而是在阿富汗人意識到國家無人負責、正處於崩潰邊緣時,一擁而上地填補了全國範圍的權力真空。不管你喜不喜歡,如果沒有人出來領導,人們的下一站就是壓力中心。想到會有這種可能性,有些人就會選擇追隨,這樣才能再次將一定會發生的混亂,**轉換成某種程度的確定性**。

通往乘客座位的路徑

如果有一個詞可以形容右下象限的乘客座位,那就是「威權」。在這裡,一定會有其他人或其他事情對我們形成主導。因此**這個環境裡沒有信心,只有順從和聽天由命——也就是無力感。在乘客座位上的人們,會聽命行事。**

從表面上看,你可能會認為,人們永遠不會刻意把自己放在乘客

座位上。不過這種看法忽略了,我們會根據具體情況來想像乘客座位的環境。你將會看到,我們認為自己是經驗的受益者還是受害者,對於我們選擇坐上乘客座位的原因,以及我們到達目的地之後的感受,會有很大影響。

從壓力中心進入乘客座位

進入乘客座位的一條常見路徑是從壓力中心開始。我之前講過,我們在壓力之下自然會產生的 5F 反應,其中之一就是「追隨」。當我們陷入恐慌、覺得無能為力時,我們會將潛在的控制權交給別人,以換取更大的確定性。我們樂於把破裂的水管交給水電工,因為相信他會處理好水管,帶我們回到舒適區。

處在壓力中心時,我們經常選擇乘客座位而不是發射台,作為下一站。輪胎爆胎時,我們會打電話給汽車協會(American Automobile Association,簡稱 AAA);每到 4 月初,我們會急於聘請註冊會計師,幫我們完成個人所得稅(1040)申報;一旦酒後駕車被逮捕,我們會請律師代理出庭。身處壓力中心時我們會優先選擇乘客座位,是因為我們認為別人能比自己更好或更快地解決自己的問題。我們相信其他人擁有自己沒有的技能、工具、設備和(或)才能時,就會選擇乘客座位。我們是請專家來代勞。

更多人自願追隨威權的領導者時,也是依循一樣的模式,這些人擁有或自稱擁有專業知識和強大的領導能力,能帶領我們回到舒適區。歷史顯示,人們在壓力中心經歷的極度不確定和無力的共同感受,正是大多數獨裁者和邪教領袖崛起的溫床。與其說這些領導者奪取了權力,不如說**那些相信會有一個領導者拯救大家、讓事情好轉的人,賦予了他們權力。**絕望的大眾往往樂見威權的領導者,就像你我

都很高興看到水電工到來一樣。我們恨不得在門口迎接他們，希望這位領導者能解決自己所有的問題。

陷入困境的公司董事會也是如此。在危機中，絕望的董事會成員都樂見出現一位果決、負責的領導者。大多數人甚至會明確表現出這一點，熱情地給予新任執行長「充分的自由」，請他「不惜一切代價」扭轉局面。為了能夠擺脫最糟糕的局面，董事會成員開心地坐上乘客座位，讓新的領導者掌舵。

一些陷入困境的公司，甚至喜歡在選擇領導者的時候，透過懷舊的方式來提升信心。為了確保成功離開壓力中心，他們會重新延攬過去曾取得重大成功、有時是多次取得過成功的創辦人或前執行長。在我寫本書期間，迪士尼董事會就邀請長期擔任執行長、退休不久的羅伯特・艾格（Robert Iger）重掌兵符，而星巴克則請公司創辦人霍華・舒茲（Howard Schultz）第二次重出江湖。[4]

沒有什麼比這種「迴力鏢執行長」（boomerang CEO）的回鍋，更能透露公司正處在乘客座位的環境了（對，確實有「迴力鏢執行長」這個術語）。它不僅公開宣稱之前確定的接班人選難當重任，而且還清楚地顯示，組織不認為內部有任何一人有資格掌舵。[5]

自願離開舒適區進入乘客座位

進入乘客座位的第二條路徑，感覺起來比較不那麼情緒化。它發生在我們自願從上方舒適區往下走的時候。與在壓力中心驚慌失措後的反應不同，這種情況下我們進入乘客座位，是經過深思熟慮後選擇的結果。搭飛機橫越全國、坐上汽車後座、請朋友或父母開車送我們去看電影，或是在遊樂園搭雲霄飛車，都是這種情況。在所有這些情況下，我們選擇乘客座位是作為達到目的的手段。無論是為了搭交通

工具,還是為了刺激好玩,這些無能為力感都是暫時的,我們期待自己很快就能回到舒適區。

這種路徑與從壓力中心而來有明顯的差異:**如果要我們自願離開舒適區、坐上乘客座位,我們需要極大的確定性。**我們期待在周遭情境中受益,而不是受害。要搭飛機,我們必須相信飛機完全沒有失事的風險;要乘坐朋友或父母開的車,我們必須完全信任他們不會讓我們出車禍;要搭雲霄飛車,我們必須絕對相信,在驚險而恐怖的幾分鐘過後,雲霄飛車可以順利把我們送回出發的月台。任何低於99.9999%的確定性,也就是任何稍微離開乘客座位最右側的情況,我們都無法接受。要我們自願放棄控制權,我們必須「明瞭」自己會回到安全地帶。

當我們的起點是壓力中心時,情況就不是這樣了。我們在壓力中心既沒有確定性也沒有控制感,因此我們對於要追隨對象的要求,比你想像的要少很多。絕望時,我們要的是「更好」,而不是「最好」或「完美」,所以我們會很樂於追隨那些能夠描摹令人信服故事的人。在狂風暴雨中,我們只要有避風港就可以,不一定非要有熱水淋浴的碼頭。因此,將人們從壓力中心轉移到乘客座位上,需要耗費的努力和精力,比把人們從舒適區轉移到乘客座位要少很多。

你可以想想我們都怎麼雇用油漆工和水電工。這兩種經驗都會讓我們坐進乘客座位。但雇油漆工時,我們是用選的,我們是在舒適區自由選擇。我們特意四處打聽,審視他們的作品集,還常常討價還價。我們的做法是全面評估各種備選方案,有必要的話我們會一直等待,直到找到想要的人選。選擇油漆工時,我們經常使用慢慢來的系統二思維。

反過來,如果地下室被大水淹沒,我們幾乎都是急著找水電工。

任何一個有水電技術、接我們電話的人,我們都願意接受。這是純粹的系統一思維。我們沒有時間或認知能量,去確認他們過去的工作經驗。我們遇到問題了,需要馬上!解決問題。雖然從舒適區和壓力中心出發,我們都抵達了一樣的目的地「乘客座位」,但這卻是兩種截然不同的經驗。

當我們的起點是壓力中心,我們鬆一口氣的感覺,往往會隨著待在乘客座位上的時間變長而逐漸消退。我們意識到,並且承認,自己也許重新獲得了一些確定性,但仍然缺乏控制力。因為我們還沒有進入真正讓人放鬆的舒適區。一度讓我們覺得滿足的「更好」,現在開始讓我們覺得不夠好了。沒錯,水電工來了真是太好了,但幾個小時的修理再加午餐休息時間,感覺起來實在太久了,而且還讓我們去了好幾次水電行買零件。我們開始變得沮喪,想知道為什麼漏水還沒修好。當我們遇到輪胎爆胎,在等 AAA 拖車抵達的過程中不停地看手錶,此時的我們也會感到同樣的沮喪。

在這些情況下,如果不能儘快重新取得控制權並進入舒適區,我們就會開始覺得自己被困在乘客座位上。我們會不知道自己之前的選擇是否正確。我們會開始後悔。我們的感受會發生變化,從受益者變成受害者。我們會覺得自己被困住,並對別人握有自己的控制權感到憤怒。於是,我們自然會變得不太願意照別人說的去做,甚至義正詞嚴地對水電工說:「不,我沒辦法等到明天,你現在就過來修。」擁有確定性卻沒有控制感,會讓我們覺得折磨,我們想要也需要同時擁有確定感和控制感。我們會開始在想,是否該找新的水電工,找一個能夠把事情搞定的人。

公司董事會也會有類似的行為。當公司請了一位領導者,期待他逆轉局面,董事會成員都希望可以立刻看到成效。如果危機領導者無

法很快恢復股東、貸款人、供應商和其他關鍵利益團體的信心,他很快就會遭受攻擊。

美國銀行執行長布萊恩・莫伊尼漢（Brian Moynihan）親身經歷過這種情況。在 2008 年金融危機最嚴重的時候,董事會提拔他上任,希望他能迅速解決前任執行長留下來的問題。結果事與願違,接下來的兩年,美國銀行的放款組合和商業實務出現更多問題,公司股價因此下跌超過 50%。2011 年秋天,當股價跌到接近新低時,《彭博商業周刊》(*Bloomberg Businessweek*)甚至刊登一篇封面故事,用了莫伊尼漢一臉憂慮的照片,標題是〈這個人救得了美國銀行嗎？〉。[6]

諷刺的是,這篇封面故事成了市場情緒走到盡頭的一個典型的反指標。美國銀行的股價在 2022 年初登頂,漲了將近十倍。

最近,家居用品連鎖賣場 3B 家居（Bed Bath & Beyond）的執行長馬克・特利頓（Mark Tritton）就沒那麼幸運了。他曾在目標百貨（Target）擔任採購長,2019 年大張旗鼓地到 3B 家居走馬上任。然而,在公司連續兩季「銷售慘淡」、股價暴跌、董事會信心消磨殆盡後,他於 2022 年 7 月離職。[7]

在急不可耐的企業和苦苦掙扎的危機領導者身上,有一個明確的拔官去職程序,但社會運動和政治運動可就不是這樣了。如果民眾想要解決的問題無法得到迅速改善,就可能會爆發緊張情勢。此外,民眾愈是想要從他們之前追隨的領導者手中奪回控制權,那位掌權者往往就會變得愈專制。不用說,事態一定會因此迅速升級。為了平息動亂,威權領導者常常會把權力抓得更緊,幾乎用強制手段逼迫民眾服從更嚴格的行為要求。

而這正是置身壓力中心的人們所忽略的:**威權體系要想維持下去,必定就要迫使他所控制的人,愈來愈向象限圖的右下角移動,因為這樣**

圖 10.1
威權的理想模型：確定性和無力感

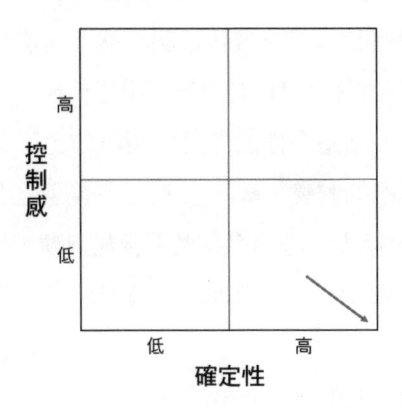

一來，民眾就會面對一種注定會壓倒一切的力量，感到更強烈的無能為力。這種環境必須和安全等級最高的監獄條件相當，守衛擁有完全的控制權，而違反規定的人將面臨極為嚴重的後果（圖 10.1）。

可悲的是，我剛才描述的狀況，也是許多凌虐關係的特徵，無論是在個人關係還是職場中。置身壓力中心的人，常常被新伴侶的信心所吸引，因而樂意追隨他。然而，專制的伴侶卻希望把對方鎖定在象限圖的最右下角。他們不想把控制權讓給任何人，更不想看到對方取得控制權。結果，被控制的伴侶愈是想要回或動用自己的控制權，施虐者就愈是想把控制權奪走。

從舒適區非自願地進入乘客座位

於是我想到了進入右下象限的最後一種常見路徑：「監禁」。這包括真正的監禁，也包括讓我們在非自願情況下從舒適區移動到乘客座位的體驗，像是搭飛機遇到亂流時的受困感，或是被朋友強拉去坐雲

霄飛車,或是星期五下午傍晚突然被老闆要求週末加班。右下象限可以是一個高壓環境,在那裡我們會突然感到被強迫做一些違背自己意願的事情。當我們對控制的需求遭到壓制,乘客座位和壓力中心之間的界線就會消失,兩者看起來就沒有什麼區別了。

這就是低控制感、高確定性的環境之所以如此不尋常的原因:和身在壓力中心或舒適區的體驗不同,我們在乘客座位上的體驗並非全然一致。**乘客座位上的我們,沒有共同的感受或行動。**我們抵達乘客座位的路徑,以及是自願或是非自願地踏上這條路徑,都會決定我們的感受。

因此,為了預測人們的行為,我們需要對人們進入乘客座位的路徑和心態有所體認。最後,我們還需要體認到,一旦處於右下象限之中,我們的感受可能會發生快速的轉變。這一刻,我們還可以在飛機上安靜地閱讀;而到了下一刻,我們就得拚命抓住扶手。意外的亂流可以改變一切。

乘客座位上的事業非黑即白

對於餐廳或律師事務所這種天生在乘客座位經營事業的公司來說,它們必須了解客戶的感受,以及他們進入右下象限的路徑。它們需要知道客戶從哪裡來,才能妥善協助客戶到達他們想去的地方。作為一個組織,它需要思考自己是水電工還是油漆工。有時候,這些角色可以瞬息萬變。律師事務所的客戶可以有迥異的感受,被逮捕之後從警察分局打來電話亟需委任律師,與打算更新遺產計畫以完成明年的待辦事項,這兩種感受肯定截然不同。

如果你是水電工,也就是專門從事危機處理,致力於以最快速度

讓客戶從壓力中心脫身、途徑乘客座位到達舒適區的組織，那麼擁有強大的問題診斷和專業技術能力就非常重要。回應速度也很重要。**你產品的核心是快速解決問題，因此，你的客戶坐在乘客座位上、和你待在一起的時間愈短愈好。**你不會想讓他們有時間後悔自己做出的決定，或是覺得你的工作讓他們有受困之感。營運「隨叫隨到」業務的領導者，包括客服中心、預訂中心、緊急護理中心等，必須有所體認：人們會不耐煩。等待或排隊只會加重人們的無力感。不管我們的需求是什麼，我們都希望能夠儘快得到解決，就算無法解決，我們也會想知道原因。在顧客等待的時候，讓他們知道自己排在第幾順位，或允許他們安排回電，會非常有用。像這樣的小步驟，都可以帶來更大的確定性，讓顧客感覺對自己的生活更加有所掌控。

相反，如果你是航空公司、飛機製造商或遊樂園業者，你面臨的是不同的挑戰。對這類公司來說，你和客戶的所有互動，幾乎都來自他們自願選擇進入乘客座位，因此**保持極高的確定性至關重要。如果你的顧客沒有安全感，你就沒有生意可做。**

瓦盧傑航空（ValuJet）的領導團隊就曾親眼見證這個道理。1996年5月，瓦盧傑航空一架DC-9客機墜毀在佛羅里達大沼澤地（Florida Everglades），機上110人全部遇難。[8] 一個月後，聯邦航空管理局停飛了瓦盧傑航空的所有航班，並列出該公司從訓練到維修的一連串問題。[9] 雖然瓦盧傑航空最終復航，但元氣從未恢復，很快就低調併入其他公司，從市場上消失了。空難發生後，該公司過去在削減成本上獲得的聲譽，與人們期待維持航空公司營運所必需的極度安全，變得完全不相容。由於信心下降，乘客開始無法想像，一家航空公司如何能同時成功做到削減成本和保證安全。

波音公司在737 MAX飛機失事後，也面臨類似的挑戰。2019年

3月，第二次墜機事件發生後幾天，多國航空監管機構發布禁令，全球共387架在役的737 MAX系列客機全部停飛。事故和停飛給波音公司造成約兩百億美元的罰款、賠償和法律費用，這可能是商業史上最昂貴的災難。[10] 如果沒有其他產品線的利潤支撐，波音公司能否避免破產都是個問題。這場危機的成本，以及重建與監管機構、航空公司和乘客之間的信任所需的努力，遠遠高於管理階層和股東的想像。

這兩次經驗都凸顯出，在乘客座位上經營事業，其非黑即白的本質。一旦維持乘客座位上的活動所需的極端確定性不復存在，人們的信心就會崩潰。**這裡面沒有中間地帶。**朋友開的車不是安全，就是不安全；我們的周遭不是平靜，就是混亂；我們不是安心地待在乘客座位的最右邊，就是深陷壓力中心的左下角。

值得重申的是，事實如何並不重要，尤其是對在乘客座位經營的事業來說。安全是非常抽象的東西。**你必須讓客戶能夠想像到，安全就在那裡。**過去發生的事情可能與我們有關，也可能與我們無關。登上飛機時，我們必須能夠想像到，我們搭乘的航班將會非常安全。信心的前瞻本質，再次在我們的決策中發揮重大作用。

因此，航空業每年要花數十億美元，讓乘客覺得在空中很安全，也就不意外了。從強調公司定期維護飛機的廣告，到起飛前提示多個緊急出口的安全訊息，航空公司每天都要採取成千個細微而謹慎的行動，讓我們覺得安全。還有監管機構和政策制定者的工作。從運輸服務管理局檢查站，到聯邦航空管理局的飛機檢查，都在讓旅客知道，人們每天投入大量努力，來保證航空旅行的確定性。

但即便有了所有這些措施，航空旅行歸根結柢還是取決於我們自己的想像力，以及我們在走進登機區和走下空橋時，主觀評估搭機所需的安全性是否足夠。說到底，不管是航空公司還是政府，都無法幫

我們決定，我們是否感覺搭飛機是安全的，只有我們自己能夠決定。重點在於我們自己的確定性和控制感，而不只是他們的一切行動。

搭飛機是一個極端的例子，但同樣的原則適用於所有在乘客座位上經營的業務。無論你是律師、理髮師、餐廳老闆還是飯店業者，你的任務都是創造一個讓你的客戶覺得放鬆、但他們基本上無法控制的環境。一旦他們選擇了你，他們的命運就掌握在你的手中。

因此，毫不意外，大多數在乘客座位上經營的企業，其生死取決於名聲和口碑。我們對這些企業的感受，以及我們和其他人分享這些感受的說法，決定了我們是否會成為這些企業的回頭客。決定一個髮型、一頓用餐或一夜住宿是否美好的終極關鍵，在於當我們完成這些體驗後，能否重新回到舒適區的狀態。如果確實能回到舒適區，我們就會在 Yelp 上留下熱烈的五星好評。如果沒有回到舒適區，我們就會留下嚴厲的一星負評，詳細列舉每一個小問題。因此，乘客座位企業的線上評價往往兩極，也就不是巧合了。經營乘客座位事業的結果是非黑即白的：顧客對體驗的結果不是有信心，就是沒有信心。

客戶信心比滿意度更重要

在這個概念之下，讓人驚訝的是，很少有組織會蒐集關於客戶信心的意見回饋，或請客戶分享他們購買不同產品和服務時的確定感和控制感。相反，組織關心的卻是客戶滿意度，以及產品或服務是否滿足客戶的期望。他們認為，如果客戶和自己做生意，自己的產品和服務就一定是值得信賴的。

不過，滿意度並不等於可信度或信心。我可以對一頓飯感到滿意，但選擇不再去這間餐廳，因為我不認為下一次的體驗會和我剛才

的體驗一樣。**滿意說的是過去的情況，信心則代表未來。**再說一次，信心在本質上是前瞻性的，如果我是一間企業的老闆，前瞻性才是真正重要的事情。

大多數公司的調查，也忽略了那些一開始就不願意購買的人，也就是那些沒有信心的消費者。你可以說，公司是在向已經得救的人布道，而不是向無神論者傳教。他們忽略那些不會買也不想買的人的感受，通常也忽略那些不再買的人的感受。因此，他們經常錯過危機的早期警訊。

試想一下，如果在 2008 年金融危機期間，銀行要求存戶根據可信度來給出評價，而不是根據滿意度，它們會得到多麼不同的答案。由於消費者信心低迷，諸如「您有多確定您的錢放在我們銀行很安全？」或者「您覺得您可以隨時提出放在我們銀行的錢嗎？」等問題的答案，很可以說明問題。有關熟悉程度問題的答案，也是如此，例如「您對您的銀行專員了解多少／您的銀行專員對您了解多少？」客戶更有可能離開那些在心理上感覺疏遠的組織，而不是他們覺得了解自己、讓自己覺得特別親密的組織。

想像一下，如果醫院詢問即將出院的病人對他們的醫師、護理師或出院計畫有多少信心，那可以獲得多少洞見。尤其是由於信心和較低的身心壓力之間存在明顯的關聯，這些回饋將有助於醫院改善服務。信心可以提升病人康復的機率。如果我們相信這些藥物和康復計畫對自己有幫助，我們就更有可能依照醫囑服藥和遵循康復計畫。

最後，組織在進行滿意度調查時，還會犯一個錯誤，那就是要求受訪者評判別人。組織會問這樣的問題：「我們是否達到了你的期望？」但信心調查卻是從另一個方向，請受訪者向內看，要求受訪者思考其他人的行為帶給自己的感受。此外，他們的做法更具體、更可

以操作、情緒化的程度也更低。詢問客戶你需要做些什麼，才能幫助他們在使用你的產品或服務時，覺得更有掌控力和確定感，比詢問需要做什麼才能讓他們更滿意，會讓你得到更有用、更可行的資訊。

●

我們的人生中有很大一部分時間是在乘客座位上度過的，在那裡，事情感覺起來是確定的，但卻由其他人控制。然而，那些控制者，往往低估了環境的脆弱性。他們沒有體認到，如果我們有選擇，我們會去找那些能確保我們最終進入舒適區的人，來滿足自己的需求。而且，可悲的是，有些人還會故意將我們囚禁在乘客座位上。

在把討論的重點轉向乘客座位的更好做法之前，我將更仔細地探討，信心的變化如何影響客戶對不同產品和服務的需求。你會看到，尤其是對那些在乘客座位上經營事業的企業來說，信心稍微下降，就可能導致需求大幅下降。

第 11 章

決策要素三：信心彈性

在說回信心在決策當中的作用之前，我們需要快速看一下基礎經濟學的一個概念：價格彈性，也就是產品需求對價格變動的敏感度指標。雖然這看起來有點離題，但你稍後就會看到，兩者有一個重要的相似之處：信心彈性（confidence elasticity）。

如果你不熟悉這個名詞，研究價格彈性是為了讓公司知道，什麼時候提供大幅價格折扣比較好（如此銷量就會大幅增加，彌補較低的利潤率），而什麼時候維持原價比較好（此時降價不會對顧客的需求產生很大影響）。奢侈品等產品的銷售，對價格變化非常敏感，它們就是經濟學家所說「富有價格彈性」的產品。如果香檳等高度非必需商品的價格上漲，顧客就不太會願意購買。但其他產品，例如汽油和主食，對價格就沒有那麼敏感，所以它們是「缺乏彈性」的產品。我們對這些物品的需求，不會因為它們的價格而改變，通常是因為無法改變。如果我們開車上班，無論汽油價格是每加侖（約 3.8 公升）2.5 美元還是 5 美元，我們都別無選擇，只能每週乖乖把油箱加滿。

這就是為什麼食物和汽油通膨,會對消費者情緒造成很大影響的原因。[1]這類產品的通貨膨脹,會讓人產生無力感和不確定感。2022年春天,隨著俄羅斯入侵烏克蘭後全球油價飆升,其對消費者信心帶來的毀滅性影響顯而易見。[2]

大多數價格彈性的分析中都隱含一種信念:價格決定我們購買商品和服務的數量。也就是說,我們的經濟決策,是純粹由經濟因素驅動的。此外,這些分析假設,我們的需求對價格變化的敏感度是穩定的,亦即,如果把價格彈性研究的結果應用於商店和網路上的買賣,結果很可能和分析師預測的一樣。

財務部門的分析師花費許多時間研究財務關係,例如公司產品的價格彈性,以及客戶需求如何隨價格變化而上升和下降。有了這些資訊,企業就可以設定價格,希望據此產生的銷售量變化,能夠帶來最大的淨利。

季度財報顯示,現實通常會顛覆價格彈性的預測。前一刻,高層還在扼腕銷售量未達預期,試圖把落差歸咎於一些意外因素;然而下一刻,他們又在慶祝銷售超出預期。這就是有趣的地方:這些高階主管往往認為,優於預期的結果是因為客戶的信心上升——客戶對他們的產品「更看重」、「更滿意」,或者突然「看到了服務的品質」。當業績表現出色,領導者就會希望自己的成就得到認可和獎勵。

運用信心彈性改善績效

由於公司往往將業績和消費者信心的變化連在一起,你可能會認為比起價格彈性,他們更在意信心彈性。

但令人訝異的是,很少有公司關心信心彈性。此外,更少公司意

識到,他們是在各種信心和彈性之間的關係裡面經營。你將會看到,其中有一些關係與經濟週期和消費者情緒的廣泛趨勢有關,有一些關係則與公司提供的特定產品有關,還有一些關係與產業的具體情況和默示合約(implied contract)有關,例如企業與客戶之間的基本安全合約。再強調一次,滿意度與可信度是不一樣的東西。如果消費者的信心、而非價格占主導因素,那麼企業應該分析的也許是「信心彈性」,也就是**銷售額如何隨消費者情緒的變化而升降**。

以下是信心彈性的四個關鍵層面:

層面一:與經濟週期和消費者情緒有關的彈性

第一個層面的彈性是關於大多數企業領導者看待消費者信心的方式,也就是人們普遍的樂觀或悲觀情緒如何影響需求。密西根大學、蓋洛普、世界大型企業聯合會以及其他機構,都會進行這類情緒趨勢調查。

以這種方式得出的信心彈性,看起來也許和企業熟悉的價格彈性非常類似(圖 11.1)。

像克羅格(Kroger)這樣的連鎖超市,很可能屬於高度缺乏信心彈性。社會整體消費者信心的變化,不太可能對其總需求產生重大影響。一般來說,我們對牛奶、雞蛋、紙巾等生活必需品的需求,不會因為我們的感受差異而有太大變化。雖然日子不好過時,我們也許會降低一點開支,但更常見的是,我們會改變購買必需品的品質,而不是數量。

相比之下,像波音這樣的公司,其商用飛機的銷售量,可能和消費者信心有非常高的正相關。我們愈有信心,旅行的次數就愈多,航空公司也就需要愈多飛機用來載送我們。據此我冒著過度簡化的風

圖 11.1
高度缺乏信心彈性

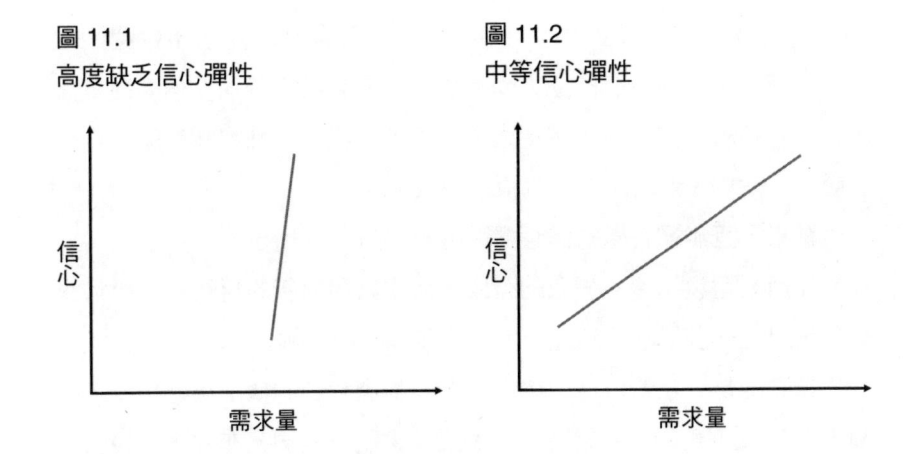

圖 11.2
中等信心彈性

險,認為波音飛機的需求與信心關係,可能類似圖 11.2。

如前所述,旅遊業屬於對消費者信心變化高度敏感的產業。高信心表示大家更有興趣預定歐洲的度假旅遊,而低信心則會讓大家選擇離家比較近的地方。

層面二:特定產品的信心彈性

當我們把消費者情緒的資料應用在特定產品上,信心彈性會變得更有趣。例如在超市裡,對牛小排和其他昂貴肉品的需求,可能會隨著消費者信心增強而增加。同時,對商店自有品牌罐頭食品的需求,可能存在負向的信心彈性,因為隨著消費者信心下降,這類產品的銷售量則會上升。

2022 年春天就是這種情況,當時消費者信心因汽油價格上漲而急遽下降。例如,克羅格超市表示,其自有品牌產品的銷售額,成長速度超過大品牌,92%的家庭至少買過其中一樣產品。[3]

同樣的概念也適用於客機。只有當全球消費者信心非常高時,航

空公司對波音 777 和空中巴士 380 等最大型客機的需求才會開始增加。此時,小飛機既有的運力受到限制,而且航空公司相信高運量需求會一直持續下去。為了讓更大的飛機加入機隊,旅客和航空公司需要處於「我們、無所不在、永恆」模式。

結果,巨無霸客機的信心彈性可能如圖 11.3 所示。

在信心還沒高漲到極致的時候,航空公司對新的巨無霸客機需求很少,但是一旦信心達到極致,似乎要多少都不夠。

諷刺的是,在新冠疫情爆發初期,我們看到的情況正好相反,如圖 11.3 的左下角所示。當時,一家又一家航空公司宣布停飛其最大型飛機,很多公司還讓這些飛機提前退役。由於既沒有繼續使用的需求,也看不到未來的需求,航空公司甚至撤掉整個波音 747 機隊,還把零件當成廢料賣出。[4]

不過,2020 年並不是航空公司第一次因信心極低而讓大型機隊停飛。在經濟週期低谷,荒廢的戶外停車場經常塞滿老舊的大型飛機。這是製造商和航空公司都會經歷到的、可以預測的行為。

不過故事在這裡會有一個轉折。製造商和航空公司不應該像 2020 年中那樣覺得沮喪,反而應該受到鼓舞。**由於整個產業的封閉只會發生在消費者信心最低的時候,因此所有這些停飛的飛機,都是重要的反指標。**出人意料地,它們是消費者信心上升、經濟即將復甦的預兆,代表鳳凰城和其他熱門旅遊目的地,很快就會從灰燼中重生。

你可能想像得到,產業專業人士和投資人,當下很難想像會出現經濟復甦。但這就是信心彈性的研究可以提供幫助的地方。它可以幫助組織更好地理解,銷售以及其他行為,如何隨經濟週期而波動。重要的預測模式,因此變得顯而易見。

我會在工作中密切注意不同商品和服務的信心彈性,不只是因為

圖 11.3
高信心商品的信心彈性

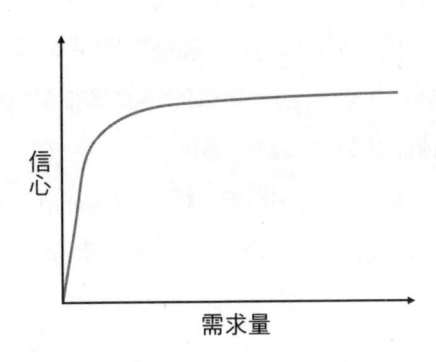

（圖：縱軸為信心，橫軸為需求量，曲線快速上升後趨於平緩）

它們是極端事件中的重要指標，還因為它們更廣泛地體現出消費者的信心。[5]

只有當消費者信心非常高時，對寬體巨無霸客機等產品的強烈需求才會出現；而對其他產品，如懷舊療癒美食的需求，只會在信心接近低點時激增。諷刺的是，1960 年代末波音 747（以及未來風格的超音速協和式飛機）的出現，以及晚近 2005 年空中巴士 A380 的問世，都昭告著一個時代的結束。這兩個時刻都體現出極高的信心，以及強烈的「我們、無所不在、永恆」思維。如果飛機製造商和航空公司高層了解信心彈性，懂得圖 11.3 等圖表的影響，他們就會發現，**人們的信心正在迅速接近巔峰，所以他們應該要為接下來的低迷做更好的準備。**

每個產業都有自己的巨無霸飛機，這些產品只有在巔峰時期才會拿出來賣，或才會賣得好。我們有很多方法，可以透過分析銷售數據來找到它們。例如，如果你經營像麗思卡爾頓（Ritz-Carlton）這樣的連鎖飯店，特定房型、度假村位置、住宿時間、甚至是便利設施購買的需求變化，都可以為你提供重要線索。

每個產業也都有自己的療癒美食，在信心接近低點時最受歡迎，例如許多超市都有的自有品牌通心粉和起司。還有一些產業和公司，它們的整體銷售結構，就有和巨無霸飛機或療癒美食一樣的信心彈性。有些企業只有在人們感覺最糟糕的時候業績最好，而有些企業只有在人們信心達到巔峰時才會蓬勃發展。

我有一個好朋友一直在追蹤沃爾瑪（Walmart）和奢侈品零售商諾斯壯（Nordstrom）之間的股價差異。她認為這是最好的即時經濟指標之一。當消費者信心高漲時，諾斯壯的表現遠遠優於沃爾瑪；而信心低迷時，情況則正好相反。

這讓我想到一個更廣泛的觀點：儘管看起來很少如此，但產品與信心之間的關係，在投資領域最為清晰。

在我的金融經濟學課上，我會在學期初分享圖 11.4，向學生介紹金融市場中風險與回報之間的基本關係。

如圖所示，不同的投資選擇，會有不同的風險水準和預期回報。如你所想，投資人在承擔更大風險的同時，會要求更高的回報。但請你問問自己：什麼時候投資人自然會願意承擔更多風險？答案很可能是當他們覺得更有信心的時候。

雖然圖 11.4 中的橫軸是風險，但我們也可以簡單地用信心代替它。在橫軸最左邊，當我們處在「我、此時、此地」模式時，我們的信心低落，想要在投資中握有確定性。與其他選擇相比，我們自然更喜歡現金和國庫券（美國政府最安全的短期債務）。我們很樂於放棄有潛在高回報的投資，因為我們知道，這樣做可以拿回所有的錢。

現金的信心彈性圖，類似於圖 11.5。

只要信心還沒崩潰，投資人通常都沒有什麼興趣持有大量現金。到了信心崩潰時，他們又極度渴望現金。

圖 11.4
金融市場中風險與回報的關係

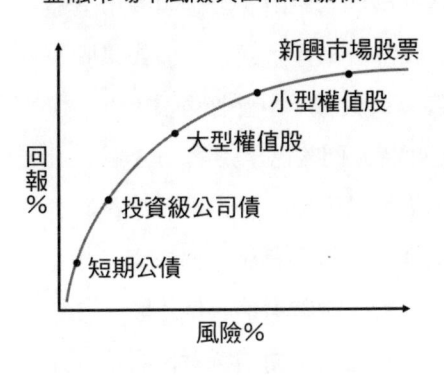

（圖：回報% vs 風險%，由低到高標示：短期公債、投資級公司債、大型權值股、小型權值股、新興市場股票）

圖 11.5
低信心商品的信心彈性

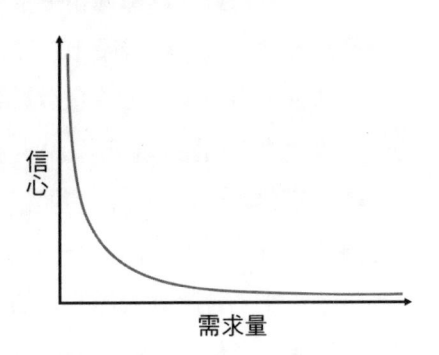

（圖：信心 vs 需求量，呈遞減曲線）

而在信心光譜的另一端，當我們的信心很高、處於「我們、無所不在、永恆」模式時，持有現金似乎顯得很愚蠢，甚至不明智，因為我們「放著錢不賺」。此時，就算不投資新興市場，我們也會選擇投資國外市場。我們熱切擁抱抽象，包括未經證實的技術、極端的創新等等，盡可能尋求高回報，因為我們確信高風險投資可以為我們帶來豐厚的回報。我們不想保留已經擁有的東西，而是希望把投資資本的潛在收益放到最大。

身為研究者，我尤其密切注意投資人的興趣，以及他們如何配置資本。**時下最「火熱」的產品，可以反映投資人的風險偏好，充分說明投資人的信心水準。**

一旦投資人因為想像情況只會變得更糟而把現金藏進床墊，這就是在提醒我市場將出現大低點。相反，當人們開始對稀奇古怪的東西有興趣，我就知道高峰即將到來。2021 年初，當散戶投資人紛紛買進 SPAC、NFT 和加密貨幣，並且出現高投機型股票的每週價外買入選擇權時，我看到了代表市場高峰即將來臨的一切訊號。[6] 新手投資人

在極度抽象的領域不計後果地冒險,而且這種瘋狂似乎憑空而來。散戶投資人突然對買入選擇權產生了貪得無厭的胃口,這是對股市上漲的高度投機性押注,如果股市上漲,就會帶來巨大回報,但如果股市下跌,則會變得一文不值。這就好像有人大喊:「酒吧開張了!」這是信心彈性達到頂點的最形象說明。此時人們的需求如圖 11.3。[7]

信心變化對消費者偏好的影響,不只體現在金融市場。社會經濟學先驅羅伯特・普萊切特(Robert Prechter)最早指出,對特定流行音樂風格的需求,會隨著人們的情緒而變動。消費者信心低迷時,往往需要慢節奏、憂鬱、充滿孤獨歌詞的小調民謠;而消費者信心達到巔峰時,快節奏的泡泡糖音樂則會充斥電台。[8]我和學生開玩笑說,對於投資人來說,看到這個現象,你就應該買入愛黛兒(Adele)、賣出菲董(Pharrell)了。

這個說法看起來可能很草率,但如果你真的這樣做,你會得到豐厚的回報。此外,同樣的概念也適用於更廣泛的企業。透過更了解特定產品、服務、甚至是設計元素的信心彈性,領導者不僅能夠更好地預測經濟週期的變化,還可以善用消費者需求的趨勢。[9]

層面三:外部事件引起的信心彈性

我之前分享的例子,是整個信心光譜中特定企業和特定產品的信心彈性。但信心彈性還有第三種應用。許多產業也有「特殊情況」產品,因外部事件導致的信心飆升或崩潰,會對這些產品產生特別高的需求。我們在新冠疫情流行初期就親眼目睹了這一點,當時隨著人們的信心崩潰,衛生紙、瓶裝水和消毒濕巾等必需品的需求暴增。

這些產品的信心彈性如圖 11.6 所示。

信心還沒崩潰的時候,這三種商品的需求非常缺乏彈性。然而,

圖 11.6
緊急物資的信心彈性

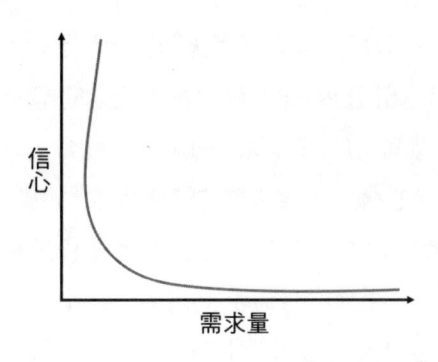

[圖：縱軸為信心，橫軸為需求量，曲線呈現反比關係]

隨著消費者開始囤積這些產品，它們出現價格飆升。

這種模式在暴風雪、颶風和其他自然災害發生前夕，經常重複出現，這些時候商店會經歷民眾搶購發電機、防水布、牛奶和其他「緊急物資」。俄羅斯入侵烏克蘭時，我們也在石油、小麥和其他大宗商品上看到了這種模式。我們都經歷過這些時刻，突然而來對稀缺物資的擔憂，可能會顛覆過去的需求模式。

零售產品受到外部事件影響的信心彈性非常有趣，這和製造商、零售商和政策制定者都有重大關係。值得慶幸的是，聯邦緊急管理署（FEMA）以及家得寶、沃爾瑪等零售商，都已經很清楚哪些商品和颶風相關。預計即將出現大風暴前，他們會預先部署卡車和材料到安全的地方，以此應對市場的強勁需求。公用事業公司也會提前部署維修人員和設備。

然而，大多數組織在為外部事件做準備時，不會考慮信心彈性，尤其是在那些事件不常發生的情況下。想像一下，如果一家醫院系統在進行情境規畫時，考量到與疫情相關的信心彈性，那麼它會比其他

醫院系統領先多少。它不僅可以更了解自己需要什麼物資,還能夠更了解要快速增加或減少哪些服務以因應疫情。

雖然企業和組織都在進行情境規畫,但很少有人考慮到信心彈性,以及情緒變化如何自然而然地改變人們的需求。

這個概念不僅適用於商業產品的需求,社會、政治、甚或軍事決策,都有巨大的信心彈性。**當人們的情緒低落,對廣泛的社會或政治變革的需求就會激增。**這些活動的信心彈性,就和投資人對現金的興趣(圖 11.5)一樣:一開始沒有需求,結果突然出現強烈需求。黃背心運動、黑人的命也是命、占領華爾街運動,幾乎都是在人們信心極度低落時突然出現的。在軍事侵略行動中我們也能看到同樣的狀況:2022 年 8 月美國眾議院議長南西・裴洛西(Nancy Pelosi)訪問台灣後,中國軍演包圍台灣,當時正是中國消費者信心處於多年來低點的時刻。美國和歐洲如果重視信心彈性,就可以在俄羅斯入侵烏克蘭之前,甚至包括先前入侵克里米亞之前,做更好的準備。[10] 這些事件也發生在人們信心接近低點的時候。

恐怖主義也是如此,它遠不如我們以為的那麼隨機。它會出現在無力感和極度不確定的情況下,那是「戰鬥」和「管它去死」兩種反應的結合。例如,科爾號驅逐艦(USS Cole)被炸和 911 恐攻事件,都是在中東金融市場跌至嚴重低點的時候發生的。[11]

層面四:客戶信任變化引起的信心彈性

信心彈性的最後一個應用也許是最重要的,但也最容易被忽略:如果一個產品當中有關鍵因素可以決定客戶的信心,那麼當客戶對這個關鍵因素的信任發生變化時,對產品的需求將會改變。

以客機的安全性為例。信心與消費者對航空旅行需求之間的相關

圖 11.7
需要極高安全性商品的信心彈性

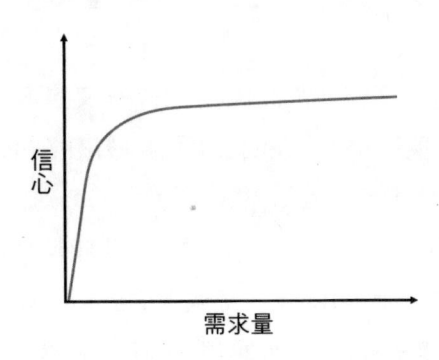

性，就如我用圖 11.2 說明波音公司的案例那樣，無法呈現故事的全貌。這張信心彈性圖假設，無論整體消費者的信心水準如何，乘客都相信飛機是安全的，而且航空旅行具備潛在的確定性。

當我們嚴格從消費者對飛機安全期待的角度，來檢視消費者信心與他們對航空旅行需求的關係時，信心彈性會出現截然不同的樣貌。

這個信心彈性圖，看起來會更像圖 11.7。

如我之前所說，坐上乘客座位時，我們需要極大的確定性，才會有安全感。準備登機時，如果我們對飛機的安全只是「有點信心」，這可不行。我們必須確信飛機很安全。飛機製造商必須達到的安全門檻非常高，但一旦達到這個門檻，我們就幾乎不需要再去區分不同飛機之間的差異了。關於飛機的安全，不是全有，就是全無。

從食品安全角度來看，餐廳和肉品加工廠也適用同樣的信心彈性曲線。對購買的食品是否能夠安全食用，我們的信心一旦略有下降，就會給這個食品的需求帶來嚴重的後果。

2015 年起，墨西哥連鎖速食店奇波雷（Chipotle）接連爆發多起

與大腸桿菌有關的食品安全事件，就顯示了這一點。奇波雷最後刊登廣告，向染病的顧客道歉。一位公司高層甚至承認，大家都很怕它們的食物。

然而事情並未好轉，奇波雷在 2017 年又爆發諾羅病毒疫情，2018 年 7 月又出現近 650 人在俄亥俄州鮑威爾市（Powell）的餐廳用餐後食物中毒的事件。

看看奇波雷餐廳的股價圖，股東對管理階層信心所受到的影響顯而易見。從 2015 年到 2018 年，奇波雷的股價下跌了三分之二。最終，奇波雷支付創紀錄的 2,500 萬美元罰款，解決了因供應受污染食品導致 1,100 多人染病的刑事指控。[12]

在寫這本書時，我也看到家多樂商店（Family Dollar）因涉及害蟲防治和基本衛生設施的問題，而陷入類似的信心危機。[13]

打造信心多角化

最早在銀行業時，我曾拜訪過一家賣泳池商品和聖誕裝飾品的公司客戶。當我和執行長一起走過倉庫時，他自豪地談到公司的季節性平衡，以及他努力追求的多角化經營，為公司帶來了全年穩定的現金流和利潤。

許多執行長花費大把時間致力於多角化經營，希望創造出一個業務組合，無論經濟環境好壞，都可以帶來持續成長。不過，大多數的多角化策略，更合適的名稱是「延伸策略」，靠的是延伸公司業務範圍到不同的產品或區域，來尋求成長。管理階層希望將現有客戶、供應商、貸款人和股東的信心，延伸到新的產品上。他們的目標是在更多地方做更多事，希望利用產品或區域的廣度，帶來未來利潤的持續

成長。

然而，如果從信心彈性的角度分析，大多數業務的擴張策略，幾乎都無法帶來真正的多角化優勢。在產業內，鄰近產品的信心彈性曲線，往往和現有產品的信心彈性曲線類似。此外，由於全球經濟高度相連，即使在全球各地都有業務，這些業務的表現也往往類似。如今，除了極少數例外，全球消費者信心的起伏幾乎同步。不是說消費者的信心不能也不會改變，而是說區域的多角化，已經無法像過去那樣帶來收益。全球的消費者情緒，已經相當同步了。

如果採取多角化經營的目的，是讓公司能夠更有能力抵禦商業週期的波動，那麼現在必須採取不同的做法了。商業和經濟週期其實不過是信心週期的延遲表現，這種延遲來自於人們被自己感受到的確定性和控制感所驅使，而做出金融和經濟決策時所需要的時間。因此，**為了在不同的經濟週期中取得成功，企業必須擁有在整個信心光譜內都能表現良好的產品和服務組合**。企業領導者在思考成長策略時，應該思考如何將高信心彈性的業務，與對消費者信心變化不太敏感的業務結合起來，甚至與那些可能因信心下降而受益的業務（負信心彈性的業務）結合起來。他們需要在自己的生意中找到泳池用品和聖誕裝飾品的組合，從而能夠更有效應對不同的情緒季節。

當這些產品不可用或不實用時，領導者就需要思考，自己的業務在資本結構以及適當的債務和股權組合上，需要什麼樣的信心彈性。對情緒變化高度敏感的企業（無論是因為週期，還是因為其業務固有的風險），需要確保自己能夠承受客戶、貸款方、供應商、債權人和投資人潛在的劇烈情緒波動。

同樣的原則也適用於個人。如果你所在的產業信心彈性很高（通常會經歷繁榮和蕭條的週期），你可能要考慮減少債務，更保守地管

理個人財務。專業投資人和散戶投資人也一樣，在建立投資組合時，也應該考量到信心彈性，尤其是現在。

原因如下。

如今大多數投資組合的多層次結構背後，隱含著這樣一個信念：透過在不同的市場、金融工具、產業及其他類別中謹慎配置資本，資產經理人可以降低風險。這就是簡單的「平衡」投資組合背後的原則，其中通常60％投資於股票，40％投資於債券。在某些經濟環境中，股票的表現良好，而債券表現不佳；而在另一些環境裡，兩者情況則相反。隨著時間過去，這種平衡的方法會比單獨投資股票或債券，帶來更高的回報。當資產經理人建立投資組合時，他們相信不同金融資產的歷史報酬相關性是可靠的，並據此推論未來的情況。

你可能認為，這種建立投資組合的概念，在許多方面都相當合乎我說的信心彈性。當人們對經濟比較有信心時，股票通常表現良好，債券則不然。而當人們對經濟的信心下降，債券通常表現良好，股票則不然。從表面上來看，股票和債券的信心彈性似乎是互補的。

然而到了2021年，我開始懷疑這種看法。當全球股市在投機性投資的狂潮中接近高點，在台面下，債券的價格也創下歷史新高。當時，市場上有超過18兆美元的負殖利率債券，在這種情況下，投資人實際上是在向債券發行人支付利息，以獲得擁有這些債券的權利（債券價格和債券殖利率的走勢相反）。而且極度高漲的信心並沒有就此停止：房地產、私募股權，以及構成「多角化」投資組合的大多數其他資產類別，其價格都創下歷史新高。[14] 換句話說，市場的狀況並非某些資產表現良好、另一些資產表現欠佳，而是所有資產都在投資人情緒極度高漲的浪潮下一起上漲。正如我的朋友、前對沖基金經理人傑西·菲爾德（Jesse Felder）所說，「全都是泡沫」。[15]

雖然我不會在這裡討論我們究竟是如何走到這一步的，但很顯然，大多數投資組合幾乎完全由反映投資人狂熱情緒的資產所組成，而缺乏那些反映較低情緒的資產，更不用說那些反映完全缺乏信心的資產了。股票和債券的表現，和過去不一樣了。這兩種資產在信心彈性上具備的互補關係，來自過去經驗所總結出的相關性，如今這種互補已經蕩然無存。簡單來說，從投資人情緒的角度來看，他們多層次投資組合的每一個層次，都是高漲的。於是，如果我們從信心的角度檢視，**投資人認為已經充分多角化的投資組合，實際上並未達到多角化的效果。它們全都高度集中在一種情緒上，那就是狂熱。**[16]

說實話，這種情況非比尋常。人們像 2021 年這樣，同時對這麼多金融資產表現出如此強烈的信心，是非常罕見的情況。

雖然資產價格的同步飆升，給這些為平衡而設計的投資組合帶來巨大回報，但它很快就變成了懲罰。2022 年上半年，由於利率上升，以及對停滯性通貨膨脹的擔憂嚴重影響投資人的情緒，股票、債券和大多數其他資產類別紛紛遭受重挫。平衡投資的投資人，經歷了過去百年來最嚴重的損失。[17] 由於價格全面下跌，媒體頭條指出當前的壞形勢讓投資人避無可避。[18]

雖然我們可以用許多外部事件輕易地解釋市場出現的全面性拋售，但這麼多金融資產同時急漲急跌，讓我懷疑當今的標準投資組合實務，是否存在潛在的重大缺陷。為了得到多角化資產帶來的真正獲利，投資人不應該只考慮資產的歷史相關性。為了讓投資組合保持平衡，我們需要的是信心多角化。**良好的多角化投資組合，需要同時持有反映投資人上升與下降的信心、興奮和絕望的情緒的多種資產。**如果沒有做到這一點，投資情緒的變化，就會導致價格同步波動。在建立投資組合時，投資經理人應該思考投資人對所購買產品的情緒，避免過

第 11 章　決策要素三：信心彈性　217

度購買受單一情緒影響的標的。

信心多角化,似乎是信心彈性概念一個非常晦澀的應用,但它說明如果我們透過信心的角度來看待決策,可以得到新的洞見。無論對企業或資產管理公司來說,多角化的目標都不應只是更能因應不同的經濟環境,也要能夠因應不同的情緒環境。**我們最終的目標不是多角化本身,而是韌性。**我們不僅需要能夠承受壓力中心的壓力,而且需要有成功擺脫壓力中心的資源和耐力。

我之所以談到投資組合需要信心多角化的議題,其實還有第二個更迫切的原因。

過去四十年來,我們看到債券和股票價格上漲,固定收益和股票投資人的信心也普遍同步增強。在金融市場,投資人的需求、資產價格和信心三者是相互聯動的。自 1980 年代初以來,利率穩定下降,股票價格卻飆升。[19] 雖然曾經出現短期的不一致,但信心和金融資產的價格,普遍是穩定上升的。結果,投資人因為他們現在在投資組合裡所持有的許多資產估值同步上漲,而獲得豐厚的報酬。

未來推動投資報酬的因素,以及平衡投資組合的表現能否如投資人所願,將取決於在曾經與信心不相關的市場中,資產表現與情緒同步波動的變化。考慮到 2021 年投資人的信心出現集體的極端情況,如果情緒持續同步下跌,所有資產價格也將會同步大幅下跌。到那時,「平衡投資」的投資人,將無法從他們認為的多角化投資組合中受益。他們將會受到懲罰。

別誤會我的意思,我並不希望發生這種事,但如果說我從近四十年的金融服務經驗中學到什麼的話,那就是當市場上普遍假設的相關性開始失效,意想不到的深遠後果就會產生。根據我的觀察,「平衡」的投資組合,現在正面臨這樣的風險時刻。

信心彈性的研究，可以成為對組織有用的框架，幫助他們思考和視覺化情緒的上升和下降，可能如何影響消費者對其商品和服務的需求。有了這些資訊，企業不僅更可以讓自家產品更好地符合消費者的當前偏好，還可以先人一步，預測未來需求的變化，為此做好準備。

　　對於天生在乘客座位上營運的組織來說，這種預期最為重要。在確定性是關鍵核心的情況下，組織不僅要在一開始就了解客戶需要的確定性是什麼，還要了解當這種確定性受到懷疑時會產生什麼後果，這非常重要。

第12章

小心威權的領導者

　　許多組織天生就在乘客座位上營運。航空公司、監獄、高級餐廳和醫院急診室都是這樣，它們不能輕易把控制權交給其他人。客觀來說，那些需要對員工進行嚴格的監督和訓練，才能授權他們獨立控制流程的組織也是一樣，也不可能輕易把控制權交給別人。

　　在醫院，失敗的後果很嚴重。如果我們知道新的醫生在幫我們治療之前，已經花了很多時間在右下象限裡練習，我們就會感到安慰。醫學院提供嚴格、有結構的流程，把緊張不安的學生從壓力中心轉移到乘客座位。他們要花多年時間上課、接受指導訓練、經歷住院醫師階段，然後才能進入發射台和（或）舒適區，承擔照顧病人的責任。許多公司的實習、教育訓練、學徒計畫，還有軍隊體制，都採用類似的「新人訓練」模式，讓新員工在能夠獨立行動之前，先在乘客座位上獲得關鍵的知識和技能。

　　還有一些組織，或更具體地說是組織的領導者，選擇使用不賦權員工的方式，創造出一種不必要的乘客座位環境。專橫跋扈的創辦

人、事必躬親的主管，以及其他專制的領導者，這類人經常創造出雖然高度確定、卻會助長他人無力感的環境。員工永遠被困在乘客座位上。決策、冒險和更大範圍的權力，仍然高度集中在領導者身上。

平心而論，在某種程度上，這種威權管理有其存在的必要。一間苦苦掙扎的新創公司若想生存，可能需要一位果斷、親力親為、負責任的領導者。在公司成立之初，創辦人可能別無選擇，只能自己處理或指導一切。

另一種情況，當一個危機管理者執掌陷入困境的組織時，他可能會展現出和企業創辦人類似的行為特徵。即使風暴已經過去，他還是緊緊控制一切。危機管理者和主導一切的創辦人一樣，他們也放不了手。此外，一旦一個主導一切的領導者建立起允許全面控制的企業文化，這些文化就很難改變了，尤其是如果曾經證明這些文化可以為公司帶來成功，情況就更嚴重。

許多「以明星為中心」的組織也是如此。對於協助明星員工工作的人來說，每天感覺起來都像這樣：團隊成員要保持高度警覺，準備好馬不停蹄地應付這位專橫又會貶低人的領導者的要求。高級餐廳、律師事務所、好萊塢製片廠、職業運動隊和華爾街，就是因為有這些頤指氣使、以明星為中心的乘客座位環境而惡名昭彰。有趣的是，在許多情況下，這些組織的董事會、老闆和財務合作夥伴，最終也會像基層員工一樣充滿無力感。那些身為監管者的人擔心失去明星員工，所以不願意對其施以約束。

所有這些情況，最終的結果都是營造出一個讓人不舒服的乘客座位職場。

你可以想像得到，這些環境會創造出很多挑戰。

首先，如果不加以控制，這種環境很容易陷入愈來愈嚴重的威權

循環,權力會在循環中變得非常絕對,而且更糟的是,權力會腐化。想一想好萊塢製片人哈維溫斯坦(Harvey Weinstein)的職業生涯。

溫斯坦並不是孤例,**一個組織在右下象限停留的時間愈長,尤其是向最右下角移動得愈遠,就愈有可能變成一個充滿操縱和欺騙的職場。**人們長期普遍感受到的無力感,是催生腐敗的完美土壤。安隆、世界通訊(WorldCom)和泰科(Tyco)的股東都曾親身體會這一點,這幾間公司令人擔憂的內部運作,在專制的執行長失勢後曝光在公眾眼前。最近,威卡和FTX的破產,也顯示了同樣令人憂心的行為模式。

其次,**位於乘客座位的職場,也往往缺乏領導人才。**組織裡有能力和野心取得更多控制權的人,總會在某種程度上威脅到領導者的權威,因此不是被趕走,就是主動掌控自己的命運、自己捲鋪蓋離開。我之前說過,乘客座位的環境需要的是聽命行事。結果往往是一位明星成為鎂光燈的焦點,而周圍都是能力遠不如人、威脅性比較小的龍套角色,以及唯唯諾諾的應聲蟲。會繼續留在組織裡的,都是那些願意屈從於他們的人。

諷刺的是,這常常會造成一種局面:董事會覺得他們也一樣別無選擇,只能服從一位專橫的領導者。如果一個組織內部除了被指定的領導者之外,沒有人有能力主持大局,董事會無論怎麼做都會覺得左右為難。由於公司上下都認為非這樣做不可,極端專制的人就會繼續留任、繼續帶來強硬的作派,而不是被趕下台。我們經常在體育界、娛樂業和華爾街看到同樣的事情。豐厚回報、受人崇拜的明星地位與乘客座位三者,是再熟悉不過的組合。

這種環境可以持續很久,還可以在眾目睽睽之下繼續存在。哈維溫斯坦的惡劣行徑也是他的招牌。[1] 只要人們繼續順從下去,願意接受用無力感換取薪水和福利,情況就不會有什麼改變。又是一樣,群

眾的行為和信心，決定了領導者的命運。

也就是說，雖然這些組織表面上看起來很強大，但它們和所有乘客座位環境一樣，天生都有脆弱性。當一個威權的領導者遭遇滑鐵盧時，這個組織也將面臨同樣的命運，就像我們最近在阿富汗事件中看到的那樣。**由於沒有稱職的領導者接手，一旦原本提供控制感的人離開或被迫離開，確定性很快就會變成混亂。**

正因為這樣，每年都有成千上萬的小企業，因創辦人喪失工作能力或死亡而倒閉。當太多控制權集中在一人身上，組織就會缺乏彈性。這種情況不僅僅出現在小公司身上。在《紐約時報》報導超過80名女性指控哈維溫斯坦性騷擾、性侵犯或強暴後五個月，溫斯坦影業申請破產。[2]

每當我聽到大家稱呼一家公司為「帝國」，或稱呼一位企業高階主管為「教主」時，這都是在警告我，無論這位領導者取得的成功大小、管理的時間長短，一旦他離開這間公司，無論是出於自願或被迫離開，必然會出現慘烈的後果。過分相信控制欲極強的領導者權威，總會讓問題無法被充分認知和暴露。當這些問題終究浮出檯面時，公司這艘船通常會失去方向，到處都是老鼠和炸藥。沒有人能夠迅速接手掌舵，同時整個環境高度腐敗、問題叢生。

以下就是威權的乘客座位職場領導者的典型特徵。

第一，組織裡從來沒有明確且適當的接班人計畫。沒有人——無論是高層還是基層，更不用說領導者本人——能夠想像如果他突然離去，組織會變成什麼樣子。整個環境都預設他會永遠掌權。

其次，這種環境不會有被賦權的團隊，全部都是打手。組織的文化是忠誠和順從，而不是能力和自主。

最後，問題都被粉飾太平。大家不僅從來不討論大問題，連小問

題也不談。坐在乘客座位上的人,不僅必須服從領導者的權威,也必須接受領導者想要相信的事實。

企業花費數百萬美元進行員工滿意度調查,卻少有調查公開徵求員工回饋自己在工作中感到被賦權的程度有多少。就像組織應該考慮了解客戶信心的回饋一樣,他們也應該針對員工的信心採取一樣的做法。企業就像運動團隊,在舒適區時表現最佳,因為這時員工是放鬆的,能夠進行複雜的思考、協作和創新。調查顯示,許多員工都坐在乘客座位上,或甚至更糟,身處壓力中心。對組織來說,這一點是在示警組織有多麼脆弱,以及領導階層必須有所變革。**讓員工針對主管的授權和指導,以及其他能夠鼓勵人們進步的領導作為加以評估,這樣的調查可以為組織的領導團隊和董事會提供有價值的洞見**——不過前提是他們願意採取行動。簡單地要求員工在信心象限上標記自己在每天的工作角色中坐落的位置,也可以達成這一效果。

離開乘客座位

對許多發現自己被困在乘客座位(無論是在職場還是在其他地方)的人來說,他們會先有無能為力的感覺,但很快就會開始問「我該如何脫身?」

從乘客座位離開的路徑,與進入乘客座位的路徑很像,也可以有多種形式。

有一些離開的路徑,只是簡單地沿著原路返回,就像雲霄飛車返回出發點,或者像飛機著陸並安全抵達登機門。在這些情況下,我們很高興能夠回到舒適區的起點。

這看似是個明顯的結果,但乘客座位給人的感覺可能會像監獄一

般,因此,牢記這種不舒服的體驗終究會有明確的終點,這一點非常有用,而且很可能會帶來正面的結果。一架顛簸的飛機幾乎肯定會安全降落在目的地,最恐怖的雲霄飛車也是如此。想要安然地承受這些經驗造成的無助感,我們必須忽略自己強烈的焦慮,轉而把注意力放在命運中的真實機率上。不要再把注意力放在發生機率極低的可怕後果上。

不過,在其他情況下,保持警覺卻是正確做法,例如當我們離開乘客座位後,又回到之前才走出的壓力中心。就像水電工才剛離開我們家,漏水的水管卻還是沒有修好。當地下室裡的水愈積愈多,我們覺得自己又回到了原點,甚至是更糟了。

在這些情況下,我們離開乘客座位的路徑,就掌握在別人手中。我們只能是環境的受益者或受害者。無論好壞,我們並非主動退出乘客座位,而是被趕出去。如果問題解決,我們就會進入舒適區;如果問題依然存在,或者更慘的是變得更嚴重,我們就會回到壓力中心。

為了更妥善處理這些問題,當我們在壓力中心,選擇要授權和追隨的人時,必須牢記可能會有這些後果。我們需要放慢腳步,更深思熟慮,而不是衝動、情緒化地行事。這樣做不僅可能得到更好的結果,讓我們成功回到舒適區,也能減輕我們如果又回到壓力中心,自然會出現的自責和羞愧。我們就不會因為下意識做了錯誤的選擇,而責備自己。(同樣的做法也適用於考慮新工作機會的時候。在加入一個組織之前,盡可能清楚地了解組織的「控制文化」,也許可以讓我們規避坐上乘客座位的風險。)

最後,有時候我們會因為不想再順從下去,而自己選擇離開。我們受夠了那個專橫的主管,對他說:「這工作我不做了!」

在這種情況下,有一些重要的事情發生了:我們用控制力取代了

無力感,用不確定性取代了確定性——我們離開乘客座位,跳進了發射台。

疫情爆發後,許多公司都經歷了員工從乘客座位跳到發射台的現象。這些現象被稱為「大離職潮」、「大轉職潮」或「大重估潮」(Great Reassessment),是員工為了能更好地掌控自己的人生,而發生的大規模遷移。在家工作帶給人們確定性,但這樣還不夠。員工還需要有控制感。雖然在做出決定的時候還不清楚會有什麼結果,但許多上班族都想自己選擇要在哪裡工作、和誰一起工作,以及為誰而工作。在「安靜離職」的趨勢之下,他們也會決定自己要在工作上投入多少精力。

我將在下一章分享更多和左上象限有關的內容。但重要的是要知道,選擇離開乘客座位前往發射台,並不像表面上看起來那麼容易。

一般來說,阻礙我們跳上發射台的,是我們擔心自己最終可能無法進入舒適區,而是失敗跌入壓力中心的左下角,這樣一來最後的情況會更糟,我們會對自己的選擇後悔。我們會想像結果非勝即敗,如圖 12.1 所示,只是失敗的可能性很高。我們擔心辭職後找不到下一份工作。或者,我們擔心家得寶沒有自己要的零件或工具,或是我們根本看不懂 YouTube 的 DIY 修繕影片。

這種恐懼完全可以理解。

首先,坐在乘客座位上的我們,大多數都不認為自己擁有掌控的能力。我們常認為自己只是追隨者,指望別人帶領自己。可悲的是,**這也是許多乘客座位環境中,掠奪成性的領導者都會強化的想法**。他們不但不協助別人,反而貶低別人。他們會很強勢地表示,沒有他們,我們就不能也不會成功。

其次,擁有控制力也可能表示,擁有自己在乘客座位上所欠缺的

圖 12.1
想像自己離開乘客座位

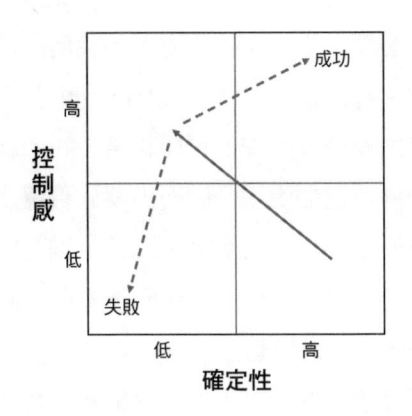

```
         控
         制  高
         感
             成功
             失敗  低
                低      高
                  確定性
```

特定專業知識和能力。畢竟，這就是我們一開始坐上乘客座位的原因：我們特意雇了一個人來解決自己認為沒有能力處理的問題。覺得突然之間可以自己來，這種想法似乎很可笑。

第三，乘客座位的環境往往不鼓勵冒險。把控制權交給他人，或者更糟糕的，控制權是從我們手中被奪走，我們就幾乎沒有機會可以展現自己有能力成功獨自承擔風險。發射台代表一個陌生的領域。此外，採取主動表示要對後果負起全責。如果我們在跳往發射台的過程中失敗了，除了自己，我們無法責怪任何其他人。

最後，由於我們的出發點不在舒適區，所以我們對失敗及其後果的了解，更甚於對成功可能的認知。我們已經感受到脆弱和焦慮，正因為如此，我們可能對結果更悲觀。

綜合考慮所有這些因素，我們會認為成功離開乘客座位的機率很小，所以我們選擇留下來。

如果我們以前經歷過壓力中心，所有這些負面的感覺都會被放

大,而乘客座位則代表比較好的狀況,就算只是好一點。刻意選擇離開乘客座位,冒著回到壓力中心的風險,會讓人覺得不知所措。這可能增加脆弱性,因此必須不惜一切代價避免。我們害怕舊疾復發。我們無法面對回去壓力中心的想法,更不用說自願回去了。

於是,反覆思考所有令人不安的可能結果,我們就會被困在乘客座位上。我們過度思考自己的處境,因而出現分析癱瘓。在許多情況下,我們會一直留在原地,直到情況嚴重惡化,以至於我們感覺自己好像已經置身壓力中心。只有當情況惡化到這步田地時,逃跑反應才會被啟動,促使我們向發射台移動。

如果你聽過性侵受害者的故事,尤其是施暴者在某種形式上,持續對受害者擁有權力或控制權時,你會反覆聽到這些人面臨「進退兩難」的困境,這是所有置身乘客座位的人最終決定站出來之前,都會體驗到的掙扎。這也就是為什麼性侵受害者經常會等到有其他人願意和自己一起站出來,才說出他們的故事。他們相信,透過大家團結在一起,將每個人的故事結合成一個整體,可以讓旁人更認真看待他們所說的話,從而能夠最終進入舒適區。他們認為,「也許現在別人就會相信我們了。」

那些被主管過度控制的員工,也普遍有類似的情況出現。一般來說,人們會保持沉默,直到出現大規模抗議為止。一群人或集體辭職,或留下來但要求徹底改變,顯示領導階層或同事之間長期存在一些讓人頭痛的行為模式。

可悲的是,有一些乘客座位的職場環境,需要來一場真正的災難才能被揭露。波音 MAX 系列墜機事件後的多篇新聞報導,讓我非常震驚這家飛機製造商對於信心如何驅動人們的決策,明顯缺乏基本的理解。波音不僅沒有意識到在乘客座位上經營事業的根本風險,而且

還透過營造乘客座位的職場環境,來加劇這些風險。隨著反對者噤聲,這樣的公司文化必然導致悲劇發生。[3]

「背水一戰」的反應

如你所想,當坐在乘客座位上的我們提出的要求不被重視,我們會受到十分負面的影響。我們的無力感會飆升。我們會無聲無息地跌落到乘客座位的底部。當我們求助的聲音無人聽聞,控制我們的人在集體噤聲的環境下變得更有權勢,報復往往也就在此時發生,這感覺就像最可怕的夢魘成真。我們會滑入壓力中心的左下角,被淹沒在無力感和不確定感之中。我們會感到絕望。

很多人都會屈服於這樣的打擊。這種經驗帶來的創傷,讓我們不願意也無法繼續前進。由於我們離開乘客座位的嘗試失敗了,因此也看不到離開壓力中心的路。

但從另一個角度來講,這反而是我們置之死地而後生的機會。在已經沒有什麼可以失去的情況下,我們的「管它去死」和「戰鬥」反應就會開始發揮作用。

塔拉娜・伯克(Tarana Burke)就是這樣的例子。正如她所說:「MeToo 運動從我靈魂最深最黑暗的地方長出來。」[4]

黑暗是許多社會和政治運動的搖籃。長期坐在乘客座位上,請求協助卻得不到回應,一再遭受報復清算,這種共同的絕望,會讓我們出現背水一戰的反應。

我們很容易將社會運動的成功,歸因於那些因為面臨絕望而採取行動的先行者的勇氣,但對於那些在乘客座位環境裡掙扎的人來說,這些榜樣還傳達了其他的重要資訊。

首先是要體認到，什麼都不做本身，就是一個有意的選擇。雖然我們可以責怪別人強行把自己拖到乘客座位上，但沒有人把我們關著不讓我們離開，是我們自己選擇留在那裡。

　　這種看法可能會讓一些讀者覺得不舒服，或者太過天真，畢竟置身右下象限的人，經常面臨巨大的身體、經濟和社會壓力。這些限制是真實的，我不想低估它們的影響。我也不是在暗示那些留在乘客座位上的人，是自己選擇要成為受害者。由於嚴重的結構性不平等，有些人比其他人更難離開乘客座位。特權和資源的分配並不平均。我想說的只是：**換一種方式思考乘客座位，把一個被監禁的環境，想成我們自己選擇留下的環境，這樣可以逼我們思考替代方案，以及思考如何為這些替代方案做好準備。**「我被困在這裡」和「我選擇留在這裡，直到我能安全離開為止」，是很不一樣的心態。重新獲得控制權是可行的作為，我們可以採取具體、深思熟慮的步驟。

　　對一些人來說，做好離開乘客座位的準備，指的是強迫自己去掌控，並獲得新技能。有時候，這些技能在本質上可能是技術性的，尤其是在考慮換工作或職業的情況下。我們應該要知道，未來的發展方向需要我們做哪些準備。另一些情況下，這可能表示我們要發展軟性技能。尤其是在置身乘客座位的處境下，這可能意味著我們要學習如何為自己發聲、採取主動的作為。

　　我們不僅要學習這些技能，還必須實踐這些技能。為了做好離開乘客座位的準備，我們需要讓自己暴露在其他象限裡。比方說，我們可能會失敗並落入壓力中心，因為會需要一番掙扎，才能熟練掌握新技能。在思考如何離開乘客座位時，我們要思考怎麼自我訓練和準備，才能迎接未來的挑戰。

　　我們可能還需要不同的工具和資源。就像計劃出國旅行時思考要

在行李箱裡放什麼東西一樣，在思考新環境時，我們也必須擬定一份所需物品的清單。

此外，我們需要養成新的慣例、生活規則和習慣，把不熟練的、試探性的步驟，變成有規律的重複動作。我們會忘記，控制力的大敵是無所作為。常規動作示範給我們的不只是控制力，而是系統一思維之下的控制力。一旦我們不用再思考自己在做什麼，那時我們就處在舒適區了。在不知不覺中養成的習慣，為我們帶來一條關鍵途徑，讓我們從乘客座位上走出來，進入右上象限。

不必多說，有教練和導師來幫助我們，讓我們承擔起責任，同時鼓勵我們，是非常重要的事。孤獨和無助是人們在乘客座位上常見的感受。此外，離開乘客座位的一個最大障礙，是我們根本不知道該怎麼做。想要成功，我們就要尋求協助。許多坐在乘客座位上的人都沒有意識到，尋求協助並非軟弱的表現，而是展現控制力的方式。尋求協助可以將我們帶到發射台。

最後，決心離開乘客座位時，我們必須找到值得信任且有經驗的人，來給自己協助指導。在相似的道路上尋找「志同道合的人」也特別有幫助。

你可能已經感覺到，想要隻身離開乘客座位，挑戰性非常高，其中牽涉很多事情。此外，**從乘客座位到舒適區，很少有筆直的路線。這是一個自我賦權和讓生活重獲控制的過程**，因此感覺好像每前進兩步，就會退後一步。

這裡值得強調的是，並非所有乘客座位環境都是由他人造成的。被成癮行為所困的人，常常也會把這種經驗界定為無力的感覺。對許多成癮者來說，他們的生活似乎是一個無休止的循環，在象限圖下方的兩個框框裡不斷往返，而發射台和舒適區似乎遙不可及。酗酒的人

需要擁有掌控力才能戒酒，但在強烈的酒癮之下，這幾乎是不可能的任務。

另外還有在我們腦海中不知不覺會出現的那些批評的聲音，也會讓我們有被囚禁在乘客座位上的感覺。我們會因為過去錯誤的決定而感到自責和羞愧，在事情過去很久之後，依然對別人苛責的言論耿耿於懷。在沒有意識到的情況下，我們可能會判自己無期徒刑，要自己永遠待在乘客座位上，因為害怕再面對窘迫和失敗的局面，而不願意離開那裡。

想要離開乘客座位，我們往往必須探索自己的內心，認真面對自己緊抓不放的痛苦而無力的故事，克服感受到的壓迫，無論那是真實的還是想像的壓迫。在這方面，導師、支持團體和諮商師，可以發揮寶貴的作用，幫助我們前進。

說到這裡，我要針對乘客座位提出最後一個更好的做法：不要等待，不要遲遲不肯採取行動。**無論我們進入乘客座位的原因是什麼，如果希望抵達舒適區，我們必須主動掌控。**控制權不會自己落在我們身上，也不會有軍隊趕來解救我們。控制權只能來自我們自己。此外，如果我們沒有自己採取行動，我們經歷的脆弱性將會一直持續。事實上，如果我們不自己出手干預，情況可能會變得更糟。

所以我們有三個選擇：屈服於乘客座位上的無力感；等到情況變得再也無法忍受時，開始出現極端情緒化和衝動的 5F 反應；或者，現在就採取深思熟慮的必要行動，準備離開。

●

如果乘客座位是回到舒適區的一種手段，那麼我們會願意暫時忍

受缺乏控制感的體驗。但即便如此，我們仍然沒有信心。因為我們聽命於他人，只是環境的受益者或受害者。

因此，在乘客座位上的我們若想獲得信心，就必須重新取得控制權。在最好的情況下，控制權會自動交到我們手中。例如飛機安全降落在目的地，我們也興高采烈地走上空橋、進入航廈；或是我們聘用的服務供應商，完美地解決了我們的需求。

但更多時候，我們需要自己取得控制。由於這個過程通常需要把無力感轉換成控制感，把不確定性轉換成確定性，因此，我們的下一站將是發射台。

第五部

左上象限：發射台

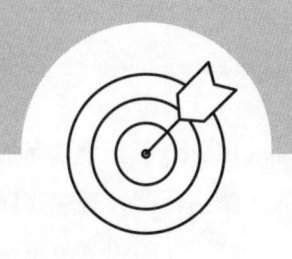

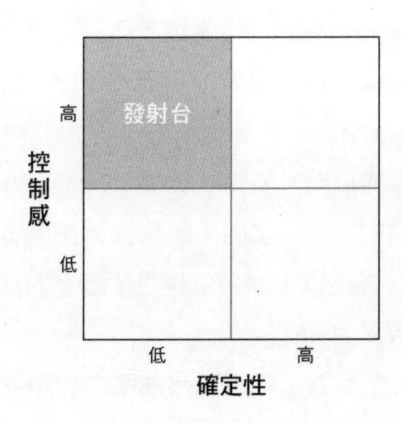

第 13 章
擁抱不確定性

莎拉‧布蕾克莉（Sara Blakely）正準備參加一場派對，她意識到自己沒有合適的貼身內衣，讓白色的外褲線條顯得順暢。於是她拿起剪刀，在「天才的靈感」加持下，剪掉了收腹褲襪的褲襪部分。在那一刻，Spanx 誕生了。[1]

接下來的兩年裡，布蕾克莉一邊全職工作，一邊找到一家紡織廠幫她生產產品，為 Spanx 申請了必要的專利和商標，從奢侈品百貨公司尼曼馬庫斯（Neiman Marcus）那裡拿到一份大訂單，最後還上了電視。Spanx 塑身收腹無褲襪，名列歐普拉（Oprah Winfrey）2000 年「最喜歡的東西」清單中。一夜之間，傳真機業務員布蕾克莉，搖身一變成了知名企業家，甚至以全球最年輕白手起家的女性億萬富翁之名，登上《富比士》雜誌封面。[2]

如今，Spanx 之於塑身衣，就像聯邦快遞之於隔夜送貨一樣，是重新定義產業且廣受歡迎的品牌。和前輩弗瑞德‧史密斯一樣，莎拉‧布蕾克莉為近在眼前的問題找到了答案。她帶著這個答案跳上發

射台，然後成功降落在右上方舒適區。她在信心象限上的旅程，是每個創業家的夢想。

當我和創業家對話時，我們關於信心象限的話題，很快就會集中在發射台上。他們把左上象限這個充滿高控制感和低確定性的環境，描述成自己天然的棲息地。他們告訴我，讓大多數企業領導者覺得最放鬆的舒適區，對他們來說實在太無聊了。創業家覺得有太多確定性的生活很乏味。可能性讓他們興奮，可以啟發和激勵他們。別人眼中令人不安的不確定性，在他們看來卻潛力無窮，是可以建立一個企業來解決問題、創造新事物的機會。而且，他們想要親自帶領這樣的企業。創業家渴望掌舵的機會。

這就是天生的冒險家性格。這些人無論是在拉斯維加斯的賭場裡擲骰子、攀爬陡峭的懸崖，還是像劉易斯和克拉克（Lewis and Clark）那樣第一次探索美國西部，當他們掌握控制權時，他們就會有信心。發射台就是他們的舒適區，而這個象限的最頂端是他們的甜蜜點，在這裡他們擁有最大的控制力（圖 13.1）。

然而對我們大多數人來說，發射台缺少足夠的確定性，能讓我們放心。左上象限不確定的特性（和最大的可能性），代表事情尚未完成，太多問題懸而未決。如果按照發射台的要求，選擇縱身一躍，我們會想知道自己能否安全回到舒適區，而非失敗落入壓力中心。

位於發射台的組織

當我們談到「知名」和「成熟」的企業，指的通常是那些已經從發射台進入到舒適區的成功企業。這些企業擁有一定規模、一系列明確界定的產品、清楚的客戶群，以及穩定的利潤和現金流。無論是在

圖 13.1
發射台是創業家的舒適區

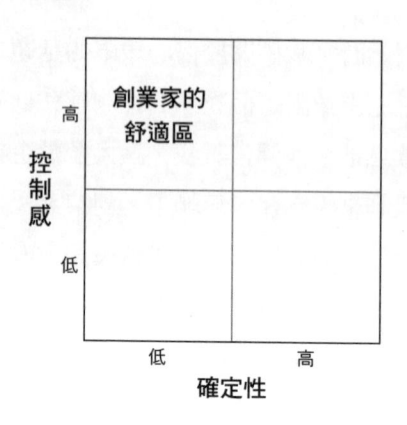

```
控
制    高
感         |    創業家的
           |    舒適區
           |
           |_____
           |
       低  |
           |_____
              低        高
                 確定性
```

消費者和商業信心高漲的時期快速成長，還是在經濟衰退期間面臨挑戰，這些老牌公司的長期前景都有一定的確定性，這對股東、貸款人和員工來說都很有吸引力。我們無法想像世界上沒有可口可樂、家得寶和微軟這些公司，它們對我們來說非常熟悉。它們展現出的是舒適區獨有的認知輕鬆和系統一思維。

發射台上的組織不具備這些好處，它們不會讓我們感覺到那張確定性的安全網。我們要用系統二思維來檢視它們，因為我們看到的更多是未知。因此，我們會把大多數新創環境描述成「有風險」，也就一點都不奇怪了。成功是不確定的，結果也是不可知的。

為了補償這一點，發射台的領導者會試圖加強控制，來緩和負面的影響。他們在發射台上行動時，會為了取得成功而傾向快速決策、不斷重新評估和頻繁改變策略。創業家就像在陌生、曲折的道路上開車的司機，知道自己必須做好準備快速換檔、急轉彎，甚至在必要時猛踩煞車、倒車和迴轉。成功的創業家知道自己必須保持靈活。策略

性思考和長期規畫,是坐落在舒適區組織的典型特徵,卻不適用於創業家。創業家喜歡的是隨機應變,他們會反覆學習和調整路線。創業家用「我、此時、此地」的模式經營,他們要在別人捷足先登之前,發現需要解決的問題,並抓住機會。如果成功了,他們才會進入舒適區,那時他們會有一種明顯的成就感,一種「看看我做到了什麼」的滿足感。

但這些時刻通常不會持續太久。當其他人滿足於待在舒適區時,天生的冒險家很快就會想再嘗試一次。他們想回到發射台,看看下一步能做什麼。他們就像把一款新電玩遊戲玩到破關的玩家一樣,希望能繼續嘗試新的、更有挑戰性的遊戲。商界領袖稱呼自己是「連續創業家」時,就已經在透露他們的使命:一次又一次站上發射台冒險。

發射台的企業文化

對於那些不在掌舵的人來說,創業型的發射台職場,挑戰性非常高。遠離高階主管層,置身充滿不確定性和缺乏控制的環境中,對普通員工來說感覺可能像是處在壓力中心。當高層衝動決策、公司突然轉向時,他們覺得自己就像坐上了瘋狂的雲霄飛車。即使公司賦權員工,這些環境仍充滿挑戰。就像乘客座位組織中的員工必須忍受長期的無力感一樣,發射台組織的員工也必須忍受永無止境的不確定性。不斷的變化是常事。

找到適合這種環境的員工非常關鍵。發射台企業需要的團隊,必須視改變為機會而非損失,並能在不確定的環境中輕鬆掌控局面。

這種情況讓大規模的創業環境難以持續,因為如果未來難以預測,很多員工就會覺得疲憊不堪。長期的不確定性讓他們筋疲力盡。

矛盾的是，為了成長和永續經營，發射台企業最後必須進入舒適區。也就是說，組織內部和客戶之間的控制感和確定性必須擴大。為了讓組織穩定和持續發展，「我、此時、此地」心態，必須轉變成「我們、無所不在、永恆」的經營模式。

對創業家領導者來說，這表示要把控制權交給其他人，而這種行為很少會自然而然地出現。就莎拉‧布蕾克莉和 Spanx 來說，這表示她要把執行長的位子，移交給最初在公司擔任顧問的勞莉‧安‧高曼（Laurie Ann Goldman）。布蕾克莉後來對《富比士》說：「高曼為公司帶來更多制度和結構，我們開始有正式的業務規畫，這是以前從來沒有過的。我們還制定了為期一年和三年的目標。」[3]為了讓公司從發射台進展到舒適區，Spanx 需要改變領導風格（我們之後會一直看到這種模式）。

在發射台上的成功新創公司還有另一個矛盾，它們往往會被舒適區的老牌企業看作很有吸引力的收購對象。成功的新創公司可以帶來高成長、創新和「令人耳目一新」的創業精神，在那些規模較大、成長緩慢的組織看來，是完美的收購選項。

但收購方忽略的是，**涉及到併購時，大多數樂於接受不確定性的發射台公司，與大部分處於舒適區的企業，在文化上並不契合**，因為後者的決策過程以維持確定性和控制感為主導，也就是力圖維持在舒適區裡面。因而，那些喜歡說「讓我們來試試，看看會發生什麼事」的創業家領導者，往往會辛苦地掙扎在大企業緩慢、謹慎、建立共識、避免脆弱性的決策過程中。

在併購的談判桌上，當雙方盯著合併後誘人的預估獲利，他們通常認為自己能夠克服彼此截然不同的企業文化。但這兩種環境其實水火不容：一個組織在高度的確定性下蓬勃發展，而另一個組織則享受

高度不確定性帶來的一切可能性。交易完成後，表面上的雙方爭奪控制權，實際上更有可能是一場拉鋸戰，看看信心地圖上方的兩個象限，哪一個可以在企業文化方面占據上風。幾乎在所有情況下，舒適區這個「身體」，都會排斥「移植」到自己身上的發射台文化，於是創業家通常很快就會逃離大企業。

這就是收購方經常覺得訝異的地方：由於創業家從一開始就不需要，或不想要舒適區的確定性，因此往往不需要太多理由或慾恿，他們就願意轉身離開。一旦收購完成，尤其是當收購方開始強加更多結構在新創公司身上時，大多數創業家都迫切想要離開，再次嘗試打造一家新公司。這是他們的使命。

舒適區企業每年花費數十億美元收購快速成長的發射台公司，結果卻發現自己的錢白白浪費了。位於舒適區的收購者，通常都是等到創新週期快要結束，才會採取大膽的行動。美國線上（AOL）和時代華納（Time Warner）的合併就是這樣，是在錯誤的時間把發射台和舒適區企業結合起來的典型例子。此外，併購後收購方通常會強加嚴格的控制，反而扼殺了它們一開始想要的創新和成長。在許多情況下，惡性循環隨之而來：收購方發現被收購公司成長放緩，考慮到高昂的收購溢價，他們持續加大控制力道，於是進一步抑制被收購公司的成長。收購方幾乎都是把自己剛買來的金雞母，親手給殺掉。

大多數的舒適區公司，**與其在週期後段直接收購發射台公司，不如儘早持有它們的股權，然後在管理和企業文化上讓其自行發展。**

福特在 2019 年 4 月和電動卡車公司睿維安（Rivian）建立戰略合作夥伴關係、進行大量投資，就是採取這種做法。儘管隨著福特內部電動車開發工作如火如荼地發展，雙方最終拆夥了，但福特從中取得巨大的財務回報。睿維安在 2021 年 11 月上市，為福特賺進 82 億美

元的收益。[4] 雖然睿維安的股價後來遭受重挫,讓福特的收益大幅下降,但財務回報依然相當可觀。

透過這種方法,福特能夠儘早投資,從快速成長的發射台新創公司身上取得潛在獲利,同時讓新創公司的能力可以按照其自身的步調發展,並與福特原有的舒適區文化和業務做法並行。福特的領導風格並沒有讓烏龜和兔子都覺得沮喪,反而讓它們能夠各得其所。

進入發射台的路徑

雖然像莎拉・布蕾克莉創辦 Spanx 時所展現出的那種創業家精神,吸引許多領導者進入發射台,但也有一些人是在完全不同的情況下,從象限的不同位置進入發射台的,因此會有截然不同的感受。

從壓力中心來到發射台

我之前說過,發射台通常是我們離開壓力中心的必經之路。例如水管破裂時(壓力中心),我們會到家得寶購買需要的修繕零件(發射台),想成功修好水管(讓自己回到舒適區)。在這些時刻,我們在發射台上的感受,通常取決於自己準備的程度。如果我們覺得準備充分,就會認為自己只是在發射台短暫停留,這是成功抵達終點、安全降落在舒適區的必要手段。

但如果我們準備不足、甚至毫無準備,就會陷入困境。就像一個滑雪新手坐錯纜車,突然發現自己站在陡峭的高級滑雪道頂端,這時我們會回到壓力中心,感到恐慌。我們看不見通向山腳的清晰道路。在發射台時,我們認為自己擁有的控制力和對結果的確定性,會決定我們的反應。一個準備不足的人,和苦苦掙扎在發射台上的組織一

樣,就像站在玻璃上的貓,想在徹底失去控制之前,拚命抓住能抓住的任何東西。

這種天然的脆弱性,是發射台和乘客座位看起來十分相似的原因。就我們的行動來說,只會有兩種結果:平靜或混亂。我們不是不斷向舒適區邁進,就是失去立足之處、跌入壓力中心。發射台和乘客座位的另一個相似之處,在於它們都過度依賴確定感和控制感的其中一種,藉此保持穩定。在乘客座位上時,我們必須對結果有極大的確定性;在發射台上時,我們則需要擁有極大的控制感。

在發射台上的人尤其在意控制感,這一點可以解釋企業領導者和政策制定者,為什麼在疫情一開始採取極端的作為。由於每個人都深陷壓力中心,領導者在帶領這麼多人離開壓力中心時,不會打無準備之仗。在極度不確定的情況下,他們會竭盡全力,希望經由發射台,成功回到舒適區。

在新冠疫情全球大流行期間,許多企業同時收購供應商、將外包工作拿回內部、將員工和生產設備調到離公司更近的地方,並將廠房移到更靠近供應商的地方。3D 列印公司 Carbon 執行長、杜邦公司前執行長艾倫‧古曼(Ellen Kullman)對此解釋說:「這和控制有關。在一個不確定的世界裡,我希望擁有更多控制感」。[5]

當公司在疫情期間陷入壓力中心的混亂之中,古曼和其他商業領袖一樣,目標是把公司帶到發射台的頂端,創造出盡可能良好的控制感。擁有足以領導接下來會發生事情的明確能力,她才會覺得自己可以為所有利害關係人創造出更大的確定感(圖 13.2)。

對大多數危機管理者來說,重新拿回控制權,並盡可能向上進入發射台,是他們的「第一步」。你可以從他們使用的措辭中聽到這一點。消防員努力「控制野火爆發」,醫師努力在病情惡化之前「控制感

圖 13.2
採取極端控制以離開壓力中心

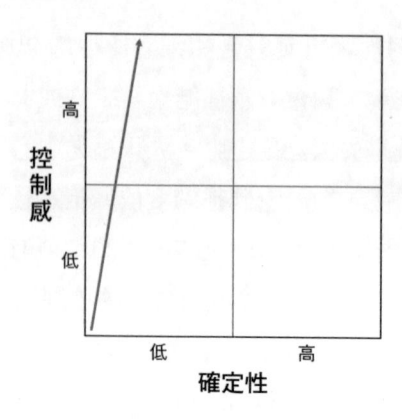

染」。在疫情期間,我聽到公共政策制定者在討論控制疫情及其帶來的影響時,使用了非常類似的措辭,包括「拉平感染曲線」和「阻止傳播」等口號。關於控制的訊息、隱喻和符號無處不在。

疫情導致的員工流動現象之中,重新取回控制權也是重中之重,這些現象包括「大重估潮」、「大轉職潮」、「大離職潮」,甚至是「安靜離職」。從本質上來說,這些行為模式都是為了取得控制權。隨著疫情持續,快速恢復常態的希望日漸渺茫,人們於是重新思考自己想要如何、在哪裡、和誰一起度過時光,以及為誰花時間。當周遭的世界崩潰,人們會盡可能找回控制權。

面對創傷事件時,我們也會看到這種自然反應。預見未來有不確定性時,我們會採取謹慎的措施,確保不會再度體驗到無力感。曾經被野火嚇到,我們就會準備一個「應急包」;一旦有過被鎖在門外的經驗,我們就會把備用鑰匙藏在屋外,或是請鄰居代為保管。

這次疫情也一樣。自疫情爆發以來,企業竭盡全力強化供應鏈韌

性,「剛好及時」已經被「以備萬一」的庫存管理方式所取代。領導者轉向更小、更簡單、更少相互依賴、更在地化、更透明的系統。

　　新冠疫情是一個很好的案例,可以讓我們研究,**當許多身在壓力中心的個人和企業同時尋求控制,會產生哪些廣泛的影響**。疫情爆發後的通膨飆升並不應該令人意外,因為 2020 年 3 月由恐慌驅動的決策,在刺激消費者需求的同時,也減少了供應商的供給。

　　俄羅斯入侵烏克蘭,也引發了類似由脆弱性驅動決策的狀況,領導者都想在戰爭的不確定性中重新取得控制權。製造安全、能源安全和糧食安全是第一要務,全球的企業和國家領導人,都在同一時間力求馬上提高自己能夠控制的程度。在這種情況下,大宗商品市場出現狂飆一點也不讓人意外。買家、賣家、投機者和避險者,也都在做一樣的事。

　　當不確定感急遽上升,我們會透過盡可能控制一切來補償這種感覺,無論是個人、企業領袖還是政策制定者皆然。大家同時這樣做,對經濟和金融市場帶來的後果,會十分深遠。

自願走上發射台

　　嘗試創業,以及渴望或需要逃離壓力中心,是走向發射台的兩條路徑,但其實還有其他路徑。例如,我們自願離開舒適區,去學習一項新技能或接受一份新工作。這種情況下,在體驗到新的不確定感時,我們傾向踏出謹慎的腳步,小心控制更多困難出現的速度。身為滑雪新手的我們,會慢慢沿著一條平緩、寬闊、簡單的雪道滑雪。而當我們有了多次成功抵達山腳的經驗,感覺已經掌握一定的熟練度後,就會轉向中級的雪道,那裡的路線更陡峭、更狹窄。

　　如果畫出學習滑雪的信心地圖,這個路徑會在舒適區和發射台之

間來回循環,很像我們滑雪時不斷上山下山的旅程(圖 13.3)。每多滑一次雪、每多一次嘗試的機會,我們都希望衝下雪坡時可以有更多控制感和確定感。如果學習滑雪的一天結束時,我們成功回到滑雪小屋,沒有骨折也沒有扭傷腳踝,這就是美好的一天。此時我們高坐在舒適區的上方,誇耀自己征服了新的路線。

當我們開始玩單機電玩遊戲、拼圖遊戲和填字遊戲時,發射台也是我們自願前往的地方,因為這些活動會帶來不確定性,我們必須自己找到答案才能解開謎題。如果成功通關,我們就會回到一開始的起點:舒適區。

如果我們失敗了,自願前往發射台的一些經驗,只會帶來輕微的影響。雖然我們沒有順利完成拼圖和填字遊戲,但日子還是可以照過。然而有一些活動若沒有順利完成,卻會帶來嚴重的後果,例如攀岩。我們自願前往發射台的意願,和我們認為在那裡行動會發生的後果,以及我們準備的程度有很大關係。**我們的選擇基於想像的結果。**在中級滑雪道體驗過驚險時刻後,我們會告訴朋友,自己不打算跟她一起滑高級雪道。我們會想像自己無法控制滑雪板,不希望自己最後摔落在象限圖左下角,被當成捲餅一樣包在雪橇上,由滑雪巡邏隊運送下山。

此外,我們有時會因為預期可能成功,自願進入發射台,例如期待得到意外之財、社會地位或其他好處。當我們決定玩威力球彩券、投機比特幣,或選擇和朋友在酒吧喝一輪龍舌蘭,我們都是自願選擇站上發射台。在這些情況下,我們想的都是自己可能得到的好處。採取行動可能讓我們變得富有、實現財富自由,或更受朋友歡迎。

因此不難理解,許多新創組織會向投資人和員工強調,當公司取得必然的成功時,對方將累積潛在的財富和地位。他們承諾,只要忍

圖 13.3
離開和返回舒適區

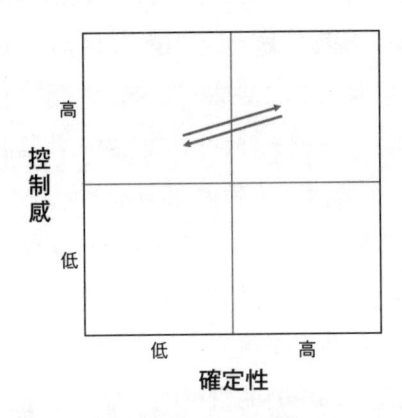

受過強烈的不確定性,就會收穫豐厚的回報。只要這些人繼續相信總有一天會出現這種美好的結果,整個團隊通常就可以繼續保持和諧。但是,一旦願景出現變化,例如未來確定的獲利消失,挑戰就會出現。**如果發射台企業的員工和投資人,感覺從舒適區到壓力中心的路徑發生了變化,他們就有可能恐慌、生氣以及跳槽。**

在 2021 年到 2022 年科技股崩盤期間,我們親眼目睹過這種態度上的轉變。在此之前,許多高速發展的公司股價飆漲,員工除了舒適區右上角之外,想像不出自己的努力會有其他結果。然後,隨著股價暴跌,這些員工想像到的是近在眼前的壓力中心,於是覺得自己被背叛了。為一家快速發展、但未來不明朗的新創公司工作的吸引力,於是逐漸消失。

這就是發射台最大的問題:我們在那裡的感受,會影響對行動結果的想像。高度樂觀時,我們很容易想像未來會成功,我們認為自己有很高的機率最終會抵達舒適區。而在悲觀時,我們又完全想像不到

舒適區這個結果,我們看到的是自己不可避免淪陷在壓力中心。**我們的信心水準,會決定我們在發射台上的感受,進而決定我們預測的結果,再進而決定我們如何採取行動。**我們在發射台上的決策,來自我們想像出來的結果,而想像出來的結果,又來自我們的感受。

我在第 1 章分享過搭飛機去洛杉磯的經驗,我強調右下象限乘客座位有類似的問題。在飛機上,我們對環境的看法也是由感受驅動的,我們想像的結果也隨之而來。身為一個極度樂觀、經驗豐富的乘客,我自然地認為自己好像在舒適區,雖然我實際上是坐在乘客座位。我毫不懷疑飛機會將我安全送到洛杉磯的登機門。然而我旁邊那位緊張的乘客,在整整五個小時的飛行中,都是在壓力中心度過。她不確定我們能否成功降落。雖然大家搭同一班飛機,但乘客的感受卻各有不同,反映出對航程結果各自不同的想像。我高估了自己對結果的控制程度,她則低估了結果的確定性。在這兩種情況下,我們對飛行體驗的想像,都取決於各自的信心。

當你排隊搭雲霄飛車時,也可以看到這種發射台上的信心扭曲。我們不用花太多時間,就能分辨出哪些人覺得自己在舒適區,哪些人覺得自己在壓力中心。前者正在想辦法去搶前排的位子,他們會在雲霄飛車俯衝時高舉雙手;後者則瘋狂地找各種藉口不要玩了。但無論他們把自己放在象限圖的哪一個位置,他們都會搭上同一輛車,這輛車會在一分鐘內把他們送回出發點。然後,你很容易就可以猜到,哪些人覺得這段旅程只持續了五秒鐘,又是哪些人覺得度秒如年。

・

發射台和乘客座位一樣,也會帶給人們各式各樣的感受,這取決

於我們是從哪一個象限來到發射台。也就是說，我們前往發射台的路徑非常重要。但是，我們有多適應不確定性，以及多偏好風險，也一樣重要。

在更具體地談冒險之前，我想討論信心的最後一個層面：我們說的故事。由於我們的說法對於我們在發射台上做出的選擇，以及在那裡經驗到的感受十分重要，所以我們要更了解這些敘事以及它們產生的影響。

第 14 章

決策要素四：我們說的故事

在本書的開頭我說過，我們的行為和我們的確定性與控制感之間，自然存在相應的關聯：我們會按照自己的感覺行事。接著，我詳細分析了視野偏好的層次，顯示視野偏好也和我們的信心程度有明顯關係。從信心較低時的「我、此時、此地」偏好，到信心較高時的「我們、無所不在、永恆」偏好，視野偏好作為一道隨之變動的橋樑，將我們在信心光譜上的感受和行動連結起來。最後，我深入解析了我們的認知處理，以及我們如何調整認知處理與信心水準相一致。充滿信心時，我們會懶惰地使用系統一思維；而缺乏信心時，我們就會強烈仰賴系統二思維。

總而言之，我們的信心水準、偏好、認知處理以及行動，會達到自然的平衡狀態。因此，如果我們知道自己當前在其中一個要素上的狀況，就可以合理推斷出其他要素的狀況。此外，當一個要素發生變化，我們也可以預測其他要素會如何相應地調整。

現在，我想帶到決策的最後一個重要層面：我們說的故事。故事

也和我們的信心水準有天然的關係。當我們在發射台上採取行動時，故事會發揮關鍵作用。面對不確定性時，我們的故事會定義我們的選擇。當我們覺得事情不可預測，故事會幫忙填補空白。

我們說的故事不僅帶給我們省思和平衡，也很實用。故事提出有用的線索，顯示我們的感受，以及我們下一步可能會採取的行動。此外，如果我們希望傳達給別人有效的訊息，那麼我們說的故事就必須和任何故事一樣，反映出對方的信心水準，以及他們在象限圖上的具體位置。

故事是生活中的新聞報導

你應該還記得，在本書一開始，我詳細描述了財經媒體如何在每個工作日下午，產出各種故事和說法，來解釋當天市場發生的情況及其原因。但這種現象並不僅限於財經媒體。在自己的生活中，我們也是這樣做的，我們每時每刻，都在不斷地說故事給自己和別人聽。企業和其他組織也是如此，從公布每季營收到管理簡報，都在說故事。當然，還有更普遍的新聞媒體。媒體不只報導發生的事情和原因，也分享別人的觀點，通常是專家（和想成為專家的人）說的故事。如果這樣還不夠，每次我們瀏覽推特、LinkedIn、臉書、IG和其他社群媒體平台，都會發現類似的說故事現象。我們比過去任何時候，都沉浸在更多的故事當中。

談到所有這些故事，有兩個因素最重要：**故事的相關程度和共鳴程度**。一個訊息是否有用、是否值得關心，是因為它為我們提供了重要的資訊，或是強化了我們與他人的連結。一個訊息感覺起來合理，是因為它證實並支持了我們相信的東西。如你所料，可以在人群中傳

播得最快、最遠的故事,就是最符合這兩個標準的故事。

請注意,我完全沒有提到正確性。對我們來說,真實性本身,遠遠不如事情感覺起來真實與否來得重要,因為正是「感覺起來很真實」,讓我們可以動用系統一思維。因此,**最普遍被接受和分享的故事,往往也是受到最少仔細檢視的故事。**

新冠疫情爆發初期,為這種現象提供了一個生動的案例。我在第3章說過,2020年初,美國還沒爆發疫情之前,我們覺得很有信心,不曾質疑這種疾病「已被控制」在中國境內的說法。後來,當湯姆・漢克斯和魯迪・戈貝爾確診的新聞顛覆了我們的信心,那個病毒「已被控制」的說法,再也無法反映我們的情緒。即使動用強烈的系統二思維,我們也無法接受這個故事。驚慌失措之時,我們立刻拋棄了疫情「已被控制」的說法。此刻的我們需要一個相關且能引起共鳴的新故事。

圖14.1中的Google搜尋趨勢圖,顯示我們在「史無前例」(unprecedented)一詞中,找到了這兩個要素。我們緊緊抓住這個詞,就好像它是颶風裡的救生圈。

我們陷入洶湧的恐懼之中,無法理解周遭旋轉的風暴,很快就詞窮,不知道該如何形容眼前的世界。我們需要一個詞來充分表達對迅速蔓延的新冠疫情的強烈感受。這一次,情況確實不一樣。這是史無前例的時刻。我們迷失在未知的深淵裡。

同時,我們用「史無前例」一詞,不只是因為它在字典中的定義是「前所未有」。當我們說「史無前例」時,也包含嚴重和出奇的意思。我們在放大事情的負面情況。隨著新聞媒體每天報導小幅新增的確診病例,我們已經在預期未來會有數十萬甚至數百萬病例。於是,我們馬上就將強烈的恐懼轉化成誇張的推斷,認為當前確診人數將呈

圖 14.1
2020 年春天「史無前例」一詞的 Google 搜尋趨勢圖

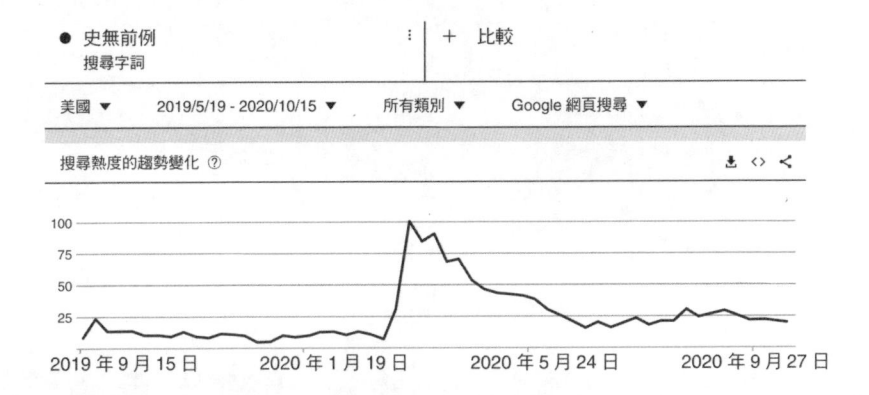

來源：Google

現爆炸性成長的趨勢。從心理上來說，我們就像要面對驚悚片裡的外星人入侵。當我們說疫情「史無前例」，等於在暗示我們可能很容易在身體和情緒上被擊敗。

請注意，「史無前例」這個詞，本身也有直接的效果。它暗示疫情讓我們猝不及防、措手不及，是可以理解的，甚至是正常的。如果這場疫情的確史無前例，那我們怎麼會知道要小心警覺，更不用說還要為它的影響做好準備呢？

不出所料，措手不及的商界領導者，紛紛抓住這個詞，急著想利用疫情「史無前例」的性質，當作他們缺乏準備的方便託詞。AlphaSense 是一家追蹤企業在營收報告和簡報中使用哪些特定措辭的軟體公司。其數據如圖 14.2 所示，疫情來襲時，「史無前例」成為許多高階主管首選的形容詞。[1]

在愁雲慘霧的季度法說會上，當遭到重創的投資人同情地點頭贊

圖 14.2
2016 年到 2022 年，企業提到「史無前例」一詞的數據

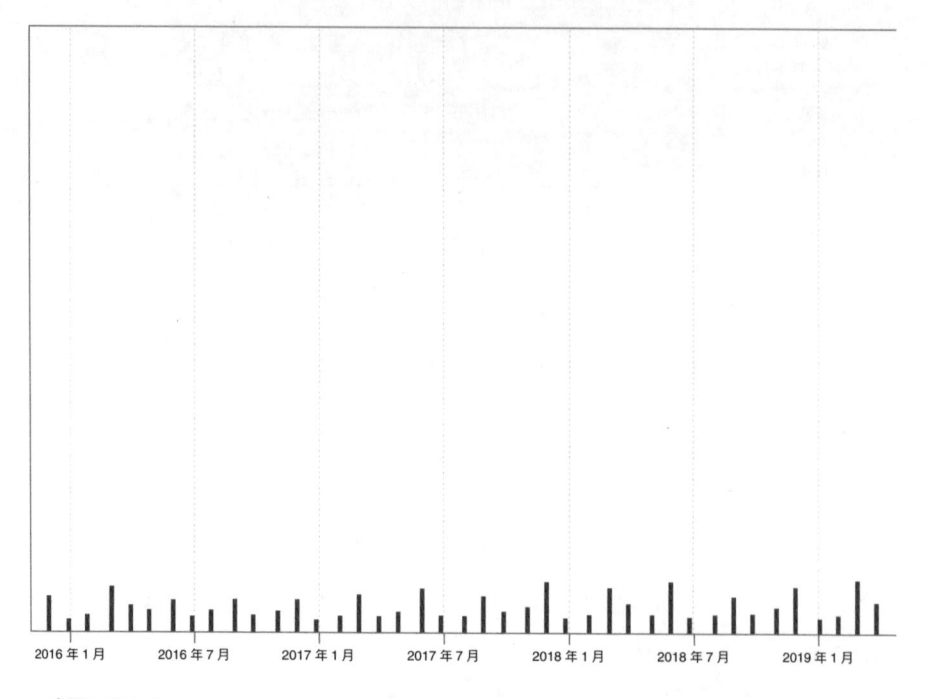

| 2016 年 1 月 | 2016 年 7 月 | 2017 年 1 月 | 2017 年 7 月 | 2018 年 1 月 | 2018 年 7 月 | 2019 年 1 月 |

來源：AlphaSense

同企業高層，「史無前例」就成為各界用來「脫身」的保命符。被業績表現嚇到的執行長隨意地拋出這個詞，把公司遭遇的不幸歸咎於疫情。資產經理人和財務顧問，也是如此和客戶討論他們的投資組合。

而且沒有人反對。[2]

投資人欣然接受了我們正在遭遇「史無前例」的疫情這一說法。是的，這個詞完美表達出他們對疫情爆發的感受，但它也精準地為美國人畫出了更大的故事：從來沒有人想到疫情會爆發，我們以前從沒經歷過疫情，所以當然毫無準備。

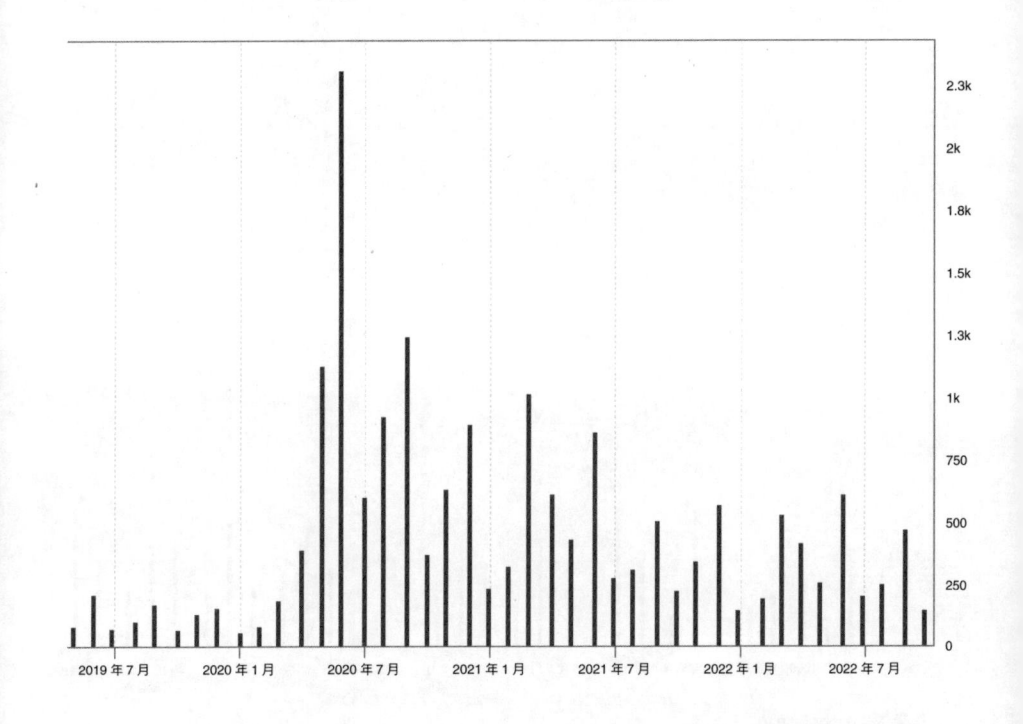

由於我們*所有人*都措手不及，因此這場疫情*必然*是史無前例的。其中的因果關係非常明確。我們不需要再花更多時間，思考原本如何可以做更好的準備，或如何才能更有效地應對。在這場風暴裡，至少有一件事似乎是確定的：這是一場史無前例的疫情，這表示我們原本可以究責的人，都可以脫身。

　　諷刺的是，我們突然普遍使用「史無前例」這個形容詞，有其先例。在此之前，那些遭受猝不及防打擊的高階主管們，也曾在類似情況下使用過這個詞。如圖 14.3 所示，2008 年金融危機期間，銀行執

圖 14.3
2005 年到 2010 年，企業提到「史無前例」一詞的數據

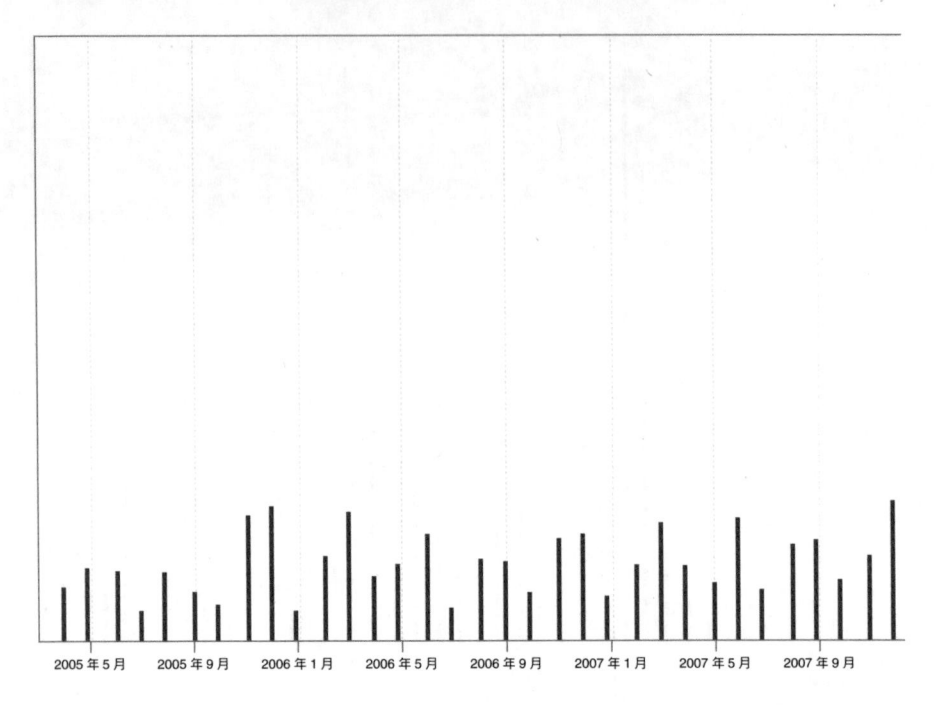

2005 年 5 月　　2005 年 9 月　　2006 年 1 月　　2006 年 5 月　　2006 年 9 月　　2007 年 1 月　　2007 年 5 月　　2007 年 9 月

來源：AlphaSense

行長和其他商界領袖，以及受到衝擊的貸款人，都用這個詞來解釋他們沒能應對好的危機。

於是我們又一次看見，由於未能預見的後果大規模、大範圍地爆發，「已受控制」的威脅迅速演變成「史無前例」的危機。

如果有一個詞可以讓我們在 911 事件裡獲得安慰，那就是「史無前例」。

當重大危機來襲，我們赫然發現自己處在最脆弱的狀態時，我們自然會改變用語，反映自己感受到的極度不確定性和無能為力，因此

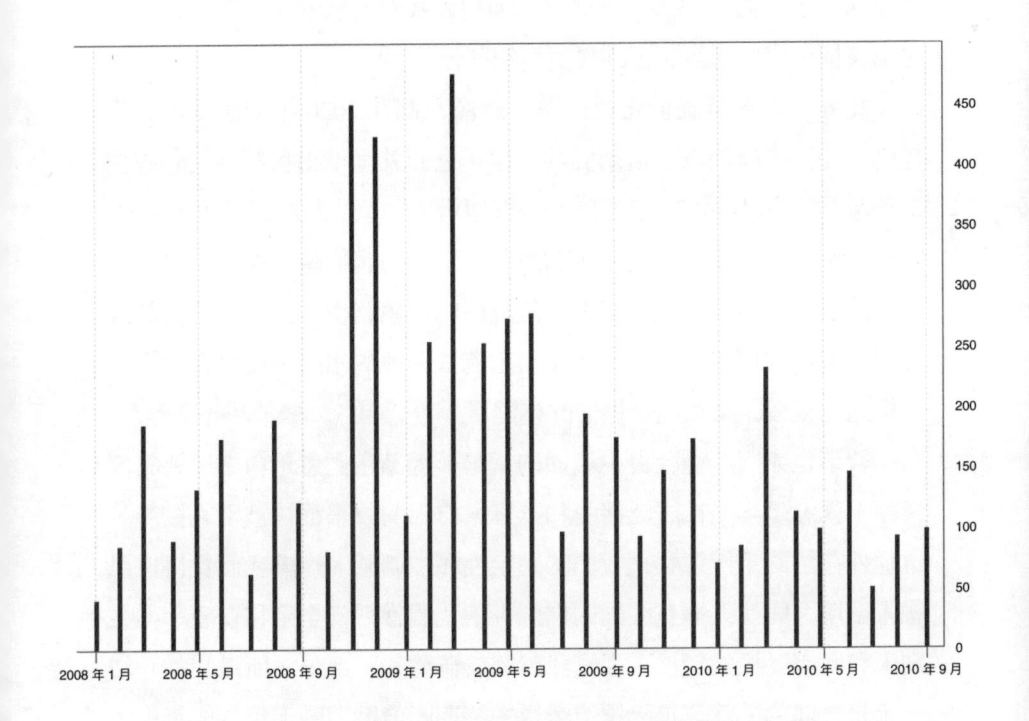

我們常常使用「史無前例」這個詞。

簡而言之，我們用來描述周圍世界的詞彙和我們說的故事，反映出我們對周遭世界的感受。

透過主流敘事解讀情緒

選擇什麼用詞很重要，尤其是共同敘事裡的用詞。我們選擇談論的主題，以及用來描述主題的用詞，是一個強大的透鏡，可以從中反

映我們的信心水準。像「已受控制」和「史無前例」這樣的形容詞，不僅描述了我們的想法，也準確地捕捉到我們的感受、詮釋，甚至是臉部表情。這些形容詞，都是表情符號。

此外，當形容詞被廣泛分享，就像人們在2020年初使用「已受控制」和「史無前例」這兩個詞一樣，它們就呈現出我們打從心底相信的故事。如前所述，主流敘事裡的用詞，會以人們容易理解的方式，迅速點出重要且往往複雜的故事。這些用詞描繪出廣泛、普遍被理解且簡單的畫面，就像路邊一個醒目的黃色路標，上面有一隻跳躍的鹿，警告我們要小心有鹿出沒。主流敘事裡的用語，就是融合了街道標誌、刻板印象和社交線索的整體。

敘事也如同一種社會中流通的貨幣，因為它們愈是精準反映集體情緒，就愈是容易被廣泛接受和分享。自己的故事很快被別人接受，這種外在認同不僅會強化我們的確定性和控制感，也讓我們覺得自己融入環境。與他人擁有共同的信念，讓我們獲得安全感和安慰。如果別人和我有一樣的想法，那麼我就屬於群體的一部分，所以我的想法一定是合理的。就算是已經遠離求學時期同儕壓力數十年的成年人，也迫切渴望得到他人的認可和肯定。共享的故事往往在不知不覺中滿足了這種渴望。當別人欣然同意我們的想法時，我們會感到力量；而當別人駁斥我們的想法時，我們很容易就會覺得自己是局外人。我們共同的故事強化了社會規範，這些故事反映出人們的信心。

2020年3月中旬，當我們急著用一個詞來解釋這場疫情時，我們選擇了「史無前例」，就像選擇其他形容詞一樣。我們之所以選擇這個詞，不是因為它有多麼精準或正確，而是因為它直接、輕易地契合了我們的感受，而且它可以迅速表達出一個更長、更複雜的故事：這場疫情非比尋常，而且沒有先例，由於它超出了我們的控制，所以我

們應該原諒自己的措手不及。就像審判最終一致通過的「有罪！」判決，這個詞概括了我們對證據的評價和判斷。

歸根結柢，「史無前例」的推論和意涵是否正確並不重要，重要的是這些推論和意涵，給我們正確的**感覺**。主流的故事都是這樣：衝動又直接，反映了系統一的處理方式。

值得注意的是，**要了解人們廣泛的感受，最好的答案往往在最懶惰、最衝動、最多人共享的敘事之中。**看一場大型體育賽事，你就可以在當下目睹這一點。對四分衛、接球員和裁判的大聲呼叫，告訴你有關球迷情緒的一切。當球落下，觀眾不會等待細節或解釋，更不用說重播影片；他們很快就會用一些詞來總結，那些詞很容易抓住我們表達和感受的本質，通常夾帶各式各樣的髒話，一針見血地反映重點。觀眾喊叫的語句會出現在《紐約郵報》（*New York Post*）的頭版頭條，而不是在《紐約客》（*New Yorker*）專欄裡。

一對一互動時我們還可能會隱藏自己的感受，然而當我們變成一群人，就一定會留下清楚明顯的敘事線索。只要花幾個小時看 CNBC、福斯財經頻道（Fox Business）或彭博電視（Bloomberg TV），你很快就可以感受到當前的時代精神，以及投資人對金融市場的信心。財經電視的工作，就是呈現群體意識如何在當下的現實中發揮作用。

還有社群媒體。我們的主流敘事，透過按讚和帶著主題標籤的轉貼分享，全天候二十四小時不間斷地呈現出來。和 Google 搜尋字詞一樣，社群平台上的熱門話題，也反映出人們的感受。推特貼文圍繞簡單和衝動而形成，是大眾情緒的即時晴雨表，因此許多量化投資人都把推特當作追蹤投資人情緒的工具。[3] 隨著我們的信心改變，我們分享的推文和故事也在變化，這些推文和故事會表達、肯定和說明我

圖 14.4
「季節性憂鬱症」和「療癒美食」的 Google 搜尋趨勢圖

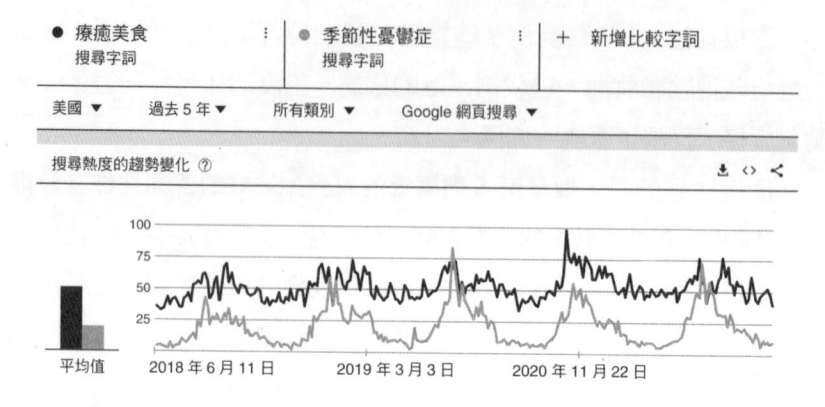

來源：Google

們的確定性和控制感。

從資料中看到最主流的故事

今天，我們可以輕鬆取得分析工具和資源，因此能夠發現和追蹤最能引起共鳴的故事。例如，我們可以在 Google 搜尋趨勢的搜尋引擎裡輸入特定的單字或片語，它可以快速提供選定期間該字詞搜尋量的標準化量測。

但 Google 搜尋趨勢不只可以針對我們有興趣的內容提供視覺化的圖表。網頁搜尋內容也可以反映我們的感受。如之前的圖 5.1（見頁 103），以及這裡的圖 14.4 所示，「季節性憂鬱症」和「療癒美食」這兩個詞顯示，人們不僅被前者困擾（「季節性憂鬱症」的搜尋量在秋天上升、在夏初觸底），而且隨著情緒低落，我們很自然也會渴望

圖 14.5
「歐洲能源危機」一詞的 Google 搜尋趨勢圖

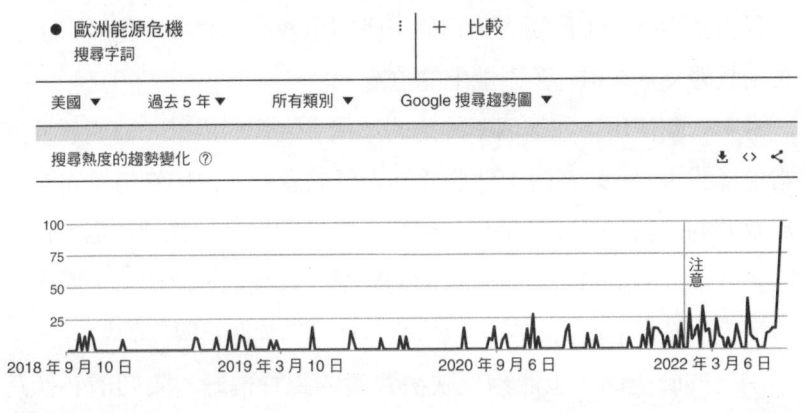

```
● 歐洲能源危機
  搜尋字詞                              ⋮  ＋ 比較

美國 ▼    過去 5 年 ▼    所有類別 ▼    Google 搜尋趨勢圖 ▼

搜尋熱度的趨勢變化 ⑦                          ⬇ <> ⤴

100
 75                                          注
 50                                          意
 25
2018 年 9 月 10 日   2019 年 3 月 10 日   2020 年 9 月 6 日   2022 年 3 月 6 日
```

來源：Google

療癒美食。

　　Google 搜尋趨勢也會追蹤主流敘事的起伏。隨著人們的故事發生變化，人們在搜尋時使用的詞彙也會發生變化。

　　我常常使用 Google 搜尋趨勢的數據，尤其是在形勢緊張時期。如圖 14.5 的 2022 年 9 月初「歐洲能源危機」的搜尋趨勢圖所示，搜尋數據讓我們得以觀察到，人們的情緒強度正在升高。

　　問題在演變成危機之前，可能會持續很長一段時間。然而一旦問題真的變為危機，人們就會出現高度情緒化和衝動的行為。Google 搜尋趨勢的數據，可以讓我們直觀地看到集體情緒的變化，並為接下來可能發生的事情做好準備。從上圖中就可以看到，消費者和政策制定者，會需要因應能源價格上漲，以及未來可能出現的短缺。

第 14 章　決策要素四：我們說的故事　261

廣告、商業和政治訊息

我也密切關注主流廣告。它們不僅展示產品和服務,也展示了消費者的狀態及其在信心象限圖上的位置。

當廣告商使用「在這個不確定的年代」之類的措辭(他們最近就經常這樣說),就是在說出他們認為人們的感受。他們知道這句話會引起我們的共鳴。當我們讀到他們精心設計的文字,我們會毫不猶豫地購買。有效的廣告可以證實我們的感受。當我們缺乏信心,廣告商知道像「不確定」這樣的詞,能夠證實在我們腦海裡盤旋的故事。

成功的廣告商,也能夠反映消費者的視野偏好。人們信心低落時,他們會用簡單的用語,強調切實的好處;人們信心較高時,他們會用抽象的訊息暗示可能性。

不只有廣告商會用這種方式講故事。當執行長感覺良好,他們會描述收入預期的用語是「穩健」、「非常確定」、「被強勁的勢頭推動」。投資人關係團隊是傳達領導者情緒的大師。當最高管理層信心十足時,企業釋出的訊息就會充分表達機會以及領導層的確定性和控制感,這樣身為投資人的你就可以放輕鬆、覺得自在。

而當日子不好過時,你會聽到企業領導者說未來的銷售和利潤狀況「缺乏可見性」。說出這幾個字,他們等於不自覺地承認自己處在「我、此時、此地」模式。當「挑戰」、「阻礙」和其他有礙成功的詞大量出現時,情況也正是如此。信心低落時,執行長透露的訊息會轉向防衛,以及管理層正在採取哪些措施來防止事情惡化。此外,信心低落時的商業敘事充滿「罪責和羞恥」,這些是我們處在壓力中心時,都會轉向的敘事。

政治選舉活動的方式也是如此。在選舉季,你會看到各種議題和

競選口號的演變，候選人會不斷調整他們傳達的訊息，想要更能夠反映持續變化的選民情緒。當選民情緒高漲時，候選人的訊息會強調自己不僅能維持選民的信心，還能強化選民的信心。美國前總統巴拉克·歐巴馬（Barack Obama）在 2012 年的連任競選時，選擇的口號是「前進」（Forward）[4]。這個口號和他在 2008 年銀行業危機期間首次參選時使用的「改變」（Change）和「希望」（Hope）形成鮮明對照。而當選民情緒低落時，政治文宣則會強調候選人能夠、且一定會恢復人們的信心。

唐納·川普在 2016 年總統競選期間提出「讓美國再次偉大」（Make America Great Again）的競選口號，引起廣泛迴響，足以說明共和黨選民在大選前的情緒十分低落。川普傳達的訊息都是要恢復其支持者喪失的信心。因此，當時希拉蕊·柯林頓滿懷信心的口號「團結更強大」（Stronger Together）未能引起川普選民的共鳴，也就不令人意外了。

媒體反映的大眾情緒

再來還有媒體，包括報紙、雜誌和電視節目。為了引起讀者和觀眾共鳴，反映人們當前的情緒，頭版頭條的新聞、封面故事的圖片，以及晚間「頭條新聞報導」，都經過刻意選擇。媒體的工作就是販賣故事。精明的編輯和製片人都知道，最暢銷的故事，也就是能夠吸引讀者、聽眾和觀眾的故事，是那些最容易讓我們接受和傳播、最能反映我們感受的故事。

雖然戲劇性的新聞故事有可能改變我們的感受，但大多數頭條新聞，其實只不過是反映了我們的感受。與其說它們改變了我們，不如

說它們和我們出現變化的情緒呈現一致。2008年房地產危機期間你可以看到，隨著人們的情緒低落，新聞報導房地產市場的語氣也隨之下降。當市場跌落谷底、雷曼兄弟倒閉，媒體和普通民眾之間都瀰漫著悲觀情緒。與之相反，在危機發生之前，新聞報導的內容普遍都是正面的，不斷強調建築商、購屋者和貸款人的成功。《時代》雜誌甚至還刊登一期封面，標題名為「值錢的家」（Home $weet Home）。[5]

媒體對大眾情緒的反映不僅止於此。有一大堆電視系列節目都和房市熱潮有關。像《MTV Cribs》這樣的實境節目，帶觀眾參觀富人和名人的豪華住宅；而《房子大變身》（Flip This House）則讓觀眾看到投資客如何購買、翻新和轉售房屋以獲取利潤。當房地產市場低迷時，這些反映高漲信心的節目就消失了。取而代之的是一些新的房屋「修繕」節目，展現屋主如何善用一棟屋況不太理想的房子，正好符合人們當下憂鬱的心情。

許多人喜歡把我們的集體行為都歸咎於媒體，認為是某些電視頻道或主播造成我們的信心改變，是他們引導我們相信某些事情，或以某種方式行事。雖然這種說法可能讓人覺得好過一點，但請想想，我們的感受一開始就會決定，自己要相信誰和相信什麼訊息。主流電視與廣播，和流行音樂沒有什麼不一樣，如果我們覺得不喜歡，我們一開始就不會聽也不會看。不要以為主流媒體不知道這一點。當被問到為什麼福斯新聞沒有直播1月6日的調查聽證會時，黃金時段主播蘿拉‧英格翰（Laura Ingraham）告訴觀眾：「你知道的，我們實際上在做的事情，就是迎合觀眾。」[6]

雞生蛋還是蛋生雞？

這就連結到媒體和信心相關敘事的核心挑戰：我們難以輕易區分哪些是原因、哪些是結果。除非出現明顯的干擾或介入，例如出現重大事件，否則我們的行動和反應是無法區分的。我們不是實驗室裡的白老鼠，可以輕易控制其他變數，觀察一個變數的結果。我們的生活不斷變化，從一個事件無縫進入下一個事件。每當一個經驗結束，我們很少會停下來，具體評估自己的感受可能發生過什麼變化，以及新感受可能如何影響我們接下來要做的事情。我們只是繼續前進，忽略自己做的事情是獨立的行動，還是對之前發生事情的特定反應。

我觀察各種敘事起起伏伏超過十年，現在的我已經完全不去煩惱因果關係的問題了。其中一個重要的原因是，我永遠無法確定在任何特定的時刻，我可能會進入「行動－反應循環」的哪一個位置（圖14.6）。

我們不斷在故事、感受和行動的漩渦中打轉。此外，身兼父母、配偶、孩子、同事、老闆等多種角色，我們身上常有多個重疊的漩渦，其中故事、感受和行動同時發生。就像餐桌上的談話所揭示的道理，我們同時身兼多職，每一個角色都有自身相關的感受、故事和行動。這種情況讓圖14.6中的有序循環，看起來更像是一團打結的聖誕彩燈。

這並不是說敘事不重要，或應該被忽略。但是，由於我們的生活複雜而多變，我發現簡單地定錨更有幫助，也就是為我們同時發生的行為拍一張快照（圖14.7）。

只要察看一張快照，我們就可以發現，在任何特定的時刻，都有明顯的反身性存在：**我們的行為、我們的故事和我們的信心水準，會彼**

圖 14.6
敘事—行動—信心的循環

故事 → 行動 → 感受 → 故事 → 反應 → 感受 → 故事

圖 14.7
敘事—行動—信心的平衡狀態

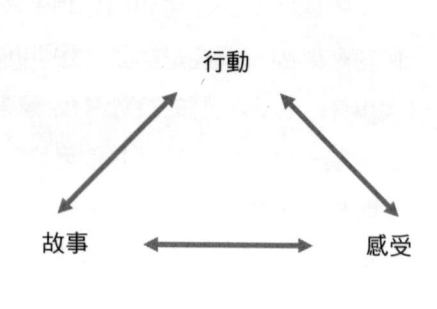

行動 ↔ 故事 ↔ 感受 ↔ 行動

此相互反映。一旦我們掌握住一個，它們就處於平衡狀態。

對某些人來說，我的方法可能站不住腳。他們會認為，我是一名社會科學家，應該正確處理因果關係的問題。但我的重點是實用性，從這個角度來看，我這個非常簡單的方法，十分有幫助。如果我們的感受、故事和行動，都能妥當地平衡共存，那麼我只需要看到快照當中的一個要素，就能合理地推斷出另外兩個要素。

當我們身處發射台，這一點尤其明顯。舉例來說，我們正準備規劃下個暑假。如果我們信心很強，就會想探索有趣、充滿異國情調的目的地。我們會盡快預訂航班和飯店，以免錯過時機。但如果我們信心低落，就會對國外潛在的社會動盪感到擔憂，因而延後預訂行程。

和坐在乘客座位上一樣，我們在發射台上的故事，也反映出我們的真實感受。在這兩種環境裡，我們的故事和感受都可能在瞬間改變。遇到意想不到的亂流時，一架飛機上的乘客可能會從信心滿滿、相互交換飛行順利的訊息，瞬間變成驚慌失措、一起祈禱。

無論我們從行動、信心水準或故事這三個要素中的哪一個開始，

圖 14.8
經濟復甦期間的平衡狀態

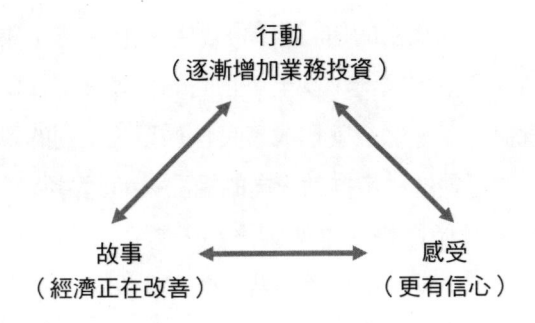

```
            行動
      （逐漸增加業務投資）
          ↗        ↘
         ↙          ↖
       故事    ⟷    感受
   （經濟正在改善）   （更有信心）
```

由於這些要素之間存在平衡的關係，因此如果我們知道其中一個要素，就可以預測其他兩個。

良性循環與惡性循環

同樣的原則也適用於工作和團體，並有更廣泛的影響。假設一位執行長把經濟環境描述成「正在改善」，那麼我們有理由認為，她的信心水準也是如此。此外，如果這位執行長的感覺良好，看到經濟正在改善，那麼我們可以合理地預測，她將考慮雇用更多員工，並提前進行資本投資（圖 14.8）。

再說一次，這三者之間會彼此平衡。

特定的平衡一旦出現，就不難看出良性循環會如何發展。正如「經濟改善」的說法會引起執行長的特定反應，她的行動也很可能會為更積極、更普遍共享的故事提供素材和基礎，進一步強化人們對未來的信心。新雇用的員工將會擁有信心，他們會告訴朋友和家人，自

己的新雇主一定很棒,因為公司業務正在成長,以支持執行長樂觀的投資。這些行動和故事,驗證並支持了「經濟正在改善」的說法。除非出現干預,否則在我們的信心水準、故事和行動當中集體的正向反應,會助力他人產生更廣泛、甚至更正向的行動。這樣一來,情緒的廣度和深度就擴大了。然後就形成了良性循環,正向的說法推動正向的行動,正向的行動進一步推動正向的說法,如此循環下去。

儘管如此,我們還是值得停下來想一想,當人們的信心在低點時,一位執行長獨自發表樂觀的觀點,會有多少人在意。

當廣大受眾缺乏確定性和控制感時,「正在改善」的說法無法引起大家的共鳴,因為這種說法與大家的情緒不符。集體的懷疑情緒很容易讓樂觀的人沉默不語,就像高度的信心會讓唱衰的人沉默不語一樣。你可以輕易想像得出來,如果有一位執行長在2008年銀行業危機爆發後不久,極力向董事會建議公司大規模擴張,大家的反應會是:「妳想幹什麼?!」。因為她提議的行動不符合普遍的敘事或情緒。一旦大家出現這種反應,執行長就不太可能繼續推進。她必須等到大家的信心改善後,才能向董事會重提擴張的事。

你將在下一章看到,不只有主流敘事可以透露情緒的線索,那些遭遇反對和阻力的說法,也可以告訴我們人們的普遍情緒。

發現敘事的轉捩點

在良性循環中,隨著信心強化、人們更容易接受「正在改善」的敘事,接著就會出現一個臨界點。當事情發展到這個轉捩點時,不僅阻力減弱,而且突然之間好像每個人都想衝進去參與這個不斷發展的故事。當人們從不情願和懷疑轉變成渴望和信任,就好像風向發生一

百八十度大轉變,從強勁的逆風變成猛烈的順風。突然之間,我們需要表示自己同樣相信,才能融入群體;而稍早之前表達這個信念,反而會讓我們成為局外人。[7] 同樣的轉捩點概念,也適用於惡性循環:我們原本不願意接受的悲觀說法,卻在突然之間就能夠接受了。

湯姆·漢克斯和魯迪·戈貝爾確診的消息傳出時,我們第一時間看到狀況轉向惡性循環的轉捩點。在此之前,如果你認為疫情並沒有受到控制,人們會認為你太誇張和悲觀。如果你說將來會出現全球大流行,人們可能會把你當成在路上舉著「末日即將到來」標語的人。但過了轉捩點之後,宣稱疫情「已受控制」就顯得非常可笑。

過度簡化的敘事和大真相

值得強調的是,隨著新的經濟週期或信心週期開始,樂觀的敘事比信心下降時出現的負面敘事,需要更長的時間才能成形。信任就像一座很高的樂高塔,需要很長時間才能蓋起來,但只要一個錯誤的舉動,就可以讓它轟然倒塌。敘事反映了人們的信心,因此兩者以同樣的速度發展。

在課堂上,我會把和信心相關的敘事演變,比喻為海玻璃的打磨過程。新的敘事剛出現時,它們就像被打碎了的瓶子的殘片。這些碎片有太多鋒利的邊緣,沒有人願意去觸碰。初期的敘事是複雜、令人困惑的,握在手裡讓人不舒服。它們充滿衝突和挑戰,也不實用,而且還有太多假設需要我們費力思考。就像作家寫一本書的初稿一樣,我們透過不成熟的初步敘事,來建構自己的想法。

但隨著時間過去,這些敘事就像海裡破碎的玻璃一樣,它們的邊緣漸漸被磨平了。隨著信心漸強,我們的故事也會變得更簡單、更能

引起共鳴,也更容易分享,我們會潤飾和完善那些敘事。隨著循環繼續發展下去,我們的故事被別人分享和肯定,這些敘事就會變得更順暢、更清晰和簡單。這樣一來,它們就更容易被人們理解和分享。這個簡化的過程,是廣泛分享的敘事之所以有感染力的關鍵因素。

我自己曾親眼見證,我對新冠疫情引起經濟不平等的說法,就經歷了這個過程。一開始我的用詞是「居家辦公的信心鴻溝」,比較粗拙,後來改成「K型復甦」就更簡單、更能引起共鳴,也更容易被分享。[8]

當我們的情緒接近極端(無論極高或極低)時,我們的故事不僅會非常簡化,而且常常預設它是理所應當的。對於這個故事是什麼,以及它預示什麼樣的未來,人們幾乎達成普遍的共識。這種故事裡有一個非常簡單的「大真相」(Big Truth)。

「已受控制」和「史無前例」,是人們最近廣泛分享、強烈相信且高度簡化的大真相的兩個例子。2008年金融危機發生之前,「房價只會漲」和「房子是你最好的投資」也是這類大真相的例子。在這些大真相出現的當下,這四個故事前面都可以加上「理所應當」這個詞,就連高中生都能理解這些故事。大真相很有吸引力,非常好懂,以至於每個人都可以、而且想要支持它們。[9]

從四個層面評估敘事

評估一個團隊或一個群體的相對信心,以及衡量這個群體可能處於良性或惡性循環的哪一個位置時,從四個層面來看待敘事,會很有幫助:

圖 14.9
信心光譜上的主流敘事

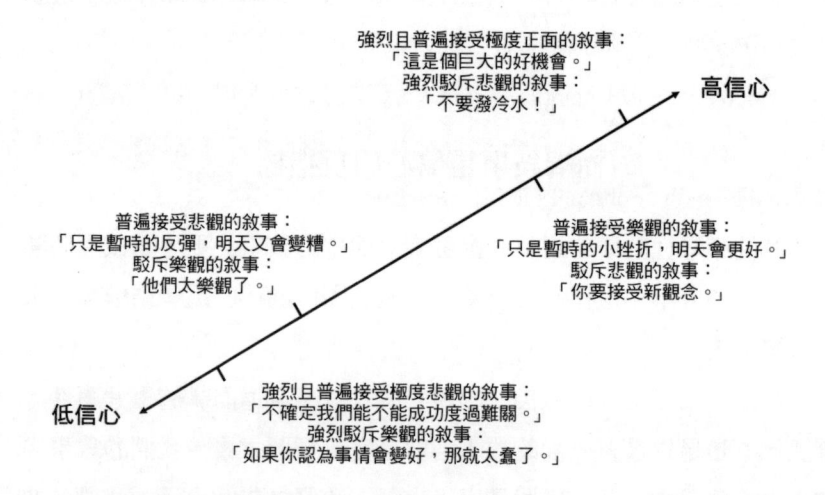

```
                  強烈且普遍接受極度正面的敘事：
                  「這是個巨大的好機會。」
                  強烈駁斥悲觀的敘事：
                  「不要潑冷水！」                     高信心

   普遍接受悲觀的敘事：
   「只是暫時的反彈，明天又會變糟。」      普遍接受樂觀的敘事：
   駁斥樂觀的敘事：                        「只是暫時的小挫折，明天會更好。」
   「他們太樂觀了。」                       駁斥悲觀的敘事：
                                          「你要接受新觀念。」

                        強烈且普遍接受極度悲觀的敘事：
                        「不確定我們能不能成功過難關。」
  低信心                 強烈駁斥樂觀的敘事：
                        「如果你認為事情會變好，那就太蠢了。」
```

這個觀點有多普遍？

這個觀點有多樂觀或悲觀？

這個觀點有多複雜或簡單？

贊成和反對這個觀點的人有多強烈？

雷曼兄弟倒閉的那個週末，悲觀情緒強烈而滿溢。投資人和媒體幾乎都在高叫，形勢會變得更糟。而在信心光譜的另一端，2021 年初的伊隆·馬斯克不僅「無往不勝」，記者還常常把他的熱烈追隨者描述成「信徒」。[10] 在這兩個案例中，大眾都在狂熱地共享簡單而極端的敘事。

總的來說，我們故事的廣度、深度、簡單程度和強度，會反映我們的感受，也反映我們相信的真實。隨著我們的信心和我們的敘事變得更加極端（無論是朝哪個方向），我們的故事就會變得更加簡化，

分享我們故事的群眾會愈來愈多,人們也會更加堅定地相信那些故事,並試圖強加其於他人身上。如果你不認同,你就是局外人,甚至是敵人。

極端敘事是信心的反指標

良性和惡性循環的趨勢,會帶來更簡化的敘事,更容易被人們熱切地相信和分享。這裡你可能會問一個問題:為什麼這些循環無法永遠持續下去?

原因有二。第一,最後會出現一些和敘事背道而馳的重大事件,讓我們不是足以懷疑眼前的故事,就是完全顛覆故事。我們的敘事中會出現一些干預,例如當我們出了車禍,我們會告訴自己,我們並非自己以為的是個「好司機」。由於先前的平衡被打破了,因此事件發生後,必須建立新的平衡。如果事件對我們來說意義足夠重大,我們原本形成的良性循環,很快就會把我們送回原點。這正是許多人聽到湯姆‧漢克斯確診消息時的狀況。轉眼間,他們發現自己又回到壓力中心的左下角。

循環受到破壞的第二個原因,是飽和。用傳染的比喻來說,也就是到達了每個人都已經被這種敘事傳染的頂點。例如在 2006 年,當最後一批願意且有能力買房的人,終於也進入市場之後,房地產的需求於是到達頂峰。

這裡又出現一個問題:是什麼讓原本最不相信的人,最後也接受了這些故事?為什麼我們一次又一次在錯誤的時刻,接受了「房價只會漲」和「新冠疫情已受控制」這類極端的說法?

因為當良性或惡性循環達到終點時,其背後的故事已經被反覆證

明是真實的。當有圖表、故事和其他「證據」顯示情況確實如此，人們於是更容易相信房價只會漲不會跌。我常開玩笑說，人們都沒有發現，商業圖表其實是萬能的，它們顯示的利潤和收入等指標，向來都是長長向上的斜線。股票和商品價格圖表中垂直向上的線也是如此。認為價格會急遽下跌的論調是可笑的。唱反調只是徒勞無功。當我們處在循環的頂端，用來佐證和提供支持的證據來源無處不在。[11]

此外，證據還來自其他人的行動。再說一次，信心、故事和行動之間會彼此平衡。2006年到處可見炒房的現象，到處都是誰買賣房屋賺了大錢的故事。如果你不說說自己是如何在房市中賺錢的，你就是個局外人。

最後，當我們接近循環的終點，會發生一些微妙的事情。這是存在於故事本身當中的現象：故事當中包含與權力和趨勢推論相關的極端情緒，而且往往達到荒謬的程度。

在房地產市場的頂峰時期，我們不僅相信房價一直在漲，而且相信上漲勢不可擋、相信房價會永遠漲下去。那一刻，我們急著把當前的趨勢和與之相關的敘事，推論到遙遠的未來。我們確信，房價上漲會永無止境。2009年，房地產危機到達谷底時，我們也對房價說過一樣的話，只不過是相反的方向。即使房價已經經歷了慘烈的下跌，我們仍然相信房價會無可救藥地持續下跌。

在良性循環的頂部和底部，人們對趨勢的推論，都有同樣極端的敘事。

你也許會想，當我們看到所有這些看似無窮無盡的確認「證據」，還有大批狂熱的追捧者，我們幾乎都會被迫採取行動。結果我們當然會買在高點、賣在低點。我們抗拒不了趨勢。我們想像的未來收益（或損失），既明確又巨大。信心和故事完全一致，會吸引我們

採取行動,也就是建立平衡狀態。之前我列出了分析主流敘事時需要提出的四個問題。但其實還有第五個問題,而且可能是最重要的問題:**敘事的趨勢推論有多極端?**

主流敘事存在持續的演變。從「不可能」之類的抗拒字眼開始,演變成「可能」、「將會」,到最後就變成「一定永遠都會」。我們在房地產和最近的電動車產業,都聽到類似的演變。處在情緒的兩個極端時,我們都會過度相信和簡化故事,並相信故事會永遠持續下去。

請注意我說的是「故事」,不是「產品」、「股票」、「公司」或任何其他值得當作頭條新聞的具體商業專案。因為如果沒有出色的故事,就不會有出色的產品。**我們的信心不在於事物本身,而是體現在我們就重要事物所說的故事之中。**想想特斯拉,它談的從來不是汽車,而是汽車象徵的東西和它所預示的未來。不管你喜不喜歡伊隆・馬斯克,他都是一位說故事大師,他說的各種「近在眼前的吸引力」,可以媲美好萊塢最棒的電影。

領導者需要體認到敘事的重要性,因為他們的命運由敘事決定。他們應該像關心產品週期一樣,致力於故事的週期,尤其因為故事裡的極端狀況是一個強大的反指標,警告將來可能會出現巨變。雷曼兄弟、貝爾斯登(Bear Stearns)和其他華爾街銀行的高階主管團隊,沉浸在創紀錄的利潤和績效獎金當中,卻忽視了房地產和抵押貸款市場出現的眾多危險訊號,更不用說他們自己的營收報告中也充滿警訊。不僅每個人都相信房價只會上漲這個大真相,而且他們也在根據這個故事行事。當主流敘事裡使用的形容詞,開始出現愈來愈極端的強度和推論時,我會特別密切注意。當正面的趨勢持續了很長一段時間,而且人們非常有信心這種趨勢會一直持續下去時,「勢不可擋」和「無懈可擊」這樣的詞經常會出現在頭條新聞中,接著「持續」就會

被「無止境」所取代。這些字詞總會讓我豎起耳朵,尤其當它們以大寫的粗體字出現在雜誌封面或報紙頭版時。它們在警告我們,大眾可能對某種趨勢太有信心了。

例如,前國務卿希拉蕊‧柯林頓的支持率達到顛峰之際,《時代》雜誌 2014 年 1 月 27 日的封面標題是「誰能阻止希拉蕊?」。[12] 同樣,2007 年 11 月,諾基亞(Nokia)公司登上《富比士》雜誌封面,標題是「誰能超越手機帝國?」,這就是在預告諾基亞命運徹底衰敗的一刻。[13] 在信心光譜的另一端,2011 年 10 月 1 日的《經濟學人》刊登一篇前景黯淡的封面故事,圖片是一個巨大的漩渦,中間用紅色大字寫著「恐懼吧!」。報導的副標題是「除非政治人物採取更大膽的行動,否則世界經濟將持續走向黑洞。」[14]

結果恰恰相反。此後不久,全球經濟出現反彈。

當媒體充斥顯而易見、廣泛認同的極端趨勢推論,而且幾乎沒有人對此表示懷疑時,這些訊號就在警告我,一個週期可能即將結束。精明的高階主管和政策制定者應該對此留意。無論是在《時代》、《富比士》或《經濟學人》的雜誌封面上,對無往不勝和極度絕望的表達,都以有趣的方式成為反指標,並震驚眾人。

在這裡,我想最後一次回顧 2020 年 3 月發生的事。

雖然「史無前例」這個詞充分傳達了我們的感受,但我們爭先恐後地分享這個詞也是一種警訊,說明我們的信心正迅速接近最低點。我們都認為,當下的情況依然是前所未有的。我們在放大負面狀況,推論出極其悲觀的故事,每次接近信心低點時我們都是這樣做的。2020 年 3 月 22 日,當《華爾街日報》訂戶讀到〈銀行和投資人警告,全球最糟糕的拋售潮尚未來臨〉的新聞時,我敢打包票很少有人會懷疑這個說法。[15] 讀者看著報導中的圖表,詳細說明瑞士信貸(Credit

Suisse)、高盛和美國銀行等公司預測市場會進一步下跌到什麼程度，於是得到他們需要的所有佐證和支持。事情可能，而且只會變得更糟。

幾個小時後，股市觸底。惡性循環突然就終止了，就像它曾在頃刻之間開始。在那一刻，所有可以並且願意相信事情只會變得更糟的人，都深信不疑。而且，他們都根據這樣的感受做出行動，所有打算拋售的人都拋售了。

就像 911 事件和雷曼兄弟倒閉後的情況一樣，「史無前例」並不表示谷底的開始，而是表示最糟糕的情況已經過去。

●

我們的身邊每天都充斥著主流故事，如果花點時間傾聽，故事不僅會告訴我們人們的感受，以及在象限圖上的位置，還會告訴我們他們下一步可能會做出什麼行為。當故事發展到極端，並且被過度相信，它們往往是在預警我們，人們的情緒和行動即將發生戲劇性的逆轉。這些故事是隨處可見的寶貴線索。

PS：我們對自己說的故事

我在本章談到的大部分內容，都是關於我們告訴他人的那些被廣泛分享的故事。在回到發射台之前，我想針對我們對自己說的故事，提出一些想法。

就像主流敘事一樣，這些故事也和我們自己的感受與行動之間維持著平衡。此外，它們也一樣會助長良性和惡性循環，催生存在於兩

圖 14.10
「焦慮」一詞的一週 Google 搜尋趨勢圖

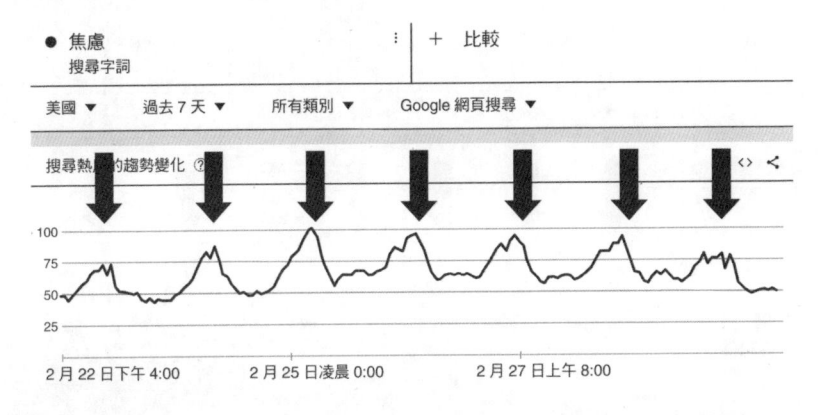

來源：Google

個信心極端的簡單、有力、過度推論的敘事。處在信心巔峰時，我們會告訴自己我們無往不勝；處在信心低潮時，我們又會對自己說我們一文不值。就像處在情緒極端的大眾和商業領袖一樣，我們也要特別小心，不要把敘事的簡化性和感染力，與它的正確性混為一談。過度的自我膨脹本身就很危險，嚴厲的自我挫敗加上把事情往壞處想更是如此。誠如我告訴學生的那樣，當我們感受到壓力，我們自然會對自己說出尖酸刻薄的話。感謝 Google 搜尋趨勢的數據，我們也可以從中看到這一點。

如前面的圖 2.4（見頁 51）和這裡的圖 14.10 所示，每天凌晨一點到兩點之間，「焦慮」一詞的搜尋量達到高峰。我們的壓力水準有自然的每日週期，你不是唯一一個在半夜醒來會感到焦慮的人。

雖然我沒有把相關圖表放進來，但在前面提到的每一個高峰過後，你都會發現相應的搜尋高峰，例如「如何捲大麻」、「我附近的

第14章 決策要素四：我們說的故事 277

圖 14.11
自我批評字詞的一週 Google 搜尋趨勢圖

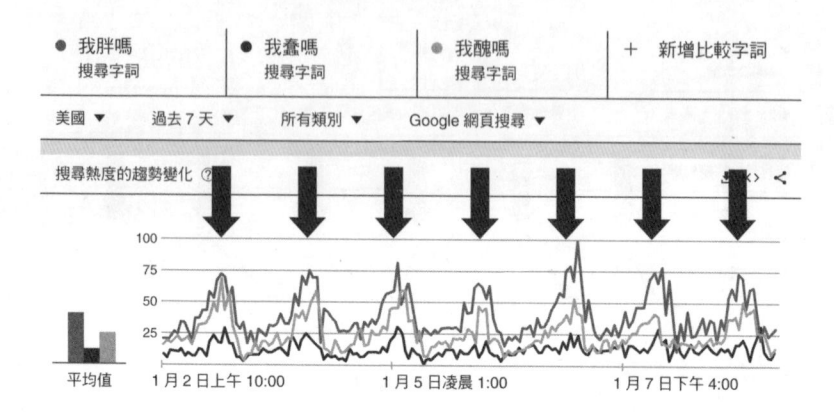

| 我胖嗎 搜尋字詞 | 我蠢嗎 搜尋字詞 | 我醜嗎 搜尋字詞 | + 新增比較字詞 |

美國 ▼　過去 7 天 ▼　所有類別 ▼　Google 網頁搜尋 ▼

搜尋熱度的趨勢變化

來源：Google

酒吧」、「如何冥想」以及「色情電影」。又一次，我們的感受驅動著我們的行動。當我們走出舒適區，我們會尋找消除壓力的方法。

然而，更讓人不安的是，隨著「焦慮」一詞的搜尋量達到顛峰，「我胖嗎」、「我蠢嗎」、「我醜嗎」的搜尋量，也達到高峰。

當信心下降時，我們就會成為自己最大的敵人。

我知道這和當前的主題無關，但像圖 14.11 這樣的圖很有價值。它不僅提醒我們，當你覺得脆弱時，記得要對自己好一點；它也提醒我們，為什麼員工的信心，而非員工滿意度，如此重要。在職場裡，當自我懷疑的來源被廣泛共享，自我懷疑很快就會變成集體懷疑。不難想像，壓力重重的員工會在午夜時分思考，老闆是否認為自己做得夠好、自己是否應該去找一份新工作。

我們甚至都不需要想像。雖然這個圖表不像圖 14.11 那麼清晰或引人矚目，但「我會被解雇嗎」的每一個搜尋高峰，也都出現在半夜。

第 15 章

從信心中看到未來

在舒適區做出決策很容易。在那裡，我們覺得自己有確定性和控制感。無論好壞，我們在採取行動之前，幾乎就已經知道會發生什麼事。壓力中心則創造了與舒適區幾乎完全相反的體驗，我們差不多是先行動後思考，非常情緒化又衝動。我們極端的脆弱性，以及因此產生的強烈緊迫感，會驅使我們迅速反應，而不是深思熟慮地回應。此時此地，深思熟慮不在我們的考量之中。

發射台則介於上述兩者之間。雖然我們往往不會注意到發射台，但我們所有深思熟慮的決策，都在這裡發生。在發射台上，我們有控制感卻沒有確定性，因此必須考量和權衡潛在的後果。我們必須選定一個想像中的未來。[1] 換句話說，我們需要一個故事。正如我之前針對敘事所討論的，我們最有可能選擇那個反映自己情緒的故事。

決策基於對未來結果的想像

在發射台時,相對信心對於我們的故事和想像結果的影響,會最顯著地反映在財務決策上。每個學期開始我都會提醒學生,**所有的財務決策都發生在左上信心象限中**。我們投資或借貸的選擇,都是在不確定性當中做出決策。我們要一直等到未來的某個時間點,才會知道自己今天做的決定,能否帶來想像之中的結果。

因此,我們的投資決策看起來會像這樣:由於信心滿滿、想像股市未來會上漲,所以我們現在買股票,才能從想像的正面未來中獲利。同樣的過程也可以反向運作:由於覺得很脆弱、想像股市將來會下跌,所以我們現在賣股票,才能避免在想像中的未來遭受損失。

或者,更簡單地說,我們在發射台上的感受,決定了我們分配給舒適區和壓力中心結果的比例(圖 15.1)。

當我們充滿信心、看到前方一片光明的未來,我們會想像舒適區的右上角是我們的終點。同樣,當我們缺乏信心、只看到前方的不確定性和無力感時,會覺得深陷壓力中心是不可避免的結果。在這兩種情況下,我們都會採取相應的行動。[2] 當我們在不確定的情況下做出決策,我們當下的行動總是由想像之中的結果所決定。

這種行為遠遠超出投資領域。想想企業主管每天做的許多決策。從雇用新員工到推出新產品,再到收購新業務,一切都需要對結果有正面的想像。否則,事情永遠不會往前發展,人們永遠不會去冒險。

同樣的狀況也適用於我們在生活中做出的選擇。無論是衝下滑雪坡,還是步入婚姻殿堂,我們的決策,都反映出根據信心而想像的未來。雖然我們會盡可能地努力活在當下,但我們現在的決策,反映出對未來結果的想像。

圖 15.1
發射台決策結果機率模板

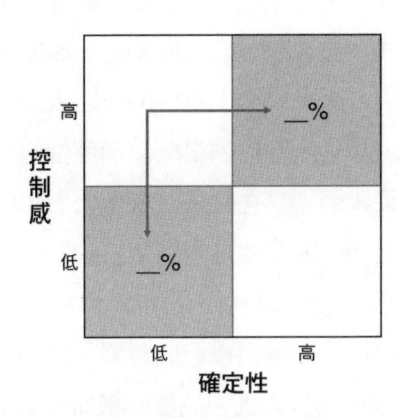

```
         高  ┌──────────┬──────────┐
            │          │   __%    │
    控       │          │          │
    制       ├──────────┼──────────┤
    感       │   __%    │          │
         低  │          │          │
            └──────────┴──────────┘
               低          高
                  確定性
```

做決策時，鮮少有人會停下來，客觀計算圖 15.1 中精確的百分比。我們不會像決策專家、前職業撲克玩家安妮・杜克（Annie Duke）建議的那樣，在下注時認真思考。我們不會嚴謹、冷靜地評估，更重要的是，不會隨著條件變化，重新評估兩種結果的機率，及其對我們行動的相對回報。[3] 相反，**我們根據自己想像的未來行事，而想像反映的是我們的確定性和控制感**。如果我們認為 XYZ 公司的未來一片光明，我們就會買進它的股票；如果我們不這樣認為，我們就會賣掉它的股票。我們的故事決定了我們的決策。

我們有很多藉口，不去採取更嚴謹、更謹慎、更客觀的方法，因為在空白格子裡填上期望值需要一點時間。我們不是沒有技術，就是沒有時間。我們總是避免使用系統二思維。

我們也有很多既有的信念和偏見，例如認為股市只會上漲、局面被人做手腳意圖對我們不利，或是水星逆行期間會發生奇怪的事情。我們擁有一大堆經驗法則，可以縮短深思熟慮的決策過程。特別是在

做一些本質上很複雜的選擇時,例如大多數的財務決策,我們會把這些選項簡化成過去對自己和他人有效或無效的事情。

最後,我們還會被「啟動效應」(priming)影響。所有那些令人嚮往的投資管理廣告中,都是快樂、英俊的成功人士,和他們的狗狗坐在奢華的帆船上,這都是因為他們很久以前就把資金投入市場,如今正在享受回報。如果我們不是在盯著這些廣告看,就是在酒吧聽朋友吹牛、瀏覽金融類貼文,或是觀看金融類抖音影片。我們吸收的所有這些內容,都會妨礙我們做出冷靜、高度深思熟慮、客觀的選擇。

我們之前高度情緒化的經驗也會造成影響,例如經歷疫情,或是2008年銀行業危機期間,因喪失抵押品贖回權而失去房產。每當我們向前展望,都會不由自主地透過過去的經驗,來看待想像中的未來。

進入發射台時,我們都帶著很多包袱。雖然我希望每個人都能聽從安妮・杜克、超級預測專家菲利浦・泰洛克(Philip Tetlock)以及其他決策專家的建議,但我認為這樣的期待不切實際。[4] 想要改變做決定的方式,改掉壞習慣並用好習慣來取代,我們不僅需要改變思維方式,還要用與本能背道而馳的方式去行動。換句話說,我們必須刻意深思熟慮:當我們更想要選擇快速、偷懶的系統一方法時,反而要採用更慢、更費力的系統二思維。

對個人來說,這已經夠難的了,而當事涉群體決策、甚至是大眾決策時,轉向系統二思維幾乎是不可能的。人們共同的行為需要系統一思維,而且會反映系統一思維。就像我之前討論過的,想讓人們普遍接受一種敘事,就要有一些東西讓人感覺熟悉、真實、美好而毫不費力。

不管你喜不喜歡,大眾總是採取衝動的系統一決策。這不是我們能夠改變的事情,但我們當然可以識別和理解這種現象,並由此了解

圖 15.2
出現正面結果的可能性很高

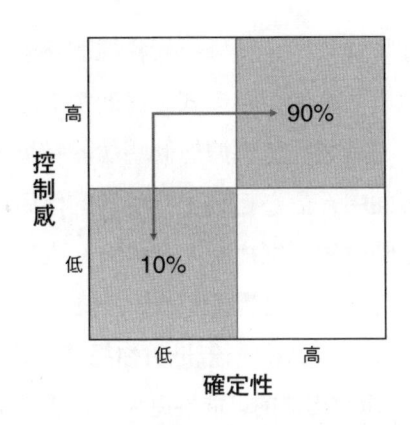

如何把群眾的那套決策過程,用在我們自己的選擇上。

當我們更了解確定性和控制感,以及自己在信心象限中的位置,我們就更能知道**自己想像的結果可能受到扭曲,所以我們的選擇可能是有缺陷的。**

為了說明我的意思,請想一下 2006 年買房子的那些人,會如何分配他們買房的相對結果機率(圖 15.2)。

由於房價長期處於上漲趨勢、媒體炒作投資客成功賺錢,以及消費者信心高漲,買房的人一定對自己也能賺到錢的未來極度樂觀。他們會認為,以進入壓力中心告終的可能性極低。買房的人是根據他們想像的結果來做財務決策,完美地反映出熱情高漲的情緒。

2008 年底也是如此,只是狀況剛好顛倒過來。在房地產危機的谷底,買家深信房價只會繼續下跌。即使房價已經遠低於房市高峰時期的水準,但有興趣購屋的人依然屈指可數。悲觀的潛在購屋者,認為有很高的機率結果是自己會落入壓力中心,並據此採取行動。當時的

房價讓購屋變得更能夠負擔,但他們卻避免購屋。他們不願意冒這個風險。

你可能認為,經驗豐富的企業領導者會採取不同的做法,但高階主管和董事會其實也有一樣的行為模式。從關鍵人才聘用到重大收購決策,高階主管做出的選擇都是根據他們想像的結果,而不是體認到在他們腦海描繪的畫面中,信心起到了什麼樣的作用。他們沒有意識到,信心高漲時,他們自然而然會冒太多風險,因為他們想像的結果太過正面;而當信心低落時,他們又會過於謹慎。

我對商界領導者和投資人的忠告是,**你把結果分配給舒適區或壓力中心的比例愈高,表示你出錯的可能性愈大**。我們常常高估想像中結果的確定性,無論那個結果是好是壞。於是,我們總是在錯誤的時刻,冒險過多,或者過少。

把確定感當作衡量情緒的客觀指標

每當我們對未來感到確定時,都需要明白,**這種確定感反映的是我們自己的信心水準,而非對未來的正確預測**。因此,更謹慎的做法是,我們應該在這些時刻重新思考自己的信念,不僅要對這種可能性持開放的態度,還要對結果可能與我們的想像大相逕庭的可能性,抱持開放的態度。如果我們根本無法想像到另一種結果,我們欠缺想像這件事本身,就應該是個警訊。

在信心的另一個極端也是如此。當我們深信未來充滿不確定的時候,我們表達的是自己的感受,而不是未來真的會發生什麼事。未來在本質上就是未知的,曾經是、也將會永遠是未知的。會改變的是我們自己的信念,而信念會告訴我們,自己的相對信心水準如何。

這就是挑戰所在：如果我們要依照直覺來判斷方向，就應該努力和感受認為合理的事情反著做。例如，在投資風險方面，如果我們想像的未來十分可怕，我們就應該去冒更大的風險；而當我們篤定未來一片繽紛燦爛，反而應該承擔更少的風險。

對一些人來說，這麼做是不可能的。他們就是沒辦法客觀看待自己的感受。另一種可能更有效的方法，是完全不考慮自己，單純只評估他人展現出來的確定感。[5]

在和投資人合作時，我每天都會這樣做。例如，當我看到人們不管三七二十一地拋售，我會知道那些人肯定認為價格只會持續下探。當大家都在拋售，新聞大幅報導，並充斥推特等社群媒體平台時，我就知道市場情緒正迅速接近低點。當其他人認為可能有必要加入拋售股票的行列，我會建議你採取相反的行為。大肆宣傳的拋售消息，以及「市場動盪不安」的新聞特輯，會為買家帶來巨大的相對優勢。這些時刻也許讓人覺得不太舒服，但其實是冒更多風險的理想時機。

扭曲的信心象限

到目前為止，我已經介紹了信心地圖上四個大小相同的象限。雖然用這種方式介紹我的框架很有用，但鮮少有人真的會用這種方式看待世界。我們覺得自己擁有多少確定性和控制感，也就是我們感覺自己的舒適區相對於其他象限的大小，本身就可以反映我們當前的信心水準。就像信心水準會扭曲我們對周遭實體世界的看法一樣，它也會扭曲我們對想像中世界的「看法」。就像打擊手有信心時，看到的球比較大顆，當我們有信心時，看到的舒適區也會比較大。

我冒著過度簡化的風險在這裡展示，從相對確定性和控制感的角

度來看,當我們有信心時,我們看待周遭世界的可能方式,以及我們想像各個象限的相對大小。

當我們有信心時,我們想像的世界觀反映出的感受,會比實際的世界更確定和有控制感。我們樂觀的態度反映了,我們相信無論發生什麼事,我們都搞得定。這種世界觀有具體的好處。擁有信心讓我們更多採用系統一思維,讓情緒和精神能量更充沛,把寶貴的精力和時間省下來用在其他需求上。信心幫助我們更放鬆,進而引導我們去冒險,去成就、成長和擴張。這對人類的生存有巨大的影響。

有信心的世界觀,讓我們能夠、並願意繁衍生息。

神經內分泌學專家羅伯・薩波斯基(Robert Sapolsky)等研究者發現,對生活有確定性和控制感,會為我們帶來很多有益身心的好處。[6] 歸根結柢,人類的發展仰賴如圖 15.3 的世界觀:我們相信生命之杯中,會一直有起碼半杯的水。

但是,請想一下這對我們的決策意味著什麼。如果你仔細觀察圖 15.3,你會發現它的軸心偏移了,導致我們由樂觀驅動的舒適區,占據了一部分發射台、乘客座位、甚至是壓力中心的空間。在象限圖的這些區域,我們現在感受到的確定性和(或)控制感,比實際上的更多。結果,我們會在不知不覺中冒更多風險。

現在,讓我們把同樣的方法,應用到那些信心過高的人身上。他們在自己的生活中,感受到比實際上更多的確定性和控制力。

當發射台區域幾乎被舒適區占滿,擁有這種世界觀的人,會根據「事情只會變得更好」的錯誤信念,做出大多數的決策。再看看壓力中心的相對大小:它小到不行。照圖 15.4 的世界觀來看,我們無法想像會有失敗的可能。我們是「世界之王」!每一張威力球彩券感覺都會中獎。

圖 15.3
有信心的人眼中的象限圖

圖 15.4
信心過高的人眼中的象限圖

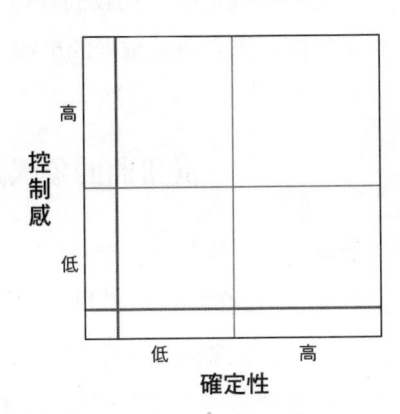

看看 2006 年購屋人士和抵押貸款機構的行為，圖 15.4 可能是他們當時普遍認同的世界觀。我之前談到這些人認為房市發生危機的可能性很小，現在這張圖片有助於解釋原因。

但在 2009 年初危機來到谷底時，同樣的一批人，卻有著完全相反的世界觀。成功和失敗的比例感覺倒過來了。沒有人敢冒任何風險。從圖 15.5 中想像的超小舒適區來看，他們怎麼會敢冒風險呢？

這種不願冒險的心態，最終導致雷曼兄弟的破產。收到最後通牒時，無論是貸款人、交易對手、現有股東還是政府，沒有一個願意出手拯救這家經紀公司。每個人都認為，情況只會變得更糟。

破產總是伴隨著「情況只會變得更糟」的心態。我們的信心象限圖被巨大的壓力中心占滿，覺得自己無處可逃。當我們普遍感受到絕望時，通常都會忽視這種現象。我們不僅感到極度不確定和無能為力，也會意識到，我們所處在壓力中心左下角的位置，和我們想要去到的舒適區，兩者之間的距離如此之大，以至於無法跨越。

第 15 章　從信心中看到未來　287

當我們覺得自己刀槍不入時，同樣的原則反過來也適用。此時，無能為力和不確定感，和我們心理上的感受相距十萬八千里，我們甚至無法想像它們有一絲發生的可能。

從扭曲的象限圖中看出趨勢

無論我是在研究一個產業、市場，或只是晨間新聞的頭條，我通常都會從空白的信心象限圖開始（圖 15.6）。我會問自己一系列的問題：人們今天想像的象限座標在哪裡？就利害關係人的世界觀和他們對未來的想像而言，我看到的行為顯示出什麼？一個月前或一年前，座標軸在哪裡？從那以後，人們的行為又發生了什麼變化？利害關係人的信心，是改善了還是惡化了？

了解當前的世界觀，讓我能夠深入了解，利害關係人可能如何看待他們的決策結果，以及他們因而願意承擔哪些風險。有了這些資訊，我就更能夠預測他們下一步可能會做什麼，尤其是透過衡量舒適區或壓力中心未來會放大還是縮小，得知人們的選擇會出現哪些變化。移動座標軸可以讓我建立多個可能發生的情境。因此當「意外」發生時，我不僅不會驚訝，還可以思考是否要為它帶來的影響做好準備。2020 年 3 月，這種方法讓我和學生在春假來臨時就收拾行囊，準備結束那個學期。我們預期，如果人們的信心因疫情擴大而進一步下降，大學就會關閉，我們不會很快重返校園。我們採取了一個相對小的行動，即把我們的行李裝上車子，這樣做帶來的負面影響非常有限，卻可以讓我們在情況惡化時處於有利地位。

我通常也會深入研究象限圖的右上角和左下角，嘗試寫出我應該在這兩個地方，看到哪些具體的行動和行為。我會嘗試定義信心光譜

圖 15.5
信心匱乏的人眼中的象限圖

圖 15.6
空白象限圖模板

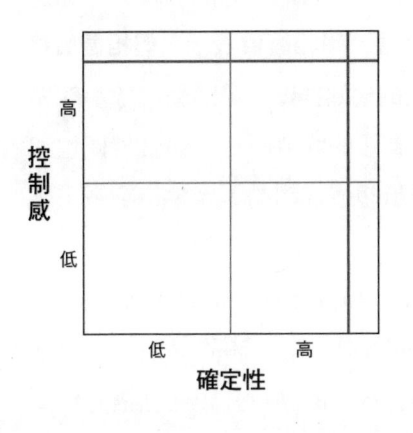

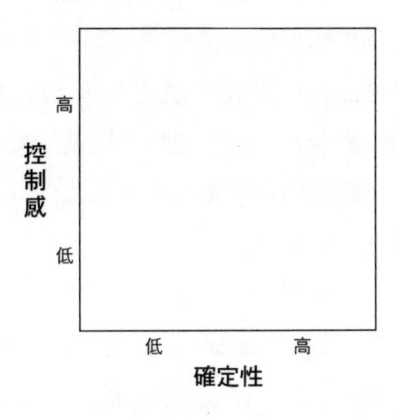

的兩端,也就是最好和最壞的情況,可能會是什麼樣子。與信心過低和「我、此時、此地」思維相比,信心過高和強烈的「我們、無所不在、永恆」思維會導致什麼?當利害關係人覺得自己刀槍不入,或者覺得自己一敗塗地時,他們會怎麼做?

例如,2022 年春天俄羅斯入侵烏克蘭後,大宗商品價格飆升,我仔細思考了極端糧食價格和普遍糧食短缺的影響。當壓力中心的範圍突然變大,客戶、供應商和員工可能會有哪些行為?企業又可以或應該做哪些準備?

企業做的大多數情境規畫,都著重於財務影響,以及銷售、利潤或資本可能發生的情況。這類分析通常不會考慮行為的影響,也不會考慮每個利害關係人的偏好、決策和行動可能會發生什麼變化,無論變化的原因來自信心上升或是下降。企業在並不了解真正原因,以及這些原因在現實世界有什麼意義的情況下,就提出了結果。

我在稍早前分享過,雖然我們的信心高低是很主觀的事,但我們

卻可以客觀地辨識出，伴隨不同強度信心可能出現的特定行為。例如，大規模搶買房屋和企業競購，只會出現在信心極高的時候，這些行動把信心彈性的現象展現得淋漓盡致。**爭相競價表示人們相信價格只會上漲，反映出買家急於跟上對趨勢的極端推斷。**競購戰就像金融領域的巨無霸飛機，只出現在情緒極端高漲的峰值附近，而且規模也和巨無霸飛機一樣龐大，因為每個人都預期這種趨勢不僅會持續下去，而且還會加速。

2007年夏天，當蘇格蘭皇家銀行（Royal Bank of Scotland）和巴克萊銀行（Barclays）開始競標購買荷蘭銀行業巨頭荷蘭銀行（ABN AMRO）時，就在無意中顯示，歐洲各銀行的執行長正處在信心極高的狀態。[7] 儘管這些執行長看到未來充滿無限可能，但超大規模的收購目標與競購者志在必得的氛圍，都在在提醒我，他們正迅速靠近象限圖的右上角。他們眼中所見是前方寬廣的舒適區，一片繽紛燦爛。

觀察參與者的行為，了解他們在象限上的位置，你就會知道為什麼任何併購都難以成功。在信心過度高漲的環境下，買家會不幸地支付過高的溢價，然後為此付出昂貴的代價。所有競購戰的結果都是一樣，原本的業界老二，很可能最終遙遙領先老大。

事情終究如此發展。最後得標的蘇格蘭皇家銀行，在2008年金融危機期間倒閉，需要政府出手拯救，成為「害整個英國差點破產的銀行」。[8] 與此同時，出價第二高的巴克萊銀行，卻能夠以極低的價格買下雷曼兄弟的剩餘資產。

類似的行為模式也出現在信心光譜的另一端。2020年3月疫情最嚴重的時候，我使用和圖15.5相同的圖表，以及我在第4章分享過的，個人、企業領導者和政策制定者會做出的一系列衝動決策，證明我們有理由保持樂觀。透過客觀考量當時的情況與人們的感受，並經

過仔細思考、確認人們在信心極度低落時可能會出現哪些行為，我可以避免自己出現極端的情緒。當其他人看到巨大的不利風險和有限的上行空間時，我卻看到相反的情況。危機只會發生在信心低迷的時候。我對未來信心反彈持樂觀態度，並鼓勵其他人也如此看待。[9]

更普遍地看來，恐慌也提供了客觀衡量情緒的線索。恐慌告訴我們，象限的座標軸正在劇烈地往右上角移動，讓壓力中心快速膨脹，幾乎吞噬所有人的舒適區。當我看到市場恐慌，我會告訴客戶，雖然我不知道市場會在哪裡觸底，但我預計那一天很快就會到來。不僅是集體恐慌難以持續，而且象限座標軸只有這麼多空間可以移動，很快就會觸及邊緣。

信心過高或過低

之前分享圖 15.4 的巨大舒適區時，我談到它描繪了一個信心過高的人，可能是如何看待世界的。我猜你對我的說法有所質疑。我們大多數人，都曾因為對某件事情過分有信心、冒過多風險而付出過代價，因為我們過分確定、太有把握，然而想像中的事情卻沒有發生。例如，我們沒有如願獲得升遷。事後來看，我們意識到是我們自己誤導了自己：我們想像的巨大舒適區根本不存在。相反，我們沒能想像到的壓力中心，反而才是我們最後的去處，而且它實際上比我們想像的要大很多。

如果說我們有時還會承認信心過高的事實，我們更難以接受的是相反的情況。圖 15.5 中巨大的壓力中心反映出信心不足的狀態，會讓我們覺得很不自在。我們可能、而且總是會低估生活中的確定性和控制感（如同我們高估它們一樣），這件事對我們來講並不直覺。在疫

情或房市崩潰面前，我們會發現自己高估不確定性和無力感的程度有多荒謬。於是我們惱羞成怒，心想：「我們會這樣感覺當然是有道理的，畢竟我們怎麼會知道房價會反彈、有效的疫苗很快就會出現？」

我們確實無法知道。但由於我們信心不足、太執著認為情況正在變得更糟，因此無法接受情況會好轉的可能性。在這一刻，我們甚至不敢相信還有舒適區可言。我們放大負面想法，成了我所說的思想偏狹的受害者。由於我們已經極度低潮、如此篤定會發生我們想像出來的可怕後果，所以我們沒有意識到，最糟糕的情況實際上已經過去了。要我們思考相反的想法，會與我們從別人那裡聽到的故事，以及我們告訴自己的故事相互矛盾。

我們需要以更開放的態度接受一個觀點：**我們在信心光譜的兩端都會反應過度**。我們既可能信心過低，也可能信心過高；我們會在信心降到谷底時抵制樂觀情緒，也會在信心到達頂峰時駁斥悲觀情緒。此外，我們需要更清楚地理解到，在這兩種極端情況下，我們的行為都會弄巧成拙。信心過高會讓我們冒太多風險，而信心過低則會讓我們承擔太少的風險。我們想像未來會發生最壞的情況，然而它其實不會發生，結果我們錯失機會。

信心不足的情況也經常發生，而且可以預見。我們總在危機發生後經歷這種狀態。置身極度的不確定性和無力感之中，我們自然會猶豫是否要再次冒險，而如果之前出現的危機恰恰是因為我們信心過高，這種猶豫就會更加嚴重。於是，我們將自責與自慚納入自己對自己說的故事。

信心過低也常發生在許多第一次的經驗中。去新的地方旅行、認識新朋友或嘗試新活動時，我們會高估潛在的危險。由於沒有任何東西可以拿來參照，所以我們會盡情發揮想像力，假想各種場景。

圖 15.7
發射台決策結果機率模板

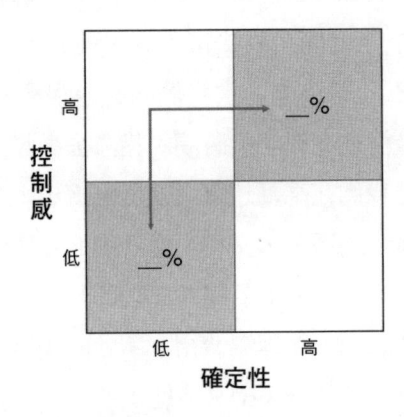

(圖：縱軸為控制感，高/低；橫軸為確定性，低/高。高控制感、高確定性區域標示 __%，低控制感、低確定性區域標示 __%，並有箭頭從前者指向後者。)

了解我們何時會信心不足，可以幫助我們克服這個狀況。正如取得巨大成功時，我們應該提醒自己要減少冒險，因為此時我們容易信心過高。同樣的道理，**面對危機、失敗和各種前所未有的經驗時，我們也應該鼓勵自己多去冒險。**

我們也可以採取其他措施，來防止信心過高和過低的傾向。第一點是要認知到，在受控的環境和機會遊戲之外，不存在確定性，因為未來在本質上就是未知的。我們自認為能看到的未來，其實都只是我們的想像。那都是我們編造出來的，一直如此。我們永遠都不應該忽視這一點。此外，我們也不應該忘記，無論是可怕或美好的結果，我們想像出來的結果有多清晰，反映的是我們的信心有多高。我們的預測更多基於感覺，而非事實。如果除了想像的結果之外，我們看不見任何其他的結果，那我們就必須承認自己的信心已經過高或過低。

在做出重大決策之前，我們要重新檢視圖 15.7。每當我們把特別高或特別低的比例填入空格，都應該意識到一件事：我們可能是在自

欺欺人。在發射台上做出現實世界的決策時,提醒自己一件事會很有幫助:**距離 50：50 的結果預期愈遠,我們就愈有可能信心過高或過低。**

這可能感覺像是過度簡化的決策方式,但我們總是在信心的極端,做出對自己最不利的決定。當我們的故事最響亮、最大聲的時候,我們就是過分積極地在錯誤的時間,投入去做錯誤的事。我們被極端的想像所誘惑。我們在高點超買,在低點賣出。我們在房地產泡沫的顛峰傾囊買下最大的房子,又在金融危機的谷底賣出整個投資組合。這並非個人獨有的現象,企業最高管理層也依循相同的模式。

我們沒能充分意識到,在極端情緒下所做的決定,其規模之巨大和時機之糟糕,會對長期的表現帶來多麼大的影響。我們在象限圖上方做的決策會削弱自己,而在象限圖下方的決策卻會困住自己。只要避免這些衝動和高度情緒化的選擇,我們就可以大大減少結果的不穩定,同時改善長期績效。

・

在四個信心象限中,發射台是我們做出深思熟慮的選擇、但結果未知的環境。面對未來時,我們需要填寫空格,我們說的故事將在決策中發揮重大作用。

為了做出更好的選擇,我們必須記住,我們的故事其實是在反映自己的想法,它們表達的更多是當下的感受,而不是實際的未來。在發射台上冒險時,我們必須謹慎處理自認為極端確定的故事。

結論

　　這本書的整個旅程涵蓋了許多領域。我們探究了不斷變化的確定性和控制感，如何影響我們在生活中做出的選擇，以及影響企業領導、工作職場和購買行為。透過案例研究和現實世界的例子，我們探索了一個全新的框架，來理解我們的行為，甚至預測我們在不同環境中的反應。

　　人們說，房地產領域最重要的就是地點、地點、地點。正如與好學校和公共交通的相對距離，會決定房子的價值以及買賣房子要花多少力氣，我們在信心象限上的位置，也會決定我們最看重什麼，以及事情對我們來說是難是易。這個位置也會影響我們的思維方式，以及我們感知周遭世界、我們的行動和我們說的故事的方式。當我們作為一個群體在象限圖上移動時，我們所在位置的變化，會影響商業、金融市場、政治和社會中發生的事情。就像幾十年前我父親在廚房桌上指著地圖集裡的國家一樣，象限圖上的特定位置，也有其獨特的文化和規範。

　　有時候，我們可以自己選擇下一個目的地。當我們願意冒險或追隨他人的領導，我們會進入發射台或乘客座位。但更多時候，我們沒有這樣的選擇。我們是身不由己地移動。

這種被動的改變如果是正向的，大多數時候不會被我們注意到。這些變化一點一滴逐步累積，形成良性循環將我們推向象限圖的右上角。我們的信心會因為一個小小的成就而微微上升，例如每週銷售業績略有提升，或是在球場上的時間比坐在冷板凳上的時間更多一點。我們會感覺更好、更有信心，但不會停下來思考為什麼。

有時候，意外事件會把我們猛烈地推出舒適區：在十字路口被車子攔腰撞上、被診斷出罹患癌症，或者失去工作。這些時候我們被推入壓力中心，必須找到回去舒適區的路。

不管你喜不喜歡，現實生活會讓我們在象限之間移動。

了解我們在象限圖上的位置，就算那不是我們想要的位置，也可以讓我們領先一步，獲得競爭優勢。在某個特定的時刻，我們可能會覺得陌生或不舒服，但知道自己正置身某一個象限，尤其是不在舒適區時，仍然會帶給我們確定感。這些知識可以幫我們做好準備，對前方的陷阱和挑戰保持警覺。就像商業航空公司的機師或急診部醫師一樣，我們可以做好準備應對生活中的失敗和緊急情況。我們可以留意感受、辨識模式、制定計畫、練習流程，從而重新獲得確定性和控制感。

與其把精力都花在避免危機發生、企圖追求完美無瑕疵，不如明白我們都會犯錯，而且未來還會出現危機。象限圖左下角的時刻，是生活本就存在的一部分。我們可以，而且應該預期這些時刻的到來。

因此，我們應該努力避免總是保持高度信心，而是應該保持一點韌性，讓自己無論落入哪一個象限，都能堅持下去，並找到回去舒適區的路。這似乎說起來容易做起來難，但透過我的研究，以及觀察其他人如何在自己的生活中成功運用信心象限，我蒐集了這些應對生活曲折起伏的技巧。

首先，**當你在日常生活中完成一項特定任務或面對一個新挑戰時，記得追蹤你在象限圖上的位置。**隨著時間過去，你不僅會知道我們大家都在象限上移動了多遠，也會了解到哪些事件和經驗，會強化或削弱你的確定性和控制感。不要害怕挑戰自己，而且考慮到你對自己的評價可能信心過高或過低，因此你認為自己在象限圖上的位置，實際上可能不是你的真實位置，你也不會永遠停留在那裡。記得在信心高漲時多多檢視自己，在信心低落時則要善待自己。

其次，重要的是要明白，我們對自己說的故事並非事實，而是對自己情緒的反映。所以，試著後退一步，客觀地看待那些故事。觀察它們如何隨著你在象限圖上的移動而變化。

要特別小心，不要在極端情緒下，成為故事的受害者。**我們必須和人類最強烈的本能奮戰，才能保有韌性。**在信心達到顛峰時，表現出謹慎和悲觀；在信心達到谷底時，表現出冒險精神和樂觀態度。

第三，要記得我們可以就確定性和控制感採取行動。雖然有時候這樣做很難，但當我們失去其中一個或者兩個時，可以採取措施重新得到它們。此外，想要消除脆弱性，我們必須主動出擊。即使要追隨別人，也必須是主動追隨。

第四，著眼於當下。在恢復信心之前，反覆檢視自己是如何或為什麼來到壓力中心的，或是把未來可能發生的事情想得很糟糕，對我們並沒有什麼好處。兩種做法都是在浪費原本可以用來前進的時間和精力。我們需要知道並專注在下一步要去哪裡以及如何抵達那裡，才能夠向前邁進。

最後，在極度絕望的時刻裡，記得提醒自己，你曾經歷過壓力中心，而且也成功找到過回去舒適區的路。你已經成功應對和度過了生命裡每個最糟糕的日子。在這個過程中，**你發展出足以讓你回到舒適**

結論　297

區的寶貴技能,獲得了經驗。這些技能現在就可以發揮作用。不要輕忽它們。我們對過去危機的記憶,往往是以前發生過的可怕事情,而不是我們從那些經驗中學到的東西、從中成長的各種方法,以及不畏艱難依然保持前進的努力。

這些技巧不僅適用於處理自己的生活。我見過《財星》五百大企業領導者、小型企業老闆、創業家、教練、家長、護理師、教師、職涯顧問、醫師、甚至是行銷人員,都在使用這些技巧幫助他人重獲確定性和控制感。歸根究柢,那些能夠在自己的角色裡取得最大成功的人,無論他們的角色是什麼,都是最能夠有效消除他人脆弱性、幫助他人變得更有韌性的人。他們能夠看出並了解別人在象限上的位置,知道如何在他人努力回到舒適區的路途中啟發和激勵他們。他們知道成功並非來自信心,而是來自缺乏信心時採取的行動和成就的事情。

所以,現在輪到你了。我已經給了你一張地圖和一本指南,它們描述了你在生活中會遇到的不同信心環境,以及這些環境中潛在的陷阱、挑戰和機會。我希望這些工具可以幫助你更好地駕馭你自己和周遭人的旅程,無論你們停留在象限圖的哪一個位置上。

致謝

　　如果有一種經驗絕對可以把你推出舒適區、激發你的 5F 反應，那就是寫書的過程。在我穿越每一個信心象限的旅程中，很幸運遇到許多人，慷慨地和我分享他們的時間、才華、智慧和善意。

　　首先，我要謝謝許多專家，他們的研究幫助我建構思考和架構這本書，尤其是 Daniel Kahneman、Nira Liberman、Robert Prechter、Tim Wilson、Roy Baumeister、Keith Stanovich、Denny Proffitt、Tracy & Colin Cross、Nassir Ghaemi、Annie Duke、Philip Tetlock、Robert Sapolsky、Sendhil Mullainathan、Eldar Shafir 和 Alan Hall。許多人騰出時間和我談話，回覆我問題一堆的電子郵件。他們的書和研究論文，也非常值得你花時間閱讀。

　　還有一些人，他們的真實經驗和個人的象限圖，豐富了我對信心與決策之間關係的理解，特別是 Sonny Leo、Caroline Bobrick、Peter Sim、Rob Rosenbaum、Jen & Gregg Goldstein、Terry Gillis、Jim Nelson、Leigh Morgan、Lindsay Greenberg、Michael Fairbanks、Samantha Lowe、Julia Moch、Courtney Curtiss、Jonathan Wood、Sophie Willis、Jennifer Gallagher、Peter Robison 和 Kara Pelster。感謝你們分享急診室、駕駛艙、工業廠房，以及許多其他地方的故事。

還有一些人多年來提出的挑戰性問題，迫使我思考得更深入，尤其是 John Authers、Heather Long、Spencer Jakab、Stephanie Pomboy、Todd Harrison、Kevin Depew、Jesse Felder、Jonathan Taplin、Grant Williams、Terry Shaw、Paul Rathbun、Rob Roy、Ken Muench 和 Greg Dzurik。

我還要感謝新美國世界經濟圓桌會議（New America World Economic Roundtable）的成員，他們歡迎我和我的想法，同時讓我更謹慎，特別是 Sherle Schwenninger、Cam Cowan、Dan Alpert、Michele Wucker、Constance Hunter、Jay Pelosky、Steven Blitz、Robert Hockett、Peter Tchir、Eric Best、Jonathan Carmel 和 Lincoln Ellis。

我在新美國圓桌會議的一次演講中認識了 Rana Foroohar。她不僅是一位出色的記者和作家，還大方地把我介紹給傑出的編輯 Claire Howorth、Miranda Green、Brooke Masters、Tony Tassell、Jonathan Derbyshire 和 Cordelia Jenkins。大家都熱情地歡迎我的想法，並不斷完善它們。

威廉與瑪麗學院的 Sarah Stafford、Berhanu Abegaz、Kathy O'Brien 和我經濟系的同事，讓我感到無拘無束。德拉瓦大學的 Michael Arnold、Michael Chajes 和 Ray Peters 也是如此。另外，我也要感謝 Peter & Anna Sim 夫婦，以及 Steve & Mava Miles 夫婦，感謝你們在威廉斯堡（Williamsburg）為我提供完美的住宿和寫作地點。

我還想對我的學生說：無論你們在哪裡上過我的課，你們要知道我有多喜歡有你們參與。我從你們身上學到的東西，遠比你們從我身上學到的東西多很多。

Patty & Dave Sweeney、Mike & Kathleen Clem 以及 Bob Smith，謝謝你們讀我早期粗淺的草稿，而且一直給我善意的回饋。

Google 的 Simon Rogers、AlphaSense 的 Nick Mazing、蓋洛普的 Jon Clifton、Lydia Saad 和 Scott Wright， 還 有 BuzzFeed 的 Chris Hickman，謝謝你們大方分享圖表和圖片，幫助我講好這個故事。

感謝我的寫作教練兼經紀人 Wendy Goldman Rohm，謝謝妳不僅幫我找到說出腦中想法的方式，還幫我找到寫這本書的完美住處。感謝 Portfolio 出版社的 Adrian Zackheim 和 Niki Papadopoulos，謝謝你們看到我的可能性，並在書寫的整個過程中給我鼓勵。我也要感謝 Veronica Velasco、Kimberly Meilun、Ryan Boyle 和 Molly Pisani，是你們讓讀者手上的這本書得以成形。

面對我的編輯、現在也是我的好友 Noah Schwartzberg，一句「謝謝」遠遠不夠。雖然封面上出現的是我的名字，但這本書的每一頁都有你出色的潤飾。在這段旅程裡，我找不到比你更好的夥伴了。

我形同家人的朋友 Tom Taylor、Julie James、Bob Newman、Bill Carver、Dave DiGiacoma、Ed Schmidt、Lois Tilton、Sandy Nickerson，以及 Miller 夫婦、McCracken 夫婦，感謝你們的支持和友誼。還要感謝我傑出的女婿和兒媳 Thomas 和 Abby，以及 Rollins 家族、Dermody 家族、Iacone 家族、Guldner 家族、Horgan 家族、Wilson 家族和 Pulisic 家族，這整個大家庭給我的愛。

謝謝我的手足 John 和 Meg，謝謝你們總是愛我，儘管我並不總是讓人喜愛；也謝謝你們帶給我一起相處的美好回憶，即使在那些毫無「美好」可言的時間裡。

我在本書開頭分享了我的父親與他的地圖集的故事，所以這裡用我母親的故事來結尾，似乎再合適不過了。其實我們家廚房的桌子上還有另一本書：一本字典。那是媽媽的書。如果我們看書時遇到不熟悉的單字，她會要我們自己去查字典。媽媽認為，我們總有辦法找到

答案,並學到新東西。她現在依然是這麼做的:她已經八十幾歲了,最近開始學畫畫。

所以,謝謝媽媽,謝謝您為我們所有人樹立終身學習的好榜樣。

謝謝我的女兒 Molly 和兒子 Bennett,你們要知道,能和你們一起踏上寫作這本書的旅程,是多麼有趣。你們總能給我需要的東西,不管是完美的字眼還是立即回饋的笑聲。你們的堅韌和毅力讓我謙卑,更不用說你們出色的音樂才華了(尤其是在我開車送你們上學的途中)。我為你們感到無比驕傲,我對你們的愛非常非常深。

最後,謝謝我的妻子 Janet。感謝妳把我推出舒適區,並幫助我找到走出壓力中心的路,不僅是在寫這本書的過程中,也在我們四十多年的友誼和婚姻生活中。我很幸運能成為妳的丈夫。無論我們是坐在地板上聊到天亮,還是一邊吃晚餐一邊看電視節目,都是一段精采的旅程。我們永遠在一起。

國家圖書館出版品預行編目（CIP）資料

信心決策法：2×2超簡單框架，從市場情緒中看見趨勢，掌握選擇偏向的關鍵 / 彼得．愛華特 (Peter Atwater) 著；周群英譯. -- 第一版. -- 臺北市：天下雜誌股份有限公司, 2025.04
　　304 面；14.8×21　公分. -- (天下財經；572)
譯自：The Confidence Map : Charting a Path from Chaos to Clarity
ISBN 978-626-7468-86-9(平裝)

1.CST: 信心 2.CST: 決策管理 3.CST: 思維方法

177.2　　　　　　　　　　　　　　　　　114002362

天下財經 572

信心決策法
The Confidence Map: Charting a Path from Chaos to Clarity

作　　者／彼得・愛華特（Peter Atwater）
譯　　者／周群英
封面設計／Javick 工作室
內頁排版／中原造像股份有限公司
責任編輯／呼延朔璟

天下雜誌群創辦人／殷允芃
天下雜誌董事長／吳迎春
出版部總編輯／吳韻儀
出 版 者／天下雜誌股份有限公司
地　　址／台北市 104 南京東路二段 139 號 11 樓
讀者服務／（02）2662-0332　傳真／（02）2662-6048
天下雜誌 GROUP 網址／http://www.cw.com.tw
劃撥帳號／01895001 天下雜誌股份有限公司
法律顧問／台英國際商務法律事務所・羅明通律師
製版印刷／中原造像股份有限公司
總 經 銷／大和圖書有限公司　電話／（02）8990-2588
出版日期／2025 年 4 月 2 日第一版第一次印刷
定　　價／450 元

Copyright © 2023 by Peter Atwater
All graphics by the author unless otherwise noted.
All rights reserved including the right of reproduction in whole or in part in any form.
This edition published by arrangement with Portfolio, an imprint of Penguin Publishing Group,
a division of Penguin Random House LLC
through Andrew Nurnberg Associates International Limited
Complex Chinese Translation copyright © 2025 by CommonWealth Magazine Co., Ltd.
ALL RIGHTS RESERVED

書 號：BCCF0572P
ISBN：978-626-7468-86-9（平裝）

直營門市書香花園　地址／台北市建國北路二段 6 巷 11 號　電話／02-2506-1635
天下網路書店　shop.cwbook.com.tw　電話／02-2662-0332　傳真／02-2662-6048
本書如有缺頁、破損、裝訂錯誤，請寄回本公司調換